股票教程系列丛书

笔者将自己多年潜心总结并正在使用的
多种操盘涨停的狙击方法毫无保留地奉献出来，

U0615828

涨停操盘
教程

刘 波 著

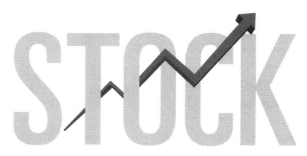

ZHANGTINGCAOPAN JIAOCHENG

"每日一戒" "每日一慧" "每日小思"
是帮助你成为一名合格的涨停操盘赢家之必备灵丹

经济管理出版社
ECONOMY & MANAGEMENT PUBLISHING HOUSE

图书在版编目（CIP）数据

涨停操盘教程/刘波著 . —北京：经济管理出版社，2020.1

ISBN 978 - 7 - 5096 - 7032 - 3

Ⅰ.①涨… Ⅱ.①刘… Ⅲ.①股票交易—基本知识 Ⅳ.①F830.91

中国版本图书馆 CIP 数据核字（2020）第 021922 号

组稿编辑：杨国强
责任编辑：杨国强　张瑞军
责任印制：黄章平
责任校对：赵天宇

出版发行：经济管理出版社
　　　　　（北京市海淀区北蜂窝 8 号中雅大厦 A 座 11 层　100038）
网　　址：www. E - mp. com. cn
电　　话：（010）51915602
印　　刷：三河市延风印装有限公司
经　　销：新华书店
开　　本：720mm × 1000mm/16
印　　张：17.75
字　　数：324 千字
版　　次：2020 年 5 月第 1 版　　2020 年 5 月第 1 次印刷
书　　号：ISBN 978 - 7 - 5096 - 7032 - 3
定　　价：58.00 元

谨以此书献给我勤劳、善良的父亲、母亲！祝愿你们永远年轻、永远健康、时刻快乐，儿子的爱永远伴随着你们！

"世界很简单，人生也一样。"
不是"世界"复杂，
而是"你"把世界变复杂了。
没有一个人是住在客观的世界里，
我们都居住在一个各自赋予其意义的主观的世界。

现代自我心理学之父：阿德勒

"市场很简单，交易也一样。"
不是"市场"复杂，
而是"你"把市场变复杂了。
很少有人能够客观地看出市场的运行并即时与市场互动。

忠实的系统交易者：介石文刀

前　言

不想做涨停的交易者不是好交易者，不能狙击涨停的交易者不是好交易者。"天天抓涨停"是所有交易者的梦想，但，却不是人人都可以实现的梦想。研究涨停，狙击涨停是我多年来孜孜不倦的工作。操盘涨停是卓越交易者的游戏，相较于趋势交易和波段交易，操盘涨停对交易者的综合素质要求极高。

经过多年的实战总结，我依据市场情绪创立了"恐吓交易系统"。这是一种专门用来狙击涨停的交易方法。散户群体最不成熟的地方往往不在技术，而是心态！主力就是利用散户群体心态差的特点进行操盘，充分利用各种恐吓手段达到赢利的目的。

交易实战中，我们经常听到这样一些话或者也曾在自己身上发生过："不卖不涨，卖了以后就大涨""我选的股票不涨，没被我选中的股票却涨停了。"你是不是也说过类似的话呢？或许好多人并没有认真地体会：为什么会有如此多的人自觉不自觉地说出"不卖不涨，卖了以后就大涨""自己选中不涨；没被选中的大涨"这样的话。难道是巧合？非也。

这是主力刻意操盘的结果！主力资金充分利用了散户群体的恐惧情绪，面对主力的恐吓，散户总是会反应过度，逼迫散户群体交出筹码，在惊魂未定之际，反转攻击，让你望尘莫及，直呼"不卖不涨，卖了以后就大涨""自己选中不涨；没被选中的大涨"。

既然主力资金可以如此"玩弄"散户群体，我们为什么不能反其道而行之将主力的操盘伎俩吸收消化为我们所用呢？再狡猾的狐狸也逃不过猎人的眼睛。"恐吓交易系统"由此应运而生。

"恐吓交易系统"意在与主力共舞而不是对抗；意在实现"天天抓涨停"的最高梦想！

"恐吓交易系统"跨越牛熊，只要技术够精湛，心灵智慧足够强大，就可以在全时空背景下开展交易。书中绝大多数案例取自 2018 年，凡是有过经历的交易者都很清楚，2018 年的 A 股市场从年头熊到年尾，年内连一波像样的反弹都没有出现过；但是，这并不妨碍"恐吓交易系统"发挥威力。

"恐吓交易系统"是在极大限度地追求入场当日就要实现涨停，当日要有浮盈在手的梦想。

"恐吓交易系统"不是简单的交易技巧，而是成体系的一整套交易系统，包括但不限于选股规则、入场规则、持有规则、加减仓规则、出场规则、止损规则等一系列完整的交易决策链。

"恐吓交易系统"是对主力发动恐怖操盘的反利用，是我历经多年刻苦钻研总结出来的完整的反恐吓交易体系。在我看来，主力制造的恐吓其实是一件难得的"礼物"，因为一旦能够识破主力的恐吓手段并加以利用，将更有利于我们做出安全高效的交易。

经过多年的实战历练，"恐吓交易系统"已经达到了"三高"（高频、高效、高胜率）的最高交易目标要求。所谓高频，就是发出的交易信号多，几乎每天都有，连续 3 天没有交易信号的情况极其少见；所谓高效，就是一旦给出入场信号，当日涨停的概率极大，当日就会产生大量浮盈，这大大增强了未来的持股信心；所谓高胜率，就是一旦掌握这样一套完整的交易系统，其正确率极高，多加练习，胜率就可以达到 90% 以上。这里需要提醒的是：高胜率是刻意练习的结果。

"恐吓交易系统"一点儿都不复杂：无论是选股规则还是出入场规则都是极其明确、简单的。千真万确，任何人都可以操作。

"恐吓交易系统"是交易高手的游戏！之所以说是交易高手的游戏，是因为交易者的心灵智慧必须足够才可能将"恐吓交易系统"发挥到极致！

如何能够真正掌握和熟练运用"恐吓交易系统"呢？方法有两种：一是需要具备扎实的图表交易基本功，能够对图表交易的基础理论知识消化吸收；二是在运用"恐吓交易系统"的实战过程中注重自己心灵智慧的开发，具备足够的心灵智慧支撑。就我看来，要想成功驾驭"恐吓交易系统"成为"三高"交易者，心灵智慧的开发是关键，没有足够成熟的心灵智慧作为后盾，再好的系统都是摆设。本套书给出了多种我正在使用的操盘涨停的"恐吓交易系统"，对于心灵智慧开发的课程内容非常灵验也并不复杂，因为坚守"所外别传"原则，所以不能公开介绍。关于心灵智慧开发的课程，有需要的读者只能到心灵成长会所（SGC）来学习。

规范、标准的用语是评价一部好教材的关键！教材不需要哗众取宠，更不能曲高和寡。好教材要能够让读者看懂，而看懂就需要最为直观的用语，当你看到文字时你就可以直观地知道文字背后所要表达的图形是什么样子。所以，从我做起，倡导交易语言的"普通话"。

请问你知道"悬羊击鼓"所代表的技术图形是什么形态的吗？请问你知道"众星捧月"所代表的技术图形是什么形态的吗？请问你知道"独孤求败"所代表的技术图形是什么形态的吗？……没有人能从上述带引号的文字里直观地看出其所代表的技术图形是什么样子的？这不是哗众取宠是什么？

学习交易不是在研究学问，学习交易是为了学后能战，战之能胜的。而这也是本套书的基本宗旨，要么避而不谈，要么倾囊相授，也是我一贯为人处世的原则。我极尽所能采用朴实无华、规范直观的"普通话"，以传授每一个操盘系统，希望每一个读者都能看懂、记住、学会。

本书不仅是一部难得一见的涨停操盘教程，更是我多年实战交易哲学及交易理念的集中阐述，无论是涨停操盘教程还是我的部分交易哲学思想及交易理念都是首次对外公开；我把交易哲学思想及交易理念部分置于每一个案例末尾，全书共采纳了多个案例，分别采用"每日一戒""每日一慧"及"每日小思"的方式，至于"每日一笑"就权当是一次次的自我娱乐吧。

作为过来人，我深知：不同层次水平的交易者对待"每日一戒""每日一慧"及"每日小思"的看法是不同的；交易水平越高，受重视程度越深，所以我希望那些初入市的交易新手们切不可把真正的宝贝当成无用的文字堆砌，希望你们能够用心去品味，把其中的珍宝挖到属于自己的篮子里；"每日一笑"是为了缓解你们的阅读疲惫感、减少交易压力及增进为人处世智慧而备下的一份薄礼。

至于交易哲学思想及交易理念部分为什么不在目录中呈现，更有宝贵与神秘的含义。

如果你有缘读到此书，并想与我做进一步的合作交流或需要加入 SGC 接受全面、深入、个性化的交易学习与特训，可以采用以下任一方式联系：

咨询热线：13608966420
咨询 QQ：704803367（昵称：无思维）
邮箱：704803367@qq.com
新浪微博：游戏翁

目　录

"恐吓交易系统"的前世与今生

　　主力们凭借其资金优势操控股价运行节奏、制造恐怖氛围对处于弱势地位的小规模资金（所有不足以左右股价运行趋势的资金统称为小规模资金）交易者进行任意清洗。难道这些小规模资金交易者就没有办法了吗？只能为鱼肉任其宰割？

　　爱因斯坦的相对论告诉我们：世界是相对的而不是绝对的！主力能够凭借其资金优势左右市场运行节奏，通过一定的恐吓手段逼迫散户交出带血的筹码。那么，这些小规模资金交易者就一定有办法反其道而行之。

　　对于主力而言，其恐吓的目的是震仓洗盘，达到清洗跟风盘的目的之后，还是要进入拉升的。震仓洗盘只是手段，拉升盈利才是根本目的。如此，我们是不是可以采取反利用手段从事交易呢。

　　通过多年的观察研究，主力的操盘意图被笔者完全掌握并了然于胸：许许多多涨停的股票在涨停之前都有主力做盘留下的痕迹。由此发明了"恐吓交易系统"，"恐吓交易系统"是基于对主力操盘思维的深刻认识和对散户群体资金规模较少、进出灵活及心灵智慧薄弱的特点而研发的，两者缺一不可，相互依存。如果散户群体的心灵智慧足够强大，那么操盘主力将无用武之地，可是，散户群体的心灵智慧弱小是恒常存在的，主力怎么可能浪费这份天然资源而不加以充分利用呢？主力将恐吓的手段频繁利用于散户群体却总是百战百胜，这真是散户们的不幸！

　　K线只是市场的表象，所谓外行看热闹，内行看门道，其实K线传递的信息并不是价格本身，它是主力操盘意图充分表达的结果。通过对K线的解读，洞悉主力的操盘意图才是一个合格的系统交易者应该具有的基本能力。

　　对主力的操盘意图进行反利用，将主力的恐吓手段当成自己盈利的工具，这让主力情何以堪？

　　笔者不知道主力们看到"恐吓交易系统"会有何感想，会有何改变。笔者不惧主力们由此做出的任何改变。因为不管主力如何改变，主力操盘的基本步骤：吸筹、洗盘、拉升、出货这四大环节是无论如何也不可能省略掉的，否则，它将无法完成其最终的操盘目的——获利。只要主力的操盘步骤不改变，主力在做盘时就一定会留下蛛丝马迹；股道至简，市场最大的好处就在于从来不藏私，市场总是在每一个此时此刻都如实地表达自己的本来面目：涨就是涨，跌就是跌。只要有表达就会被识破，这是任何一个心灵智慧足够发达的系统交易者应该有的觉悟和自信。

"恐吓交易系统"是专门用于操盘涨停而研创的，能够频繁涨停的个股其流通盘往往都不大，属于小盘股，所以不太适合超大资金交易者。如果因为资金规模较大而不便于进出操盘，可以采取分账户的做法，将大资金分散成适合于涨停操盘的小资金，比如每一千万元设立一个账户并有专人负责操作等；如果分账户操盘不是很方便，也可以选择笔者在《强势股操盘赢利系统培训教程》中介绍的四大类适合于较大规模资金操作的强势股交易系统，也可以到心灵成长会所（SGC）学习适合于大资金操作的结构交易系统、趋势交易系统或均线交易系统。

恐惧的情绪与生俱来，恐惧情绪会伴随非解脱者的一生，几乎人人都有。恐惧情绪是阻碍交易成功的绊脚石，因为恐惧，该做出选择时却选择了放弃，从而与牛股失之交臂；因为恐惧，该入场时却犹豫不决，从而错失入场的最佳时机；因为恐惧，该出场时却不够坚决果断，从而造成由盈利变亏损、由小亏变大亏、由大亏变股东。既然恐惧如此可恶，难道我们就没有反制之法？难道恐惧就不能为我们所用？别忘了，世界是相对的？既然有控制就一定会有反控制；既然有恐吓就一定会有反恐吓。这才是真正强者的思维习惯！

于是，主力的恐吓手段被看破，并研发出反制的方法——"恐吓交易系统"。除非人类灭除恐惧，否则，主力就不可能扔掉恐惧这个行之有效的交易工具。反之，只要主力还在运用恐吓的手段实现自己的交易盈利目的，无论其手段如何变化，但万变不离其宗，只要我们能够清晰地了解散户群体脆弱的交易心理，主力的恐吓手法是无论如何也会被识破的。

"恐吓交易系统"不仅是一整套系统的操盘涨停的具体招数，更是洞察主力操盘手段的主要工具，是对主力操盘手段的反利用。在临盘时，如果能够带着这样的反制思维去交易，直至成为习惯性的交易思维，无论主力操盘手段如何变化多端，再狡猾的狐狸也难以逃脱猎人的慧眼。

"恐吓交易系统"是一种专门针对千万元级别以下的中小资金交易者而设计的快速盈利的交易方法。一旦熟练掌握该方法之操盘精髓，将会帮助你快速达到财务自由的目的。

涨停操盘之第一招

板后一阴恐吓交易系统

※技术定义及其要点

一、技术定义

这是两根 K 线的组合,其中第一条 K 线必须是涨停板,第二条 K 线是一条长阴线。

二、技术要点

（一）涨停板的要点

涨停板关键看位置;位置必须处于中低位才有效,杜绝高位涨停板。涨停板的位置研判能力是涨停操盘不可或缺的核心能力之一。如果不能很好地研判出涨停板的位置,贸然出击就难以提高涨停操盘的胜率。因为关于涨停板的位置研判牵扯的知识面较广,限于篇幅的关系,不在本书的内容之列。

（二）阴线的要点

阴线主要看三点:一看开盘;二看量能;三看长度（跌幅或振幅）。依据开盘和量能情况可以分为低开缩量阴、低开放量阴和高开放量阴三种形态。阴线的长度越长（跌幅或振幅越大）越有效。

※形态解读

涨停板是最吸引眼球的市场（A 股）行为,再大的利好也不如一个实实在在的涨停板给予的诱惑大,所以个股涨停板是吸引跟风盘的最好方式之一;而让跟风盘交出筹码的最佳方式当然是采取恐吓模式,长阴就是主力恐吓跟风盘时留下的痕迹。为什么会出现低开、高开模式?这主要与主力的操盘习惯有关,有的主力喜欢采用低开下杀模式，人为地制造出恐惧的市场氛围，逼迫跟风盘交出筹码；而有的主力却喜欢采用高开下杀模式，形态上做出高开低走的长长的阴线形态，人为地制造出恐吓的氛围，逼迫跟风盘交出筹码。有的主力为了迷惑跟风盘故意制造出放量的假象，所以，我们可以看到无论是低开长阴还是高开长阴都有放量的情况出现，这是主力故意在"画线"迷惑无知的跟风盘，因为有的"名师"经常在不同的场合教育他们的学员说：放量下跌就是出货，所以主力就会顺应"名师"们的教育模式制造放量的市场特征；而有的主力只需采用少量的资金打压股价就可以达到恐吓的目的——让跟风盘交出筹码，所以，我们也可以看到缩量的长长的阴线形态。

在笔者的另一本书《强势股操盘赢利系统培训教程》中曾对"市场是什么"有过具体全面的阐述，有兴趣的读者可以翻阅相关内容。如果你能够读懂该章节的内容，那么，你也就不会被成交量所迷惑，市场的真理永远不会逃过你的眼睛，任何的迷惑都会成为阻碍你进入交易赢家的关卡。

※ 选股规则

选股是成功进行图表交易的第一步。选股是简单的又是最难的事情：能够识别形态模式，依据形态模式做出选择就可以了，所以选股并不复杂；相同的形态其未来的运行态势不一定相同，所以，那些所谓经验丰富的"老手"会不由自主地做出自己的选择。他们在选择的时候，已经人为地做出了排除。由此，我们经常可以看到自己选择的目标没有出现涨停，而被自己人为排除的目标却给出了涨停。你把涨停的股票排除在外，把不能涨停的股票留在手中。

只要满足形态要求就要纳入自选，而不是人为地提前排除。如此，就是合格的选股。

一句话：在满足位置要求的前提下，只要在涨停板之后出现长阴线（跌幅大于5%且跌幅越大越好）就可以纳入自选，以待狙击。

※ 入场规则

板后一阴恐吓的入场只能选择在长阴之后的隔日进行，不能在长阴的当日入场。因为主力利用长阴的目的不够明朗，到底是出货还是恐吓假摔需要确认才可以下定论。而隔日的市场行为就是确认的关键。所以，任何提前的入场行为都是非理性的鲁莽行为。

正确的入场时间在于隔日，而隔日入场的时机或者说入场指令只有两个：一是大量比高开，可以市价入场；二是低开放量上攻突破昨日收盘价之际就是入场之时，要求放量突破的时间越短越好，最好是开盘之后15分钟之内能够实现放量突破为最佳。

※ 持股规则

对于入场当日能够涨停的股票，在以后的每一个交易日，只要能够涨停就必须无条件持股；对于入场当日不能够涨停的股票而收出大阳线的股票，在以后的每一个交易日，只要股价继续上涨就坚定持有。

※ 出场规则

给大家提供几种出场规则，你可以依据自己的偏好做出选择。

（1）对于入场当日能够涨停的股票，在以后的任何一个交易日，只要不再涨停就必须出局。

（2）对于入场当日不能够涨停而收出大阳线的股票，只要哪一天不再上涨就必须出局。

（3）对于入场当日不能涨停而收出大阳线的股票，未来某个交易日出现涨停之后，一旦哪一天不再涨停就要出场。

※ 止损规则

入场当日没有出现涨停，反而造成浮亏被套，说明该笔交易就是一笔错误的交易。止损规则就是应对错误交易的一种必不可少的手段。止损的核心目的在于控制损失和减少损失。止损时不能有对与错的思考，一旦有对与错的顾虑就一定会影响到止损的即时开展，切忌。

止损环节最容易犯的错误是拖延，因为拖延导致由小亏变大亏。止损是不需要理由的，只要见到账户出现浮亏，就说明你的这一笔交易是一笔错误的交易，而改错的关键就是及时不拖延。

具体的止损策略因人而异，笔者仅列举几种止损策略供大家借鉴：

（1）百分比止损法。买入后不涨反跌被套，一旦被套达到3%或5%就必须无条件止损。

（2）K线止损法。买入后股价不涨反跌，一旦股价跌破买入当日K线低点之际就是果断止损之时。

（3）时间止损法。买入后，股价没有出现预期的攻击运行，为了提高资金使用效率而经常采用的一种止损办法。笔者采用的时间止损是三个交易日，即在买入后的第三个交易日不见上涨就出局，此类出局方式有时是微亏止损出局，有时是微赚出局。

※资金管理规则

绝不满仓操作，任何单一一笔交易只能拿出总资金量的20%～40%作为狙击子弹使用。

※仓位管理规则

依然执行金字塔形分批入场的规则。

如五三二模式：当市场给出入场指令时，先半仓入场，如果市场证明首仓入场是对的，即首仓出现盈利2%～3%，再做后续的入场动作，先30%后20%；30%的仓位盈利2%～3%，再做20%仓位的动作。从入场动作来看，这就是顺势而为，以趋势为友的真实写照。这里没有抗拒，只有顺遂。我们只在正确的交易上不断地做递减性地加码。

如四三二一模式：当市场给出入场指令时，先40%仓位入场，入场后，如果市场证明首仓入场是对的，即首仓出现盈利2%～3%，再做30%仓位入场动作，30%的仓位出现盈利2%～3%，再做20%仓位的入场动作，不盈利就不能入场了，并以此类推。

※视觉刺激训练

板后一阴恐吓交易系统分三种类别进行视觉刺激训练。

※低开缩量阴

案例一

★ 图形识别

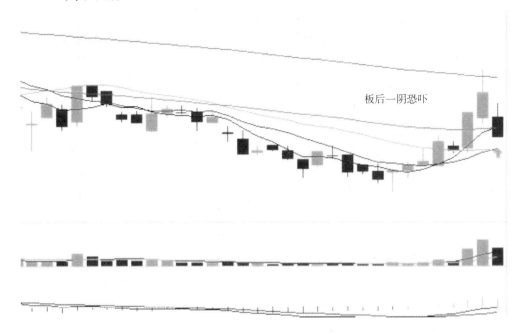

板后一阴恐吓

★ **形态描述与市场情绪解读**

深天地 A（000023），2018 年 5 月 10 日市场给出涨停，5 月 14 日给出一个低开缩量的跌停板。是什么重大的利空导致主力不计成本地抛售呢？看 F10，也没有见到有什么所谓的利空消息。如果不是主力的大力抛售，单凭散户的力量怎么可以把股价打到跌停板呢？主力为什么要采取如此恐怖的手段将股价打到跌停板呢？是不是假摔洗盘也未可知啊！

▲ **市场结构及涨停位置研判**

股价于 2018 年 5 月 3 日触底以后进入一波拉升，至 2018 年 5 月 11 日止区间涨幅为 35.16%。不足 50% 的区间涨幅可以暂时认定为拉升运行途中的震仓调整。如果一波拉升超过了 50%，不建议再关注了。

从结构来看，如果这里仅仅是一波反弹而不是主拉升运行中途，那么，假摔之后理应还有一波 3 浪的反弹，如此，结构才算完整。所以，可以对未来股价有更高的期待。

▲ 技术指标辅助研判

5 日均线、10 日均线、20 日均线已经呈现多头排列，MACD 指标处于金叉红柱的看多形态。这些都是支持股价上涨的有利信号。

通过以上的分析解读，认定 2018 年 5 月 14 日给出的这一条跌停板长阴线符合恐吓阴的条件要求。

是否是主力故意制造的恐吓假摔需要隔日的确认。

纳入自选股进行重点关注：市场能否给出入场指令？何时给出入场指令？给出哪一种入场指令？我们不需要知道，静心等待就好。市场在没有给出板后一阴恐吓交易系统中规定的入场指令之前绝不轻举妄动。这是一个合格的系统交易员必须具备的职业素养。

★ 入场规则

2018 年 5 月 15 日，该股早盘微幅低开之后一直围绕着走平的分时均价线在做横盘运动，早盘 10：52 放量突破昨日收盘价（低开翻红）给出入场指令。突破之际就是入场之时，黄色的分时均价线与白色的股价线之间呈多头排列状态，更增加了入场时的买入信心。只要突破就要果断 50% 首仓入场。这是一个需要勇气的时刻，任何的犹豫和徘徊都有可能错过最佳的入场时机。

★ 资金管理规则

资金计划：绝不满仓操作，只拿出总资金量的 20% ~ 40% 作为狙击子弹使用。

★ 仓位管理规则

依据分时图运行实况采用五三二入场原则：见股价放量突破昨日收盘价的当下，就果断首仓入场 50%。当首仓出现盈利 2% ~ 3% 之后，再买入 30% 的仓位，如果 30% 的仓位再次盈利 2% ~ 3%，最后再将 20% 剩余资金入场。从 2018 年 5 月 15 日分时图运行状况看，该股突破入场线首仓 50% 入场之后，后续依然延续加速上扬的运行格局，直至涨停，满足第二次加仓 30% 的涨幅要求，同时也满足了第三次加仓 20% 的涨幅空间要求。依据盘面的实际运行该怎样就怎样：该出手时就出手。每一次交易都是对人性弱点的考验，每一次交易都是对人性弱点的克服，每一次交易都是一次难得的修行经历。

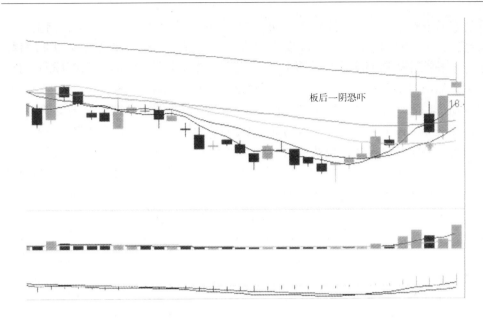

2018 年 5 月 15 日深天地 A（000023）分时图运行实况（见下图）。

2018 年 5 月 15 日深天地 A（000023）分时图狙击策略：

早盘低开低走，围绕着走平的分时均价线做窄幅的横盘运动，在没有给出明确的方向选择之前，请不要轻举妄动，不是所有的横盘震荡运动都会做向上的攻击运行，不排除向下的可能。需要牢记笔者在《强势股操盘赢利系统培训教程》中对市场特性的相关阐述及指导实验。如果你通过实验已经彻证了市场的特性，那么，你绝对不会轻举妄动，你一定会有绝对的耐心等待市场给出入场指令才采取行动。如果你经常会有轻举妄动的交易行为，说明彻证市场特性的训练课程，你还要继续完成下去。只要不能彻证市场的基本特性，那么类似提前入场的鲁莽交易行为一定还会换汤不换药地在你身上发生。

早盘 10：52 股价放量突破昨日收盘价，突破时黄色的分时均价线和白色的股价线呈现多头排列状态，这是即时入场的重要参考。只要突破就要果断 50% 首仓入场。市场给出首仓入场指令。如同战场上军队首长向自己的士兵发出冲锋的命令一样。作为士兵，服从命令，坚决完成任务是他们的天职。首仓入场 50% 之后股价继续冲高回落不破昨日收盘价是正常强势的突破调整形态。短暂调整之后继续放量攻击，从攻击的角度来看，该次攻击的力度是很大的，应做好充分的加仓准备。市场采用一波次方式直奔涨停，从加仓所需的涨幅空间来看，已经完全满足了第二次和第三次分别 30% 和 20% 的涨幅空间要求。

在实战中，像这样直线式的一波次拉升直奔涨停的个股，中途的加仓动作务必要快，否则稍有不慎就会被涨停拒之门外。

★ 出场规则

对于入场当日能够涨停的股票，在以后的任何一个交易日，只要不再涨停就必须出局；2018 年 5 月 16 日股票没有涨停，所以该日就是出场日。

分时图出场要点：股票昨日涨停，隔日高开属于正常的开盘，所以，在集合竞价阶段见到高开，当然继续持股不动；开盘后股价短时窄幅下打 V 型反转上破分时均价线和早盘高点两道关卡，没有卖出的理由，继续持股不动；9：40 股价见分时顶回落并下破分时均价线，只要不破昨日收盘价就继续持股不动；直至午间收盘股价仍没有给出涨停，说明股价的运行强度偏弱，应伺机出局；午后股价最高上攻至 8.29%，距离涨停只有咫尺之遥，该涨停而不涨停就要预防分时见顶回落，处理办法是：在股价拐头之际先行出局 50% 仓位，剩余 50% 仓位可放于尾盘见涨停无望时出局。

★ 持股规则

对于入场当日能够涨停的股票，在以后的每一个交易日，只要能够涨停就必须无条件持股；2018 年 5 月 16 日，股票没有涨停，所以该股的持股周期只能到 2018 年 5 月 16 日为止。

持股规则的确定不需要主观地认定，而是需要依据市场的实际状况来制定。这样制定出来的规则才能更贴近于市场的本来面目。

! 每日一戒

图表交易并不神秘!

图表交易的本质就是市场成功走势的大概率总结。依据股价过去的运行特征来进行当下交易的一种方法。而交易的结果依然只分两种:一种是成功;另一种是失败。没有100%的正确,也没有100%的错误,所有的图表交易者都在做一件事情,那就是概率——相信概率,利用概率。

初学者往往在看到一本技术交易类图书以后,就以为拿到了一本永不言败的武林秘籍,积极模仿却伤痕累累。其原因在于对图表交易的本质特征理解不够,认为只要是某高手(或书中介绍)给予推荐的方法就可以做到100%正确,根本不去想失败的事情,而万一遭遇失败却不知所措、无动于衷。所以,技术绝不是万能的,但没有技术是绝对不能的。

要想成为图表交易的赢家,不但要有足够全面及精湛的交易技术,还要有更具弹性的思维模式,两者缺一不可。所谓弹性的思维模式,就是心灵智慧足够成长后所具备的那种无论盘面如何变化都能适时应对的思维模式。

案例二
★ 图形识别

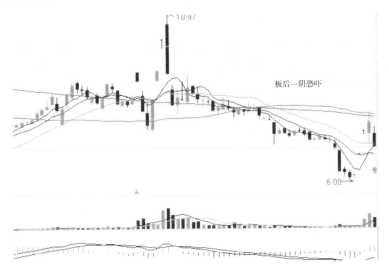

★ 形态描述与市场情绪解读

天津普林(002134)2018年6月25~26日连续两个交易日都给出涨停,

2018 年 6 月 28 日给出一条低开缩量的光脚大阴线，跌幅为 9.79%，近乎跌停。

▲ 技术指标辅助研判

5 日均线已经上穿 10 日均线，MACD 指标呈现金叉红柱的看多形态。技术指标向好企稳是支撑股价继续上涨的有利信号之一。

▲ 市场结构及涨停位置研判

经过长期连续的下跌，股价于 2018 年 6 月 22 日触底之后出现连续两个交易日的涨停，自 2018 年 6 月 22 日至 2018 年 6 月 27 日止，区间振幅为 34.17%，不足 50% 就具备继续关注的价值。

从涨停的位置看，也不是在高位，可以解读为拉升途中的调整。从结构来看可以认定为 B 浪反弹结构中 2 浪调整，如有攻击就是 B 浪反弹中的 3 浪攻击，是最后的一浪攻击，应做好速战速决的打算。

通过以上的分析和研判，2018 年 6 月 28 日给出的那一条低开缩量且跌幅为 9.79% 的光脚大阴线符合恐吓阴的技术条件要求，有理由怀疑这是主力恐吓假摔洗盘留下的做盘痕迹。

无论是从阴线形态还是从阴线出现的位置与结构来看，均已符合选股要求，理应纳入自选进行关注。是否是主力故意制造的恐吓假摔需要隔日的确认。

市场能否给出入场指令？何时给出入场指令？给出哪一种入场指令？我们不需要知道，静心等待就好。市场在没有给出板后一阴恐吓交易系统中规定的入场指令之前绝不轻举妄动。这是一个合格的系统交易员必须具备的职业素养。

★ 入场规则

2018 年 6 月 29 日该股早盘微幅低开震荡，于 9：34 放量突破昨日收盘价，距离开盘仅 4 分钟就实现了对昨日收盘价的突破。从时间周期上研判，这是强势的突破（自开盘到突破只要用时在 10 分钟之内都可以定义为强势）。突破之时，白色的股价线已经位于黄色的均价线之上，这是执行入场指令的重要技术参考。

突破之际就是首仓入场之时，只要突破就要果断 50% 首仓入场。这是一个需要勇气的时刻，任何的犹豫和徘徊都有可能错过最佳的入场时机。

★ 资金管理规则

资金计划：绝不满仓操作，只拿出总资金量的 20%～40% 作为狙击子弹使用。

★ 仓位管理规则

依据分时图运行实况采用五三二入场原则：见股价放量突破昨日收盘价的当下，就果断首仓入场 50%。当首仓出现盈利 2%～3% 之后，再买入 30% 的仓位，如果 30% 的仓位再次盈利 2%～3%，最后再将 20% 剩余资金入场。从 2018 年 6 月 29 日分时图运行状况看，该股突破入场线首仓 50% 入场之后，后续依然延续加速上扬的运行格局，直至涨停，满足第二次加仓 30％ 的涨幅要求，同时也满足了第三次加仓 20％ 的涨幅空间要求。依据盘面的实际运行该怎样就怎样：该出手时就出手。每一次交易都是对人性弱点的考验，每一次交易都是对人性弱点的克服，每一次交易都是一次难得的修行经历。

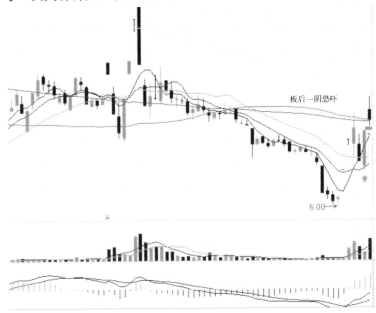

天津普林（002134）2018 年 6 月 29 分时图运行实况（见下图）。

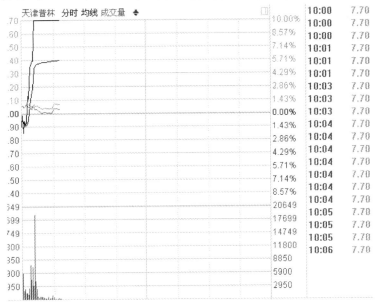

2018 年 6 月 29 日天津普林（002134）分时图狙击策略：

早盘低开震荡，于 9：34 放量突破昨日收盘价。对于低开盘的个股，只要股价还在昨日收盘价之下徘徊，我们都不必理会，随意它们的运行，不做任何心理的预期。只要股价敢于在约定的时间内放量突破，我们就要即时采取行动。所谓："敌不动，我不动；敌若动，我即动。"

放量突破之时黄色的分时均价线位于白色的股价线之下是重要的分时入场参考。只要突破就要果断 50% 首仓入场。市场给出首仓入场指令。如同战场上军队首长向自己的士兵发出冲锋的命令一样。作为士兵，服从命令，坚决完成任务是他们的天职。首仓入场 50% 之后股价继续延续强势攻击态势，采用一波次方式直封涨停。从攻击的角度来看，该次攻击的力度是很大的，应做好充分的加仓准备。从加仓所需要的涨幅空间来看，已经完全满足了第二次（30%）和第三次（20%）的涨幅空间要求。

在实战中，像这样直线式的一波次拉升直奔涨停的个股，中途的加仓动作必要快，否则稍有不慎就会被涨停拒之门外。

★ **出场规则**

对于入场当日能够涨停的股票，在以后的任何一个交易日，只要不再涨停就必须出局；2018 年 7 月 2 日没有涨停，所以该股的出场日期是 2018 年 7 月 2 日。

分时图出场要点：股票昨日涨停，隔日高开属于正常的开盘，见高理应继续持股不动；高开后股价不做任何停留直接上攻，最高攻击幅度达到 9.09%，距离涨停近在咫尺，该涨停而不涨停就是开盘冲，在股价拐头之际可以先将 50% 的仓位出场，剩余 50% 仓位可在股价下破分时均价线之际或至尾盘见涨停无望时出场。

★ **持股规则**

对于入场当日能够涨停的股票，在以后的每一个交易日，只要能够涨停就必须无条件持股；2018 年 7 月 2 日没有涨停，该股的持股截止日期就是 2018 年 7 月 2 日。

持股规则的确定不需要主观地认定，而是需要依据市场的实际状况来制定。这样制定出来的规则才能更贴近于市场的本来面目。

🌟 每日一慧

我站在高空看交易！

你要有这样的距离感、空间感。别让自己太靠近市场了，置身事外总是能够看清楚事物的来龙去脉。

当你想象自己站在高空看这一群交易者在做下单交易的时候，你就会知道该怎样做了：让你看到大家都在填单实施买入时，你要想享受抬轿的乐趣，你就即时加入买方队伍。当你看到大家都在填单实施卖出时，你要想减少损失或获利落袋，就要即时加入卖方队伍。

当然，以上只是你的想象，你永远也不会看到这样的全景，你只会看到买卖双方达成交易后的结果：或上涨或下跌。

上涨说明什么呢？说明买入的人多于想卖出的人；下跌说明了什么？说明卖出的人多于想买入的人，仅此而已。

你能做的只是依据此时此刻的结果来展开交易，一旦入场，任何结果都是随机的，绝对不可预测的，所有图表交易，有盈有亏是绝对存在的事情，如同自然规律，永恒不变，无论你用什么方法，谁也无法真正做到所有单一交易都100%盈利！

你能做的只有"把盈利放大，把亏损缩小"，其他的都交由市场决定。

案例三
★ 图形识别

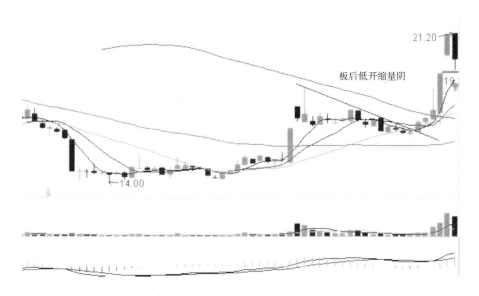

★ 形态描述与市场情绪解读

吉大通信（300597）2017年9月22日、25日连续两个交易日涨停，2017年9月26日市场给出一条低开缩量阴线，跌幅为5.95%。所谓外行看热闹，内行看门道。主力无缘无故给出一条长阴线，其背后的目的何在？是为了不计成本地出货？难道公司基本面出现了什么问题？如果是公司基本面出现了问题，我们可以通过查阅 F10 等渠道了解该股票相关的基本面信息。如果不是公司基本面出现了问题，在不是暴拉快攻的高位给出一条低开的长阴线，的确让人生疑！

▲ 技术指标辅助研判

2017 年 9 月 26 日，5 日均线、10 日均线、20 日均线及 60 日均线处于多头排列状态，MACD 指标位于 0 轴上方呈现金叉红柱的多头状态。这都是支撑股价上涨的有利信号。

▲ 市场结构及涨停位置研判

从市场结构上来看，1 浪自 2017 年 8 月 14 日开始至 2017 年 8 月 29 日结束，运行周期为 12 个交易日，属于日线级别的 1 浪运行（关于市场结构运行周期的界定，笔者已经在《强势股操盘赢利系统培训教程》中给出了明确的界定，有兴趣的读者可以翻阅了解），区间振幅为 31.77%。2 浪自 2017 年 8 月 29 日开始至 2017 年 9 月 18 日结束，共计 15 个交易日，符合日线级别 2 浪调整周期要求，利用黄金分割比例测算，该次调整幅度不超过 50%，所以从调整幅度来看是属于浅幅的强势调整。3 浪的运行自 2017 年 9 月 18 日开始至 2017 年 9 月 25 日止，区间振幅为 30.48%，不足 50%，仍有继续关注的价值。

通过以上的分析和研判，2017 年 9 月 26 日市场给出这一条低开缩量且跌幅为 5.95% 的长阴线满足板后一阴恐吓的技术条件要求，怀疑这是主力假摔洗盘留下的做盘痕迹。

无论是从阴线形态还是从阴线出现的位置与结构来看，均已符合选股要求，理应纳入自选进行关注。是否是主力故意制造的恐吓假摔需要隔日的确认。

市场能否给出入场指令？何时给出入场指令？给出哪一种入场指令？我们不需要知道，静心等待就好。市场在没有给出板后一阴恐吓交易系统中规定的入场指令之前绝不轻举妄动。这是一个合格的系统交易员必须具备的职业素养。

★ 入场规则

2017 年 9 月 27 日，该股早盘微幅低开震荡，于 9：38 放量突破昨日收盘价，距离开盘仅用 8 分钟就实现了对昨日收盘价的突破，从时间周期上来研判，这是强势的突破（自开盘到突破只要用时在 10 分钟之内都可以定义为强势）。突破之时，白色的股价线已经位于黄色的均价线之上，这是执行入场指令的重要参考。

突破之际就是入场之时，只要突破就要果断 50% 首仓入场。这是一个需要勇气的时刻，任何的犹豫和徘徊都有可能错过最佳的入场时机。

★ 资金管理规则

资金计划：绝不满仓操作，只拿出总资金量的 20% ~40% 作为狙击子弹使用。

★ 仓位管理规则

依据分时图运行实况采用五三二入场原则：见股价放量突破昨日收盘价的当下，就果断首仓入场50%。当首仓出现盈利2%~3%之后，再买入30%的仓位，如果30%的仓位再次盈利2%~3%，最后再将20%剩余资金入场。从2018年6月29日分时图运行状况来看，该股突破入场线首仓50%入场之后，后续依然延续加速上扬的运行格局，直至涨停，满足第二次加仓30%的涨幅要求，同时也满足了第三次加仓20%的涨幅空间要求。依据盘面的实际运行该怎样就怎样：该出手时就出手。每一次交易都是对人性弱点的考验，每一次交易都是对人性弱点的克服，每一次交易都是一次难得的修行经历。

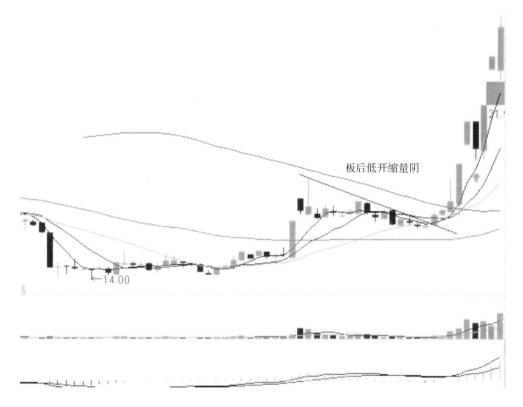

2017年9月27日吉大通信（300597）分时图狙击策略：

早盘低开震荡，于9：38放量突破昨日收盘价。对于低开盘的个股，只要股价还在昨日收盘价之下徘徊，我们都不必理会，随它怎么运行，都不做任何心理的干预。只要股价敢于在约定的时间内放量突破，我们就要即时采取行动。所谓："敌不动，我不动；敌若动，我即动。"

放量突破昨日收盘价之时黄色的分时均价线位于白色的股价线之下是重要的

分时入场参考。只要突破就要果断50%首仓入场。市场给出首仓入场指令，如同战场上军队首长向自己的士兵发出冲锋的命令一样。作为士兵，服从命令，坚决完成任务是他们的天职。首仓入场50%之后股价继续延续强势攻击态势，采用一波次方式直封涨停。从攻击的角度来看，该次攻击的力度是很大的，应做好充分的加仓准备。从加仓所需要的涨幅空间来看，已经完全满足了第二次（30%）和第三次（20%）的涨幅空间要求。

在实战中，像这样直线式的一波次拉升直奔涨停的个股，中途的加仓动作务必要快，否则稍有不慎就会被涨停拒之门外。

2017年9月27日吉大通信（300597）分时图运行实况（见下图）。

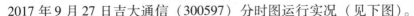
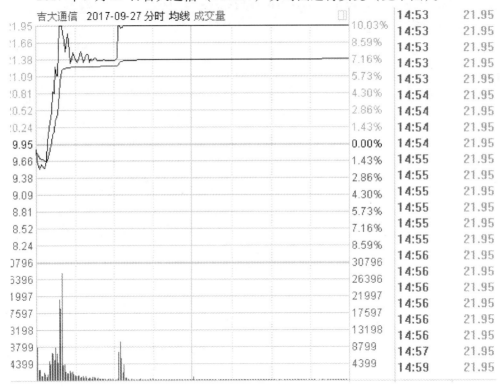

★ 出场规则

对于入场当日能够涨停的股票，在以后的任何一个交易日，只要不再涨停就必须出局。2017年9月29日股价没有涨停，所以，该股的出场日期是2017年9月29日。

分时图出场要点：股票连续两个交易日涨停，且2017年9月28日的涨停高开幅度超过7%，可谓气势如虹；对于一只高速运行的股票来说，当日的开盘幅度大小非常重要，一旦见到开盘幅度不如昨日时，本能的反映就是股价的攻击力度在变弱，争取及时出场是第一要务。给出两种处理办法：一是在集合竞价阶段预埋单争取尽快出局；二是在开盘后 5 分钟内依据股价的实际运行状况，伺机逢高出局。规则很明确，剩下的就是自己如何执行规则及能不能执行规则的问题了。

★ 持股规则

对于入场当日能够涨停的股票，在以后的每一个交易日，只要能够涨停就必须无条件持股；2017 年 9 月 29 日没有涨停，该股的持股截止日期是 2017 年 9 月 29 日。

持股规则的确定不需要主观地认定，而是需要依据市场的实际状况来制定。这样制定出来的规则才能更贴近市场的本来面目。

 每日一智

市场面前人人平等

所谓"大公者必无私"。市场就是那"大公者"，因为市场从来都不藏私，面对任何人，不论性别、美丑、社会地位高低、资金量大小，涨就是涨，正大光明地涨；跌就是跌，正大光明地跌。市场面前人人平等！

但是，却不是每一交易者都这样认为，事实上几乎所有的交易输家都没有真正深刻地认识到市场面前人人平等这一亘古不变的事实。

因为没有深入骨髓地认识到市场面前人人平等这一客观事实，由此造成了严重的交易后果，引发的盲目崇拜现象也大大阻碍了自己交易能力的提升。

交易输家们认为那些交易赢家可以预知市场的未来运行趋势，所以他们才能赚到钱。

可是，真正的情况是怎样的呢？

笔者十分清楚：无论这个答案多么千真万确，总会有人不以为然，习惯性地认为交易赢家就是可以预知未来。如果是这样，那也只能无能为力，顺其自然了。

真实的情况是交易赢家们通过技术研判的确可以做到提高交易胜率，但却无法做到 100% 正确，因为拥有足够的心灵智慧支撑能够赚到钱也能够守住钱，这一客观事实古往今来没有被任何人打破。

那些赚钱的交易赢家们只是做到了赢多亏小，赢的次数多，金额多；亏的次数少、金额小；是赢多亏少这个事实让他们赚到了钱，成为了真正的交易赢家；那些亏钱的交易输家们或盈亏平衡或亏多赢小，亏的次数多，金额多；赢的次数少，金额小；是盈亏平衡或亏多赢小这个事实让他们亏了钱，成了名副其实的交易输家。

或许有人天真地以为做到赢多亏小只是因为具有精湛的交易技术；其实那是大错特错，只有精湛的交易技术是不可能做到赢多亏小的；如果说交易技术是硬实力，那么，心灵智慧就是软实力，要想成为一名交易赢家，扎实的技术功底和心灵智慧，缺一不可；只懂交易技术，没有心灵智慧的支撑，所谓德不配财，偶尔赚到钱，早晚也会还给市场，没有人能够例外。只有心灵智慧而不懂交易技术，是无法做好图表交易的。即只有硬实力而没有软实力或只具备软实力而没有硬实力都不是真实力；唯有交易技术和心灵智慧两者兼备才能成为持久的交易赢家。

不要迷信任何人，没有人能够预知未来，努力投资自己，学好交易技术，开发心灵智慧，让自己尽早拥有扎实的技术功底和足够的心灵智慧。

如果你真正深入骨髓地认为市场面前人人平等，你就不会再盲目崇拜任何人；如果你不再盲目崇拜任何人，你就会相信自己，相信市场转而投资自己，提升自己，让自己成为自己真正的交易主人。

案例四
★ 图形识别

板后长阴恐吓

★ 形态描述与市场情绪解读

深冷股份（300540）2018 年 7 月 3 日给出涨停，2018 年 7 月 5 日给出一个低开缩量的跌停板，跌幅为 9.98%。涨停板之后突然给出一条低开低走的长阴线总是令人生疑的，主力为什么要在这样的位置给出这样的一条大阴线？难道是主力出货所造成的吗？如果是主力为了不计成本地出货而造成的，那么股价应该在高位才对呀。哪有低位出货的道理呢？复盘选股时，你理应带着这样的疑问。记住：市场永远没有无缘无故地涨，也永远不会有无缘无故地跌，涨跌的背后总是有原因的，就看你能否觉察到。

▲ 技术指标辅助研判

2018 年 7 月 5 日，经过 2 波次的下跌之后 5 日均线与 10 日均线已经走平，MACD 指标绿柱呈现不断缩短的看多形态。这些都是支撑股价继续上涨的有利信号。

▲ 市场结构与涨停位置研判

股价自 2018 年 5 月 24 日见顶之后进入调整周期，中途有过两次折返，属于五段式驱动结构，之后将会迎来三段式反弹。反弹自 2018 年 7 月 2 日开始至 2018 年 7 月 4 日结束属于反弹的第一波，自 2018 年 7 月 4 日进入反弹浪的 2 浪调整，依据市场结构学原理，可以预期 3 浪的攻击。2018 年 7 月 5 日的跌停板阴线位于调整浪的末端，绝不是在高位。只要不在高位，就具有关注价值。

无论是从市场心理、技术指标辅助，还是从长阴线出现的位置与市场结构看，我们有理由怀疑 2018 年 7 月 5 日给出的那一个低开缩量的跌幅为 9.98% 的跌停板，或是主力恐吓假摔洗盘留下的做盘痕迹，满足恐吓阴的技术要求，理应纳入自选进行关注。

是否是主力故意制造的恐吓假摔需要隔日的确认。

市场能否给出入场指令？何时给出入场指令？给出哪一种入场指令？我们不需要知道，静心等待就好。市场在没有给出板后一阴恐吓交易系统中规定的入场指令之前绝不轻举妄动。这是一个合格的系统交易员必须具备的职业素质。

★ 入场规则

2018 年 7 月 6 日，该股早盘微幅低开直接高走，迅速放量突破昨日收盘价，这是一气呵成、迫不及待的突破，从时间周期上研判，这是强势的突破（自开盘到突破只要用时在 10 分钟之内都可以定义为强势）。突破之时，白色的股价线已经位于黄色的均价线之上，这是执行入场指令时的重要参考。

突破之际就是入场之时，只要见到股价放量突破昨日收盘价就要果断 50% 首仓入场。这是一个需要勇气的时刻，任何的犹豫和徘徊都有可能错过最佳的入场时机。

★ 资金管理规则

资金计划：绝不满仓操作，只拿出总资金量的 20%～40% 作为狙击子弹使用。

★ 仓位管理规则

依据分时图运行实况采用五三二入场原则：见股价放量突破昨日收盘价的当下，就果断首仓入场 50%。当首仓出现盈利 2%～3% 之后，再买入 30% 的仓位，如果 30% 的仓位再次盈利 2%～3%，最后再将 20% 剩余资金入场。从 2018 年 7 月 6 日分时图运行状况来看，该股突破入场线首仓 50% 入场之后，后续依然延续加速上扬的运行格局，从涨幅区间来看满足第二次 30% 加仓空间要求，股价于 9：44 见分时顶进入调整周期，是调整还是假突破，此时需要我们格外小心；可以将分时均价线作为重要的参考，不破分时均价线或短时下破均价线能够迅速拉回就属于调整范畴而不是假突破。调整之后的第二波次拉升直至涨停，满足第三次 20% 加仓的涨幅空间要求，依据盘面的实际运行该怎样就怎样；该出手时就出手。每一次交易都是对人性弱点的考验，每一次交易都是对人性弱点的克服，每一次交易都是一次难得的修行经历。

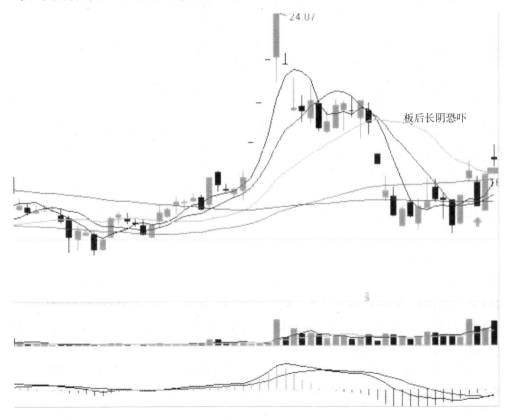

2018 年 7 月 6 日深冷股份（300540）分时图运行实况（见下图）。

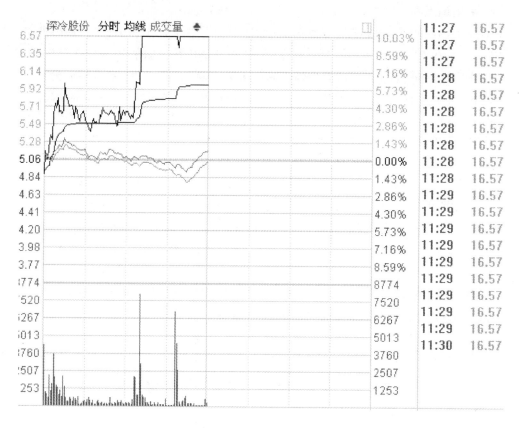

2018 年 7 月 6 日深冷股份（300540）分时图狙击策略：

早盘低开以后，不做任何的停留直接放量拉升突破昨日收盘价，除了大量比高开的入场指令之外，如果说哪一种入场指令能够排第二强的话，就是这种低开不做任何停留迅速翻红的个股了。对于这样的强势突破稍有不慎就会错过最佳的入场时机。

放量突破之时，黄色的分时均价线位于白色的股价线之下是重要的分时入场参考。在白上黄下的格局之下，只要突破就要果断 50% 首仓入场。市场给出首仓入场指令。如同战场上军队首长向自己的士兵发出冲锋的命令一样。作为士兵，服从命令，坚决完成任务是他们的天职。首仓入场 50% 之后股价继续延续强势攻击态势，采用 2 波次的方式直封涨停。从攻击的角度来看，调整之后的第二次攻击的角度几乎是 90 度角，比上一次攻击的角度要陡直很多，如果你看盘经验足够丰富的话，那么，你就可以预期该股当日涨停的概率接近 100% 了。如果你能预期到当日能够涨停，那么，首仓之后的加仓工作一定是从容的且不带任何恐惧的。

★ 出场规则

对于入场当日能够涨停的股票，在以后的任何一个交易日，只要不再涨停就必须出局；2018 年 7 月 9 日股价没有涨停，所以该股的出场日期是 2018 年 7 月 9 日。

分时图出场要点：股票昨日涨停，隔日高开，继续持股不动；高开后股价短时窄幅下打不破昨日收盘价，继续持股不动；V 型反转上破分时均价线和早盘高点，下跌警报解除，没有卖出理由，继续持股不动；9：40 股价最高上攻幅度为 8.03%，距离涨停仅咫尺之遥，该涨停而不涨停就要提防开盘冲，处理开盘冲的办法也很简单，那就是见股价拐头就可以先出场 50% 的仓位；剩余 50% 仓位可在第二次上攻至 8.03% 向下拐头时出场，当然也可以放至尾盘见涨停无望而出场。

★ 持股规则

对于入场当日能够涨停的股票，在以后的每一个交易日，只要能够涨停就必须无条件持股；2018 年 7 月 9 日没有涨停，该股的持股截止日期就是 2018 年 7 月 9 日。

持股规则的确定不需要主观地认定，而需要依据市场的实际状况来制定。这样制定出来的规则才能更贴近于市场的本来面目。

! 每日一慧

尽可能多地描写自己的思考过程和思考结果

这样做有什么好处呢？

如此，你就会知道你的思考是彻底的主观记忆，还是依据客观事实得出的主观结论（逻辑）。前者就是华生的思维模式，他总会被先入为主的观念所左右，非常容易脱离实际，被自己的主观经验所主导，因为思维习惯的问题，加上自己的觉察力不够敏锐，自己却以为是理所当然；后者是福尔摩斯思维模式，他总是习惯于根据眼前的客观事实来进行演绎和推理（俗称逻辑思考）。无论最后的结论是什么？都更接近于客观事实，所谓主客消融也。

就结果而言，前者因为依据自己的主观经验得出的结论，所以容易犯错；后者因为是以客观事实为依据，所以往往正确，偶尔错误也是因为自己的不小心（无意识）短时落入主观经验而导致的。

关键之处在于，你是依据主观思考还是依据客观来思考！我们需要学会依据客观事实来思考，绝不可以不自觉地落入主观之中。对于交易而言，所谓客观事实就是眼前市场的走势是什么？然后，你依据眼前市场的走势做出判断，这就是应对！所谓主观就是自己头脑中想象的一种情景，这个情景或是曾经的记忆或是自己凭空臆想出来的，实质是一致的。如果你依据的是自己头脑中想象的那种情景，做出应对，如此应对的结果，错误的概率就会陡增，只有一种情况会是正确的，那就是自己头脑中想象出来的那种情景正好与眼前的市场表现正好一致的时候。

对于交易而言，死记硬背的交易者占了多数，他们是典型的华生思维，他们看到市场的具体表现时，习惯性地依据自己记忆的招数来应对，如果自己曾经做过类似的交易还好，如果眼前的这笔交易自己不曾做过，那么，他们能够做出适时应对的概率极小。能够举一反三，触类旁通式的交易者总是极少的，他们是典型的福尔摩斯思维拥有者。这两个群体在智力水平上没有任何区别，根本的区别在于：他们的思维模式不同。拥有华生思维的交易者很用功，但交易绩效很难提高，而且容易忽高忽低；拥有福尔摩斯思维的交易者，因为非常注重交易技术基础的整理和记忆，非常注重反思和总结，所以，他们的交易过程往往很轻松，很少会有长期的压迫感。因为他们知道，不论遇到什么情况，他们总会扣住交易的核心，通过适当的手段来应对眼前的市场。心里没有任何压力感，也就是说，他们在交易的时候，心态是放松的，这种心态本来就容易做出恰当的应对策略。

其实这两种思维模式是可以互相转化的，而且转化很容易。多次练习之后，你就会拥有福尔摩斯式的思维模式。交易赢家的思维模式就是福尔摩斯式的思维模式。

所以，任何一个有志于成为交易赢家的交易者，一定要千方百计地把自己根深蒂固的华生思维模式转化成福尔摩斯式的思维模式。

案例五

★ 图形识别

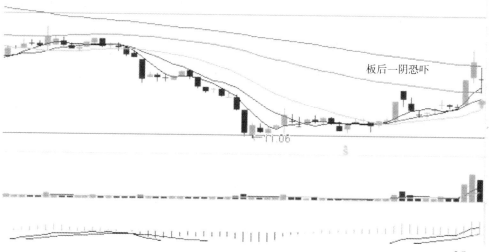

★ 形态描述与市场情绪解读

国统股份（002205）2018年7月27日涨停，2018年7月31日收出一条低开缩量的带上下影线的长阴线，跌幅为5.39%。不是所有的下跌都是为了出货，也不是所有的下跌都是为了假摔洗盘。自从创立了恐吓交易系统之后，面对市场中给出的长阴线总是要多一份关注，甚至多一份欣喜，因为长阴线里经常蕴藏着机会。

在笔者的《强势股操盘赢利系统培训教程》中曾经提到交易思维的概念：交易思维是我们交易时不可或缺的工具，但有时交易思维也是阻碍自己进入交易赢家的最大障碍。既然交易思维只是促成交易的一种工具，如同镰刀可以用来割草，也可以当作抵御侵略的武器来使用一样。应该把交易思维赋予像镰刀一样的功能。该使用时就要大胆使用，不该使用时也可以把它收起来，别让它成为交易的绊脚石。

面对这样一条突如其来的低开缩量长阴线，应该多一些思维：为什么突然就下跌了呢？这里的下跌是出货造成的还是洗盘假摔造成的呢？如果是洗盘假摔造成的长阴线，那么，后续必然会做再一次的拉升；如果是出货造成的长阴线，一旦完成出货的目标，继续下跌的概率可以达到100%。到底是出货还是洗盘假摔，我们还需要技术指标、市场结构及涨停位置的综合研判。

▲ 技术指标辅助研判

2018年7月31日，5日均线、10日均线、20日均线已经呈现多头排列。股价已经放量突破60日均线，MACD指标处于金叉红柱的看多形态。这些都是支撑股价继续上涨的有利信号。

▲ 市场结构与涨停位置研判

股价经过长期的反复下跌之后，于2018年6月20日触底，之后进入震荡盘升的筑底区间，至2018年7月31日为止，区间振幅为37.52%，涨幅不足50%仍具有关注价值。就位置和涨幅而言，这里的长阴线一定不是连续暴涨的高位，不在高位主力为什么要出货？

无论是从市场心理、技术指标辅助还是从长阴线出现的位置与市场结构来看，我们有理由怀疑2018年7月31日给出的那一条带上下影线的跌幅为5.39%的长阴线，是主力恐吓假摔洗盘留下的做盘痕迹，满足恐吓阴的技术要求，理应纳入自选进行关注。

是否是主力故意制造的恐吓假摔需要隔日的确认。

市场能否给出入场指令？何时给出入场指令？给出哪一种入场指令？我们不需要知道，静心等待就好。市场在没有给出板后一阴恐吓交易系统中规定的入场指令之前绝不轻举妄动。这是一个合格的系统交易员必须具备的职业素养。

★ 入场规则

2018年8月1日该股早盘微幅低开震荡，于9：42放量突破昨日收盘价，在股价还没有放量突破昨日收盘价之前，你不必动心起念地投入期望。从时间周期上来研判，这是较为强势的突破，自开盘到突破用时 12 分钟。突破之时，白色的股价线已经位于黄色的均价线之上，这是执行入场指令时的重要参考。

突破之际就是入场之时，只要突破就要果断 50% 首仓入场。这是一个需要勇气的时刻，任何的犹豫和徘徊都有可能错过最佳的入场时机。

★ **资金管理规则**

资金计划：绝不满仓操作，只拿出总资金量的 20% ~40% 作为狙击子弹使用。

★ **仓位管理规则**

依据分时图运行实况采用五三二入场原则：见股价放量突破昨日收盘价的当下，就果断首仓入场 50%。当首仓出现盈利 2% ~3% 之后，再买入 30% 的仓位，如果 30% 的仓位再次盈利 2% ~3%，最后再将 20% 剩余资金入场。从 2018 年 8 月 1 日分时图运行状况来看，该股突破昨日收盘价首仓 50% 入场之后，后续依然延续加速上扬的运行格局，从涨幅区间来看满足第二次 30% 加仓空间要求，于 9：49 见分时顶进入调整周期，是调整还是假突破，此时需要谨慎。可以将分时均价线作为重要的参考，不破分时均价线或短时下破均价线能够迅速拉回就属于调整范畴而不是假突破。调整之后的第二波次拉升直至涨停（细心的交易者可以看出调整之后的这波拉升是教科书般地 5 浪的驱动攻击结构），满足第三次 20% 加仓的涨幅空间要求，依据盘面的实际运行该怎样就怎样：该出手时就出手。每一次交易都是对人性弱点的考验，每一次交易都是对人性弱点的克服，每一次交易都是一次难得的修行经历。

2018 年 8 月 1 日国统股份（002205）分时图运行实况（见下图）。

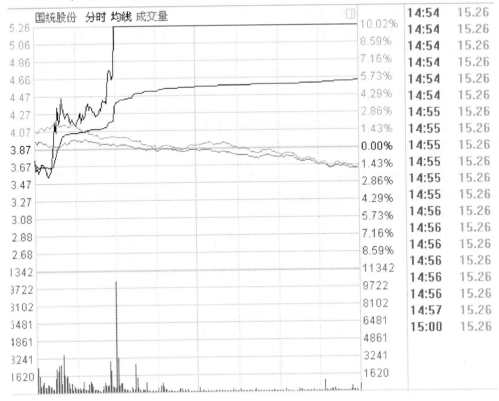

2018 年 8 月 1 日国统股份（002205）分时图狙击策略：

早盘低开以后低走，反复震荡后于 9：42 放量突破昨日收盘价。从分时震荡结构来看是属于 ABC 结构，是典型的调整结构而不是驱动结构，所以，当调整结构一旦完成之后，就会进入趋势性的驱动结构中。只用了 12 分钟就实现了对昨日收盘价的突破，从突破时间来看，虽然超过了我们定义的强势突破的 10 分钟时间界限，超过 2 分钟，不必太过拘泥于 10 分钟本身，我们依然可以认定这是较为强势的突破。

放量突破之时黄色的分时均价线位于白色的股价线之下是重要的分时入场参考。在白上黄下的格局之下，只要突破就要果断 50% 首仓入场。市场给出首仓入场指令。如同战场上军队首长向自己的士兵发出冲锋的命令一样。作为士兵，服从命令，坚决完成任务是他们的天职。首仓入场 50% 之后股价继续延续强势攻击态势，采用 2 波次的方式直封涨停。第二次调整是在黄色的分时均价线之上完成，当然属于强势的调整，从攻击的角度来看，调整之后的第二次攻击的角度几乎是 90 度角，比上一次攻击的角度要陡直很多，而且长度一波比一波更长，如果你看盘经验足够丰富的话，那么，你就可以预期该股当日涨停的概率接近100%了。如果你能预期到当日能够涨停，那么，首仓之后的加仓工作一定是从容且不带任何恐惧的。

★ 出场规则

对于入场当日能够涨停的股票，在以后的任何一个交易日，只要不再涨停就必须出局；2018年8月3日股票没有涨停，所以该股的出场日期是2018年8月3日。

分时图出场要点：股票连续两个交易日给出涨停，当日的5.72%的高开幅度对于一只高速运行的个股来说实属正常，而且高开幅度也大于前一个交易日，这是攻击继续加速的征兆，当然持股不动；开盘后股价不作任何停留直接低走，长波下打接近昨日收盘价，短时窄幅反弹就是出场时机；原因在于开盘后股价的下跌幅度过大，超过了5%，这不是高速运行股票该有的下跌幅度，而且触底反弹的力度非常微弱，长波攻击，微弱反弹当然不是强势股该有的运行特征，既然股价的运行强度变弱，理应迅速做出应对，择机果断出局。从该股票的出场看，灵活对于操盘涨停的交易者来说有多么重要；开盘前还是强势的判断，开盘后2秒钟的时间就要依据盘面的变化做出相反的判断，这对谁来说都是一个重大的实战考验。

★ 持股规则

对于入场当日能够涨停的股票，在以后的每一个交易日，只要能够涨停就必须无条件持股；2018年8月3日没有涨停，该股的持股截止日期是2018年8月3日。

持股规则的确定不需要主观地认定，而是需要依据市场的实际状况来制定。这样制定出来的规则才能更贴近于市场的本来面目。

！每日一戒

认识无常

没有经过刻意训练的普通人是害怕无常的，然而，无常是中性的。没有好与坏之分，无常是自然界中本来就存在的，不以任何个人意志为转移，不管你是谁，不管你愿不愿意，无常是一定的、必然的。所以，我们应采用正确的思维模式去看待无常，而不应该对无常产生恐惧。普通人对于无常总是习惯采用恐惧的思维模式来对待。他们害怕未来，因为未来是不可预测的，是无常的。但是不可预测和无常真的就那样可怕吗？因为无常的存在，好的可以变成坏的，坏的可以变成好的；学习差的可以变成学习优秀的，学习优秀的可以变成学习差的；交易水平低的可以变成交易水平高的，交易水平高的可以变成交易水平低的；华生思维可以变成福尔摩斯思维，福尔摩斯思维也可以变成华生思维。具体来说，现在不优秀的你，经过不断的努力之后未来可以变成优秀的你，当然曾经优秀的你因为骄傲而颓废，未来也可以变成拙劣的你。

如果世界没有无常，那么你就会一成不变，即你永远也不会长大，要么永远只会优秀，要么永远只会拙劣，绝不会相互转化，但是，现实不是这样的，优秀和拙劣之间是可以相互转化的。

拥有福尔摩斯思维的人也会犯错，但他们不怕犯错，他们习惯于从错误中吸取经验和教训，而不是被错误所击倒（当自己犯错时，就认为自己不行、不如人，进行自我否定，这是典型的华生思维模式）！

无常带给我们的不仅是风险，还有机会！我们只需要管控住风险，把握住属于自己的机会！

※低开放量阴

案例一
★ 图形识别

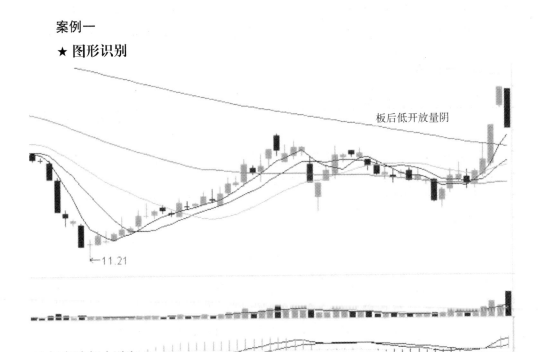

板后低开放量阴

←11.21

★ 形态描述与市场情绪解读

湘邮科技（600476）2018年4月26~27日连续两天给出涨停，2018年5月

2 日市场给出一个低开放量的跌停板。是什么重大的利空导致主力不计成本地抛售呢？看 F10，也没有见到有什么所谓的利空消息。如果不是主力的大力抛售，单凭散户的力量怎么可以把股价打到跌停板？主力为什么要采取如此恐怖的手段将股价打到跌停板呢？是不是假摔洗盘也未可知啊！正确的怀疑不是否定一切而是存疑求证。

▲ 市场结构及涨停位置研判

经过长期反复的下跌以后股价于 2018 年 2 月 7 日触底，之后进入一波拉升，运行周期为 24 个交易日，属于日线级别 1 浪运行，区间涨幅为 50.58%，至 2018 年 3 月 19 日结束，自 2018 年 3 月 19 日开始进入调整周期，利用黄金分割比例测算得知，其最大调整比率为 61.8%，下调幅度超过了 50% 就属于深幅调整范畴，调整周期内出现了明显的折返，这是调整的必要条件。链接 2018 年 3 月 19 日高点和调整区间内的折返高点形成一条入场线得知，市场于 2018 年 4 月 25 日实现了对入场线的突破，整个调整周期用时 21 个交易日，属于日线级别的调整。所以，我们期待这次突破以后的主升浪攻击运行，大概率是日线级别的 3 浪主升运行。自 2018 年 4 月 18 至 2018 年 5 月 2 日止区间涨幅为 40.82%，不足 50%，可以暂时认定为主拉升运行途中的震仓调整。如果自 2018 年 4 月 18 日至 2018 年 5 月 2 日止区间涨幅超过了 50%，不建议再去关注了。关于日线级别 3 浪主升加速点交易系统的具体操作方法，有需要的读者可以去翻阅《强势股操盘赢利系统培训教程》，以便于更加了解股价运行结构。

从结构来看，如果这里是 3 浪主拉升，那么，中途应该要出现 2 次折返调整，第一次调整日期在 2018 年 4 月 18 日。2018 年 5 月 2 日市场给出的这一个低开放量的跌停板是不是主拉升运行中的第二次调整呢？如此，结构才算完整。所以，可以对未来股价有更高的期待。

▲ 技术指标辅助研判

2018 年 5 月 2 日，5 日均线、10 日均线、20 日均线、60 日均线已经呈现多头排列，MACD 指标处于金叉红柱的看多形态。这些都是支持股价上涨的有利信号。

通过以上的对市场结构、技术指标的综合分析解读，认定 2018 年 5 月 2 日给出的这一条跌停板长阴线符合恐吓阴的条件要求。

是否是主力故意制造的恐吓假摔需要隔日的确认。

纳入自选股进行重点关注：市场能否给出入场指令？何时给出入场指令？给出哪一种入场指令？我们不需要知道，静心等待就好。市场在没有给出板后一阴恐吓交易系统中规定的入场指令之前绝不轻举妄动。这是一个合格的系统交易员必须具备的职业素养。

★ 入场规则

2018 年 5 月 3 日，该股早盘微幅低开之后一直围绕着走平的分时均价线在做横盘运动，午后 14：15 放量突破昨日收盘价（低开翻红）给出入场指令。突破之际就是入场之时，黄色的分时均价线与白色的股价线之间呈多头排列状态，更增加了入场时的买入信心。只要突破就要果断 50% 首仓入场。这是一个需要勇气的时刻，任何的犹豫和徘徊都有可能错过最佳的入场时机。

★ 资金管理规则

资金计划：绝不满仓操作，只拿出总资金量的 20% ~40% 作为狙击子弹使用。

★ 仓位管理规则

依据分时图运行实况采用五三二入场原则：见股价放量突破昨日收盘价的当下，就果断首仓入场 50%。当首仓出现盈利 2% ~3% 之后，再买入 30% 的仓位，如果 30% 的仓位再次盈利 2% ~3%，最后再将 20% 剩余资金入场。从 2018 年 5 月 3 日分时图运行状况来看，该股突破入场线首仓 50% 入场之后，后续依然延续加速上扬的运行格局，在黄色的分时均价线之上短暂整理之后直封涨停，10% 的涨幅空间满足第二次加仓 30% 的涨幅要求，同时也满足了第三次加仓 20% 的涨幅空间要求。依据盘面的实际运行该怎样就怎样：该出手时就出手。每一次交易都是对人性弱点的考验，每一次交易都是对人性弱点的克服，每一次交易都是一次难得的修行经历。

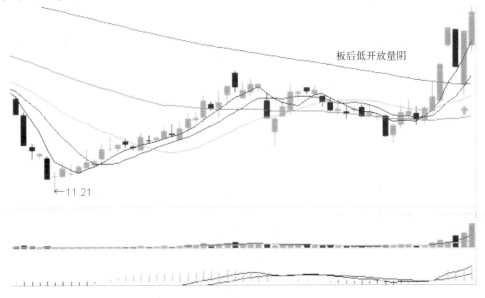

2018 年 5 月 3 日湘邮科技（600476）分时图运行实况（见下图）。

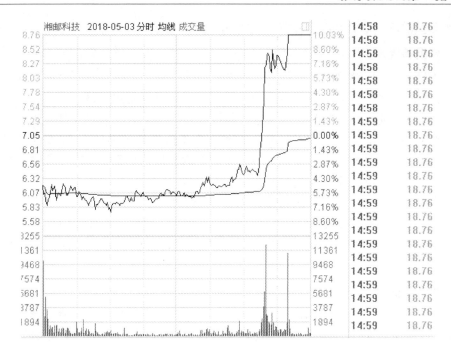

2018 年 5 月 3 日湘邮科技（600476）分时图狙击策略：

早盘低开低走，围绕着走平的分时均价线做窄幅的横盘运动，市场在没有给出明确的方向选择之前，请不要轻举妄动，不是所有的横盘震荡运动之后都会做向上的攻击运行，不排除向下的可能。预判是预判，不是实际的运行，虽然我们预期会有二次折返之后的再度拉升，但是，在市场没有给出明确的入场指令之前，绝不可以仅凭自己的想象贸然采取行动。不要忘记笔者在《强势股操盘赢利系统培训教程》中对市场特性的阐述及给出的彻证市场特性的指导实验练习。通过练习如果你已经彻证了市场的特性，那么，你绝对不会轻举妄动，你一定会有足够的耐心等待市场给出入场指令才采取行动。如果你经常会有轻举妄动的交易行为，说明彻证市场特性的训练课程做得还不够，你还要继续完成下去。只要不能彻证市场特性，那么类似提前入场的鲁莽交易行为一定还会换汤不换药地在你身上发生。

尾盘 14：15 股价放量突破昨日收盘价，突破时黄色的分时均价线和白色的股价线呈现多头排列状态，这是即时入场的重要参考。只要突破就要果断 50% 首仓入场。市场给出首仓入场指令。如同战场上军队首长向自己的士兵发出冲锋的命令一样。作为士兵，服从命令，坚决完成任务是他们的天职。首仓入场 50% 之后股价继续冲高回落不破分时均价线是正常强势的调整形态。短暂调整之后继续放量攻击，从攻击的角度来看，该次攻击的力度是很大的，应做好充分的加仓准备。市场采用两波次方式直奔涨停，从加仓所需要的涨幅空间来看，已经完全满足了第二次（30%）和第三次（20%）的涨幅空间要求。

★ 出场规则

对于入场当日能够涨停的股票，在以后的任何一个交易日，只要不再涨停就必须出局；2018 年 5 月 4 日股票没有涨停，所以该日就是出场日。

分时图出场要点：股票昨日涨停，隔日低开，属于不正常的开盘，集合竞价时见到低开应该迅速做出应对策略：在集合竞价阶段预埋单争取 50% 仓位尽快出场，可以将剩余 50% 仓位留在开盘后 5 分钟内，依据盘面的实际变化再做出应对；开盘后股价短时窄幅下打，V 型反转上破分时均价线和昨日收盘价两道关卡，继续持股不动，9：44 分时见顶回落不破分时均价线，自然不予理会；9：47 调整结束后再度攻击，两波式直封涨停，可以将剩余 50% 仓位安心持有了：涨停永远不是卖出的理由！10：04 开板至午间收盘仍不能封住涨停，就要怀疑股价运行强度在变弱，所以，午后开盘后就可以果断出场了。

★ 持股规则

对于入场当日能够涨停的股票，在以后的每一个交易日，只要能够涨停就必须无条件持股；2018 年 5 月 4 日股票没有涨停，所以该股的持股周期只能到 2018 年 5 月 4 日。

持股规则的确定不需要主观地认定，而是需要依据市场的实际状况来制定。这样制定出来的规则才能更贴近于市场的本来面目。

 每日一智

请把耐心用在正道上

交易赢家都具有强大的耐心，同样，交易输家也具有无比强大的耐心，其耐心的程度一点不比赢家少！

证券交易中，交易员的耐心是不可或缺的优秀品质，所以说，不可或缺是指如果一个交易员没有耐心是不可能做好交易的。

难道具备耐心就能成为交易赢家吗？

正确的答案是：只要你能把耐心用在正道上就有成为赢家的可能！

如果不能把耐心用在正道上，即把耐心用错了地方会让你离赢家越来越远。准确地说，耐心是一种能力！通过锻炼可以拥有。

让我们先看看交易输家们都把耐心用在了什么地方？交易输家最大的耐心莫过于入场后对错误交易（亏损）持股的耐心，一旦有亏损他们就会持股不动，随着亏损金额的不断加大他们的耐心就会不断增强，由小亏变成大亏，由大亏变成股东；在该有耐心的时候却总是没有耐心，见到盈利总是喜欢落袋为安，生怕浮盈便浮亏，通常赚到的只是蝇头小利。

为什么见到交易错误反而持股耐心会更强呢？为什么在该需要耐心的时候却没有耐心了呢？

交易的本质就是赢多亏小；如果不能有效地解决上述问题，要想成为赢家是绝对不可能的事情！

上述问题到底是如何引发的呢？有没有破解之法呢？导致上述问题大面积发生的原因是因为心灵智慧没有得到有效开发所致，说大面积是因为输家数量的确不计其数。

难道心灵智慧得到足够开发就能将上述问题彻底解决吗？答案也是非常确定。当一个交易员的心灵智慧得到足够开发，不但上述问题会得到有效解决，他在交易中遇到的其他问题也都会迎刃而解。这就是心灵智慧开发的真正价值所在。

交易赢家们的耐心都体现在哪里呢？

交易赢家们拥有无比的等待入场信号的耐心，不见入场信号，他们是不会盲目入场的；交易赢家们见到盈利交易时总是具有强大的持股耐心，见到亏损交易时他们的耐心总是十分有限。交易赢家们在实盘交易中的交易表现是心灵智慧的外在表现形式，没有一个交易赢家的心灵智慧没有得到足够开发，心灵智慧没有被开发或开发不够都不足以成为交易赢家，如果没有正确的方法指引，他们的心灵智慧开发过程往往伴随着巨大的痛苦。具体来讲就是经年累月的不断的赢小亏多，持续的亏损，巨额的亏损所造成的痛苦。

案例二
★ 图形识别

★ 形态描述与市场情绪解读

星网宇达（002829）2018 年 6 月 12～13 日连续两天给出涨停，2018 年 6 月 14 日市场给出一条低开放量的伪阳线。莫名其妙的低开放量下跌总是让人产生无限的遐想，是什么重大的利空导致主力不计成本地抛售呢？看 F10，也没有见到有什么所谓的利空消息。如果不是主力为了出货的大力抛售，单凭不能形成合力的散户群体怎么可以做出这样的图形？主力为什么要采取如此恐怖的手段将股价打到接近跌停呢？是不是假摔洗盘也未可知啊！正确的怀疑不是否定一切而是存疑求证。静待市场给出正确的答案，可以怀疑但不可以否定！

▲ 市场结构及涨停位置研判

经过长期反复的下跌以后股价于 2018 年 2 月 6 日触底，之后进入一波拉升，运行周期为 39 个交易日，属于线级别一浪运行，区间涨幅为 67.46%，至 2018 年 4 月 10 日结束，自 2018 年 4 月 10 日开始进入调整周期，利用黄金分割比例测算得知，其最大调整比率超过 61.8%，在 80.9% 上方止跌属于深幅调整范畴，调整周期内出现了明显的折返，这是调整的必要条件，链接 2018 年 4 月 10 日高点和调整区间内的折返高点形成一条入场线得知，市场于 2018 年 6 月 12 日实现了对入场线的突破，整个调整周期用时 43 个交易日，属于周线级别的深度调整。所以，我们期待这次突破以后的攻击运行，大概率是周线级别的 3 浪主升运行。自 2018 年 6 月 11 至 2018 年 6 月 14 日止，区间振幅为 22.86%，不足 50%，可以暂时认定为主拉升运行途中的震仓调整。如果自 2018 年 6 月 11 日至 2018 年 6 月 14 日止，区间振幅超过了 50%，不建议再去关注了，可以合理认定为高位。关于周线级别 3 浪主升加速点交易系统的具体操作方法，如有需要可以翻阅《强势股操盘赢利系统培训教程》，以便于更加了解股价运行结构及相关交易策略。

从市场结构来看，如果这里是 3 浪主拉升，那么，中途应该要出现 2 次折返调整，暂时可以认定为该次调整为第一次调整，所以理应期待至少还会有一次的攻击运行，如此，结构才算完整。此次调整是不是周线级别主拉升运行中的第一次调整呢？

▲ 技术指标辅助研判

2018 年 6 月 14 日，5 日均线、10 日均线、20 日均线已经呈现多头排列，60 日均线也已走平，MACD 技术指标处于金叉红柱的看多形态。这些都是支持股价上涨的有利信号。

通过以上对市场结构、技术指标的综合分析与解读，认定 2018 年 6 月 14 日给出的这一条跌幅为 7.21% 的伪阳线满足恐吓阴（伪阳线实质是一条下跌阴线）的技术条件要求。

是否是主力故意制造的恐吓假摔需要隔日的确认。

纳入自选股进行重点关注：市场能否给出入场指令？何时给出入场指令？给出哪一种入场指令？我们不需要知道，静心等待就好。市场在没有给出板后一阴恐吓交易系统中规定的入场指令之前绝不轻举妄动。这是一个合格的系统交易员必须具备的职业素养。

★ 入场规则

2018 年 6 月 15 日，该股早盘微幅低开之后，不做任何停留直接攻击突破昨日收盘价，当日最低价就是当日开盘价，突破之际就是入场之时，黄色的分时均价线与白色的股价线之间呈多头排列状态，更增加了入场时的买入信心。只要突破就要果断 50% 首仓入场。这是一个需要勇气的时刻，任何的犹豫和徘徊都有可能错过最佳的入场时机。

★ 资金管理规则

资金计划：绝不满仓操作，只拿出总资金量的 20% ~ 40% 作为狙击子弹使用。

★ 仓位管理规则

依据分时图运行实况采用五三二入场原则：见股价放量突破昨日收盘价的当下，就果断首仓入场 50%。当首仓出现盈利 2% ~ 3% 之后，再买入 30% 的仓位，如果 30% 的仓位再次盈利 2% ~ 3%，最后再将 20% 剩余资金入场。从 2018 年 6 月 15 日分时图运行状况来看，该股突破昨日收盘价首仓 50% 入场之后，后续依然延续加速上扬的运行格局，在黄色的分时均价线之上短暂整理之后直封涨停，10% 的涨幅空间完全满足第二次加仓 30% 的涨幅空间要求，同时也满足了第三次加仓 20% 的涨幅空间要求。依据盘面的实际运行该怎样就怎样：该出手时就出手。每一次交易都是对人性弱点的考验，每一次交易都是对人性弱点的克服，每一次交易都是一次难得的修行经历，每一次交易都是一次心灵成长契机。需要认真地对待每一次交易，做好交易后的反思与总结。

2018 年 6 月 15 日星网宇达（002829）分时图运行实况（见下图）。

2018 年 6 月 15 日星网宇达（002829）分时图狙击策略：

早盘低开直接上功，当日开盘价就是当日最低价，用秒计的运行速度，如果不是提前做好入场的各种准备，要想在突破之际即时入场几乎是不可能的，错过往往是大概率事件。所谓：弱水三千只取一瓢饮。实战交易中，我们需要抵制住选股的诱惑，当有多只股票需要关注时，注意力的分散是必然的事情，多关注也是贪婪情绪的一种表现形式，多则失，少则得，减少关注目标是提高即时入场成功率的根本保证。

早盘突破昨日收盘价之时，黄色的分时均价线和白色的股价线呈现多头排列状态，这是依据分时图做即时入场的重要参考。只要突破就要果断 50% 首仓入场。市场给出首仓入场指令，如同战场上军队首长向自己的士兵发出冲锋的命令一样。作为士兵，服从命令，坚决完成任务是他们的天职。首仓入场 50% 之后股价继续冲高回落不破黄色的分时均价线是正常强势的突破调整形态。短暂调整之后继续放量攻击，从攻击的角度来看，最后一次的攻击角度接近 90 度，见到这样的攻击角度，意味着当日收获涨停是极高概率的事件。应做好充分的加仓准备。从加仓所需要的涨幅空间来看，已经完全满足了第二次（30%）和第三次（20%）的涨幅空间要求。

★ 出场规则

对于入场当日能够涨停的股票，在以后的任何一个交易日，只要不再涨停就必须出局；2018 年 6 月 19 日股票没有涨停，所以该日就是出场日。

分时图出场要点：股票昨日涨停，隔日低开实属不正常，而且低开幅度超过 5%，属于大幅低开；在集合竞价阶段见到大幅低开应该迅速做出应对策略：一是在集合竞价阶段预埋单 50% 仓位出场；二是将剩余 50% 仓位留在开盘后，依据盘面的实际变化，再做出适时的应对；开盘后股价不作任何停留直接高走，继续持股不动，冲高回落不破新低，说明分时上攻趋势依然存在，继续持股观望；10：18 上破昨日收盘价，回落不破昨日收盘价视为正常的突破回踩，再次攻击于 10：32 见顶回落，可在拐头之际将剩余 50% 出场。其实依据开盘后 5 分钟出场法则，剩余 50% 仓位早已出场了。

规则就是规则，一旦制定就不可以违背。不被执行的规则形同虚设，与情绪化交易无异。

★ 持股规则

对于入场当日能够涨停的股票，在以后的每一个交易日，只要能够涨停就必须无条件持股；2018 年 6 月 19 日股票没有涨停，所以该股的持股周期只能到 2018 年 6 月 19 日。

持股规则的确定不需要主观地认定，而是需要依据市场的实际状况来制定。

这样制定出来的规则才能更贴近于市场的本来面目。

！ 每日一戒

思维的运动习惯

因为太熟悉了，所以这不是一个很容易回答的问题。但是，问题的答案却十分简单：思维喜欢回到过去和跑到未来，就是不愿意安住于此时此刻。

了解思维运动习惯的意义：

这是人类痛苦的根源，是愚痴的根本原因，是所有交易输家亏钱的唯一原因！作为一个系统交易者来说：当市场给出了入场信号时，交易赢家们会即时入场，不纠结、不拖延；而交易输家们会想到曾经的某一笔交易曾出现过亏损，是不是这一笔也会如此呢？他们的思维回到了过去，于是他们犹豫了，拖延了。同时，他们也会想到：万一进场之后，股价不涨反跌被套怎么办，他们的思维来到了未来，于是，他们犹豫了，拖延了。这样的思维模式都是在不知不觉的瞬间完成的，你甚至都不会觉察到，因为你已经习以为常了。其实，你的上一笔交易与这一笔交易根本不是同一笔交易，参与的群体绝对不会是原班人马，但是，你认为是，所以，你才犹豫和拖延，这是思维对你的欺骗；入场后的未来或许会跌，或许会涨，但是你的思维因为担心市场会下跌，所以，你犹豫和拖延了，其实，未来的事情，你根本就不知道，即入场后，你根本不知道市场是涨还是跌。你是在自己吓唬自己。

安住于此时此刻吧！

此时此刻，市场是什么？是否符合选股规则，是否符合入场规则，是否符合出场规则，是否符合持股规则，是否符合加减仓规则。你要做的就是做出其中的判断，说白了就是看到，而后采取相应的交易行动。思维处于归零的状态，完全没有过去和未来的影响。你做在了此时此刻，你只做此时此刻，你就会很有力量，你的交易才会自己做主！

离开此时此刻，你还拥有什么呢？此时此刻你拥有一切。

案例三

★ 图形识别

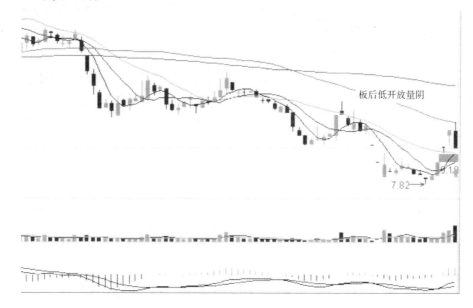

板后低开放量阴

8.19

7.82

★ 形态描述与市场情绪解读

高斯贝尔（002848）2018 年 9 月 5 ~ 7 日连续三个交易日出现涨停，2018 年 9 月 10 日市场给出一条低开放量的跌停板阴线。莫名其妙的低开放量跌停总是让人产生无限的遐想，是什么重大的利空导致主力不计成本地抛售呢？看 F10，也没有见到有什么所谓的利空消息。如果不是主力为了出货的大力抛售，单凭不能形成合力的散户群体怎么可以做到跌停呢？主力为什么要采取如此恐怖的手段将股价打压到跌停呢？是不是假摔洗盘也未可知啊！正确的怀疑不是否定一切而是存疑求证。静待市场给出正确的答案，可以怀疑但不可以否定也不必有必然的肯定！

▲ 市场结构及涨停位置研判

该股上市以后连续涨停于 2017 年 3 月 8 日创出高点 39.52 元，之后经过长期反复的下跌股价于 2018 年 9 月 3 日触底后进入一波拉升，运行周期为 6 个交易日，区间振幅为 46.55%，至 2018 年 9 月 10 日结束。虽然 6 个交易日出现了 3 个涨停板，强度很强，但却没有给出自 2017 年 3 月 8 日以来下降趋势的反转信号，所以，这里的攻击只能先以反弹对待。如果只是震荡筑底区间的反弹走势，我们是可以期待还有一波攻击运行的，这是调整结构理论中应有的走势。

从涨停位置来看，经过长期反复的下跌，虽然短短的 6 个交易日区间振幅达

46.55%，显然，这里绝不是连续上涨的高位（只要区间涨幅不超过50%），不在高位，就具备关注价值。

结构理论有再攻击的预期且股价区间涨幅不足50%（超过50%为否决项），所以，可以对未来股价有更高的期待。

▲ 技术指标辅助研判

2018年9月10日，5日均线、10日均线两条短期均线已经呈现多头排列，MACD技术指标处于金叉红柱的看多形态。这些都是支持股价上涨的有利信号。

通过以上对市场结构及技术指标的综合分析与解读，认定2018年9月10日给出的这一个跌停板满足恐吓阴的技术条件要求。

是否是主力故意制造的恐吓假摔需要隔日的确认。

既然满足恐吓阴的技术条件要求，理应纳入自选股进行重点关注：市场能否给出入场指令？何时给出入场指令？给出哪一种入场指令？我们不需要知道，静心等待就好。市场在没有给出板后一阴恐吓交易系统中规定的入场指令之前绝不轻举妄动。这是一个合格的系统交易员必须具备的职业素养。

★ 入场规则

2018年9月11日，该股早盘低开后深幅震荡，最大跌幅超过6%，9：39突破黄色的分时均价线，9：43突破昨日收盘价，突破之际就是入场之时，黄色的分时均价线与白色的股价线之间呈多头排列状态，更增加了入场时的买入信心。只要突破就要果断50%首仓入场。这是一个需要勇气的时刻，任何的犹豫和徘徊都有可能错过最佳的入场时机。

★ 资金管理规则

资金计划：绝不满仓操作，只拿出总资金量的20%～40%作为狙击子弹使用。

★ 仓位管理规则

依据分时图运行实况采用五三二入场原则：见股价放量突破昨日收盘价的当下，就果断首仓入场50%。当首仓出现盈利2%～3%之后，再买入30%的仓位，如果30%的仓位再次盈利2%～3%，最后再将20%剩余资金入场。从2018年9月11日分时图运行状况看，该股突破昨日收盘价首仓50%入场之后，后续依然延续加速上扬的运行格局，采取二波式直封涨停，10%的涨幅空间完全满足第二次加仓30%的涨幅空间要求，同时也满足了第三次加仓20%的涨幅空间要求。依据盘面的实际运行该怎样就怎样：该出手时就出手。每一次交易都是对人性弱点的考验，每一次交易都是对人性弱点的克服，每一次交易都是一次难得的修行经历，每一次交易都是一次心灵成长契机。需要认真地对待每一次交易，做好交易后的反思与总结。

2018 年 9 月 11 日高斯贝尔（002848）分时图运行实况（见下图）。

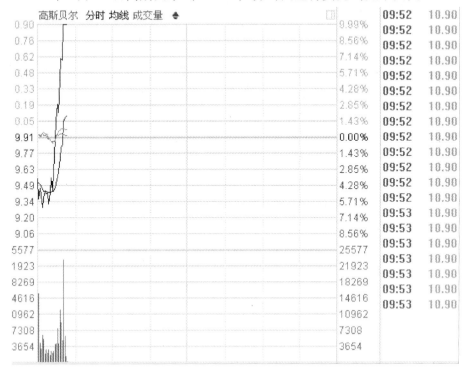

2018 年 9 月 11 日高斯贝尔（002848）分时图狙击策略：

早盘低开后下打，短时折返后继续下打，最大下探深度超过 6% 属于深度下探，之后上攻突破黄色的分时均价线后继续下打不创新低，继续上攻后于 9：43 上破昨日收盘价。

低开是不理想的开盘，低开后短时上攻又下探并于 9：33 创出新低，两波式下跌可以是下跌驱动结构中的一部分，也可以是完整的调整结构。所以，后面的结构确认就成为了看盘的关键。自 9：33 的攻击于 9：35 结束没有创出新高不必看好，说明自早盘开盘以来的下跌趋势依然没有改变，没有看好的理由！自 9：35 开始两波式下打于 9：38 结束没有创出新低。熟悉结构理论的交易者都很清楚：自开盘以来的股价所有的运行结构都没有出现下跌驱动结构，都是以调整结构的面目示人。所以，不必完全看坏当日股价的表现。但是，在市场没有给出入场指令之前也没有入场的理由。等，是最好的策略！

早盘 9：43 突破昨日收盘价之时，黄色的分时均价线和白色的股价线呈现多头排列状态，这是依据分时图做即时入场的重要参考。只要突破就要果断 50% 首仓入场。市场给出首仓入场指令，如同战场上军队首长向自己的士兵发出冲锋的命令一样。作为士兵，服从命令，坚决完成任务是他们的天职。首仓入场 50% 之后股价继续冲高回落不破黄色的分时均价线是正常强势的突破调整形态。短暂调整之后继续放量攻击，从攻击的角度来看，一波比一波陡峭，最后一次的攻击角度接近 90 度，见到这样的攻击角度，意味着当日收获涨停是极高概率的事件。应做好充分的加仓准备。从加仓所需的涨幅空间来看，已经完全满足了第二次（30%）和第三次（20%）的涨幅空间要求。

★ **出场规则**

对于入场当日能够涨停的股票，在以后的任何一个交易日，只要不再涨停就必须出局；2018 年 9 月 13 日股票没有涨停，所以该日就是出场日。

分时图出场要点：股票连续两个交易日给出涨停，当日的低开实属不正常；对于涨停后的低开个股，笔者给出三种应对策略：一是见低开就可以在集合竞价阶段预埋单全仓出局。二是开盘后 5 分钟内出场法则，即依据开盘后股价的实际变化来做出适时的应对；开盘后股价不做任何停留直接高走，回落不破分时均价线，9：32 上破昨日收盘价，即开盘不用 5 分钟就上破分时均价线，属于强势的低开高走，继续持股不动，于 9：39 股价最高上攻幅度达到 8.26%，距离涨停仅有咫尺之遥，该涨停而不涨停就要提防开盘冲在股价拐头之际就可以全仓出场了；为什么要全仓出场呢？其实股价的低开已经属于股价运行强度变弱的具体信号了，该涨停而不涨停哪还有保留的道理呢？三是分仓出局策略，见低开可以在集合竞价阶段先行出场 50%，剩余 50% 的仓位可以留在开盘后依据盘面的实际变化再做出出场决定。

规则就是规则，一旦制定就不可以违背。不被执行的规则形同虚设，与情绪化交易无异。

★ 持股规则

对于入场当日能够涨停的股票，在以后的每一个交易日，只要能够涨停就必须无条件持股。2018 年 9 月 13 日股票没有涨停，所以该股的持股周期只能到 2018 年 9 月 13 日。

持股规则的确定不需要主观地认定，而是需要依据市场的实际状况制定。这样制定出来的规则才能更贴近于市场的本来面目。

每日一笑

1.

在动物园里的小骆驼问妈妈："妈妈，妈妈，为什么我们的睫毛这么长?"

骆驼妈妈说："当风沙来的时候，长长的睫毛可以让我们在风暴中都能看得到方向。"

小骆驼又问："妈妈，妈妈，为什么我们的背那么驼，丑死了!"

骆驼妈妈说："这个叫驼峰，可以帮我们储存大量的水和养分，让我们能在沙漠里耐受十几天的无水无食条件。"

小骆驼又问："妈妈，妈妈，为什么我们的脚掌这么厚?"

骆驼妈妈说："那可以让我们重重的身子不至于陷在软软的沙子里，便于长途跋涉啊。"

小骆驼高兴坏了："哇，原来我们这么有用啊! 可是妈妈，为什么我们还在动物园里，不去沙漠远足呢?"

这个故事的寓意是……天生我材必有用，可惜现在没人用。一个好的心态＋一本成功的教材＋一个无限的舞台＝成功。每个人的潜能是无限的，关键是要找到一个能充分发挥潜能的舞台。

2.

一富婆牵狗散步，路遇乞丐。她傲慢地奚落乞丐："你管我的狗叫声爸，我给你一百元!"乞丐说："我要是叫十声呢?"富婆开心地："我给一千!"乞丐当即冲狗喊了十声"爸"，引得观者如云。众目睽睽下，富婆只得掏钱给他。乞丐接钱，连声喊："谢谢妈! 谢谢妈……"

这个故事的寓意是……这世界有时候就是这样，你善良，别人都来占你便宜。你邪恶，反倒是人人都来讨好你。对于欺负你的人，你唯一的报复办法，就是用不同的方式，同样的态度还击，表示你对自己的尊重。同时，你要记住，不管你曾经被伤害得有多深，总会有一个人的出现，让你原谅之前生活对你所有的刁难。

3.

一个县长因被免职后气成了植物人，后被送到医院。医生说："给他念个官复原职的通知也许就好了。"其妻想，既然要念，干脆念个市长，让他高兴高兴。哪知念过之后这位县长挺身而起，大笑气绝。医生叹息说："不遵医嘱，擅自加大剂量啊！"

这个故事的寓意是……生和死只是一线之差，有些人用欲望杀死了自己，有些人用希望害死了自己，有些人用无知害死了自己。专业的事儿还是要专业的人干，不要总是逞能害了自己，也连累了朋友。不要期待，不要假想，不要强求，顺其自然，如果注定，便一定会发生。

4.

有一个人因在沙漠中三天都没水喝，就在他快死的时候，他向上帝许了三个愿望，第一个是下辈子能天天有清水喝，第二个是下辈子能成为白种人，第三个是下辈子能天天看女人的屁屁。上帝答应了他，于是他下辈子就变成马桶了！

这个故事的寓意是……一味地追求自己想要的东西，未必是好的结果。相反，如果一个人为他人多着想，一切顺应天理，天也会顺着自己。你要的未必你要得到，即使上帝也懂得你的贪婪都是坑爹坑自己。

案例四

★ 图形识别

★ 形态描述与市场情绪解读

天铁股份（300587），2018 年 7 月 26 日出现涨停，2018 年 7 月 27 日市场给出一条平开放量跌幅为 6% 的长阴线。莫名其妙的平开放量下跌，主力意欲何为？是什么重大的利空导致主力不计成本地抛售呢？看 F10，也没有见到有什么所谓的利空消息。如果不是主力为了出货的大力抛售，单凭不能形成合力的散户群体怎么可以做到长阴下杀呢？主力为什么要采取如此恐怖的手段对股价进行打压呢？是不是假摔洗盘也未可知啊！正确的怀疑不是否定一切而是存疑求证。静待市场给出正确的答案，可以怀疑但不可以否定也不必有必然的肯定！

▲ 市场结构及涨停位置研判

该股上市以后连续涨停于 2017 年 3 月 24 日创出高点 47.71 元，之后经过长期反复的下跌，股价于 2018 年 7 月 11 日触底后进入一波拉升，运行周期为 13 个交易日，区间振幅为 17.03%，至 2018 年 7 月 27 日结束，涨幅不足 50% 就具有关注价值，阶段涨幅超过 50% 无条件做放弃处理。

从涨停位置来看，经过长期反复的下跌，虽然在 13 个交易日区间振幅达 17.03%，显然，这里绝不是连续上涨的高位（只要区间涨幅不超过 50%），不在高位就具备关注价值。

▲ 技术指标辅助研判

2018 年 7 月 27 日，5 日均线、10 日均线、20 日均线已经呈现多头排列，MACD 技术指标处于金叉红柱的看多形态。这些都是支持股价上涨的有利信号。

通过以上对市场结构及技术指标的综合分析与解读，认定 2018 年 7 月 27 日给出的这一条跌幅为 6% 的长阴线满足恐吓阴的技术条件要求。

是否是主力故意制造的恐吓假摔需要隔日的确认。

既然满足恐吓阴的技术条件要求，理应纳入自选股进行重点关注：市场能否给出入场指令？何时给出入场指令？给出哪一种入场指令？我们不需要知道，静心等待就好。市场在没有给出板后一阴恐吓交易系统中规定的入场指令之前绝不轻举妄动。这是一个合格的系统交易员必须具备的职业素养。

★ 入场规则

2018 年 7 月 30 日该股早盘低开后浅幅震荡，最大跌幅没超过 1.43%，9：35 突破黄色的分时均价线，9：37 突破昨日收盘价，突破之际就是入场之时，黄色的分时均价线与白色的股价线之间呈多头排列状态，更增加了入场时的买入信心。只要突破就要果断 50% 首仓入场。这是一个需要勇气的时刻，任何的犹豫和徘徊都有可能错过最佳的入场时机。

★ 资金管理规则

资金计划：绝不满仓操作，只拿出总资金量的 20%～40% 作为狙击子弹使用。

★ 仓位管理规则

依据分时图运行实况采用五三二入场原则：见股价放量突破昨日收盘价的当下，就果断首仓入场 50%。当首仓出现盈利 2%～3% 之后，再买入 30% 的仓位，如果 30% 的仓位再次盈利 2%～3%，最后再将 20% 剩余资金入场。从 2018 年 7 月 30 日分时图运行状况来看，该股突破昨日收盘价首仓 50% 入场之后，后续依然延续加速上扬的运行格局，采取长波拉升短波调整模式直奔涨停，每一次短暂调整之后的拉升角度较前一次更为陡峭，10% 的涨幅空间完全满足第二次加仓 30% 的涨幅空间要求，同时也满足了第三次加仓 20% 的涨幅空间要求。依据盘面的实际运行该怎样就怎样：该出手时就出手。每一次交易都是对人性弱点的考验，每一次交易都是对人性弱点的克服，每一次交易都是一次难得的修行经历，每一次交易都是一次心灵成长契机。需要认真地对待每一次交易，做好交易后的反思与总结。

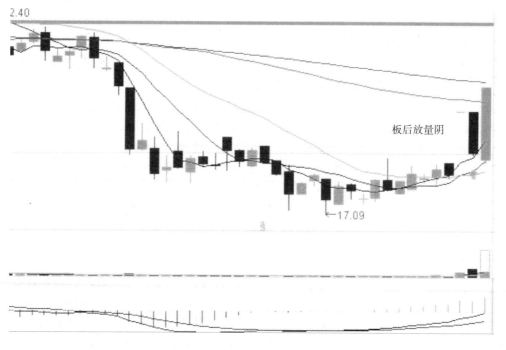

2018 年 7 月 30 日天铁股份（300587）分时图运行实况（见下图）。

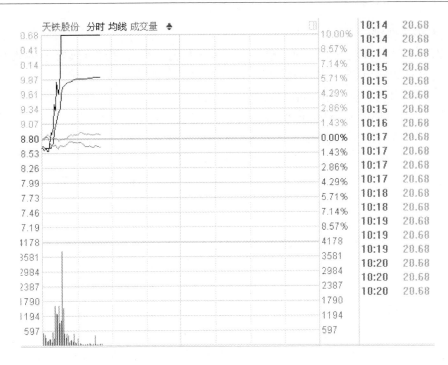

2018 年 7 月 30 日天铁股份（300587）分时图狙击策略：

早盘低开后下打，短时折返后继续下打，最大下探深度不超过 1.43% 是浅幅下探，从分时图结构上看属于分时级别的浅幅 ABC 调整模式，之后一鼓作气上攻突破黄色的分时均价线和昨日收盘价两道关卡。

低开是不理想的开盘，低开后短时上攻又浅幅下探，不必看坏。熟悉结构理论的交易者都很清楚：自开盘以来的股价所有的运行结构都没有出现下跌驱动结构，而是以调整结构的面目示人。所以，不必完全看坏当日股价的表现。但是，在市场没有给出入场指令之前也没有入场的理由。等，是此时此刻唯一的交易策略！

早盘 9：35 突破第一道关卡——黄色的分时均价线，9：37 一鼓作气（所谓一鼓作气是指中间没有停顿）突破昨日收盘价，此时，黄色的分时均价线和白色的股价线呈现多头排列状态，这是依据分时图做即时入场的重要参考。只要突破昨日收盘价就要果断 50% 首仓入场。市场给出首仓入场指令，如同战场上军队首长向自己的士兵发出冲锋的命令一样。作为士兵，服从命令，坚决完成任务是他们的天职。首仓入场 50% 之后股价继续冲高短时回落不破黄色的分时均价线是正常强势的突破调整形态。短暂调整之后继续放量攻击，从攻击的角度来看，一波比一波陡峭，最后一次的攻击角度更是接近 90 度，见到这样的攻击角度，意味着当日收获涨停是极高概率的事件。应做好充分的加仓准备。从加仓所需要的涨幅空间来看，已经完全满足了第二次（30%）和第三次（20%）的涨幅空间要求。

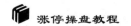

★ 出场规则

对于入场当日能够涨停的股票，在以后的任何一个交易日，只要不再涨停就必须出局；2018 年 7 月 31 日股票没有涨停，所以该日就是出场日。

分时图出场要点：股票昨日涨停，当日高开属于正常的开盘，当然继续持股不动；开盘后股价不做任何停留直接高走，短时窄幅回落不破分时均价线属于正常调整，继续持股不动；9：40 最高上攻幅度达到 9.28%，距离涨停近在咫尺，该涨停而不涨停就要预防开盘冲，因为开盘冲的下跌往往非常凶悍，是主力以出货为目的的下跌，所以，当你在见到开盘冲的时候，你的出场也要做到果断和坚决。对于开盘冲给出两种出场办法：一是在触顶向下拐头之际低挂单全仓出场；二是在触顶向下拐头之际先出场 50%，剩余 50% 仓位可在下破分时均价线之际出场或放至尾盘见涨停无望时再出场。

规则就是规则，一旦制定就不可违背。不被执行的规则形同虚设，与情绪化交易无异。

★ 持股规则

对于入场当日能够涨停的股票，在以后的每一个交易日，只要能够涨停就必须无条件持股；2018 年 7 月 31 日股票没有涨停，所以该股的持股周期只能到 2018 年 7 月 31 日。

持股规则的确定不需要主观地认定，而是需要依据市场的实际状况来制定。这样制定出来的规则才能更贴近于市场的本来面目。

每日一笑

1.

进家门就发现桌子上放着一张百元大钞。平时老妈也不给啥零花钱，天哪！这次发慈悲了？心中不禁一喜。当我拿起钞票时，发现底下还压着一张纸条，拿起来一看，上面写着："今天是你外婆生日，在家等我，我们一起去给外婆祝寿。注意——那一百元钱不是给你的，是为了引起你的注意！"

这个故事的寓意是……你看到的往往只是表象，不要轻易被任何表象所迷惑；别让自己的喜好影响了对事物的理性判断。

2.

有一次，我开玩笑问四岁多的女儿："我们准备养头猪，但是需要安排工作，要选一个人每天给猪喂好吃的，一个人每天给猪打扫房间，一个人每天给猪洗澡，还有要选一个人每天陪猪玩，请问你要做什么？"女儿毫不犹豫答道："做猪！"

这个故事的寓意是……生活没有既定的答案，谁都喜欢最舒服的生活。虽然我们看似会出现的结果，往往会忽略了人性里最贪婪也最简单的懒惰心理。你给别人的选择往往只是你自己想让别人选择的，但不代表别人一定会按照你的意愿来选择。有时候你做得再好，对别人来说，却因为要的不同而拒绝了你的好意。简单和投其所好让你容易成功一些。

3.

某男于酒吧邂逅一美女："能和你谈谈吗？"该女竟高叫："不，我不和你睡觉！"整个酒吧的人都把目光盯在他俩身上，该男非常尴尬。过了一会儿，该女走来低声道："我是心理系学生，刚才是试验一下人们在尴尬情况下的反应。"这时，该男高叫："两百？太贵了！"

这个故事的寓意是……被特别在乎的人忽略会很难过，更难过的是你必须要装作若无其事。但被陌生人随意的侮辱，那就该把自己的智商提高一点。为什么不去反击呢？只是，你需要掌握时机和方式，前提是你不会发怒。

4.

丈夫看完儿子日志后怒打妻子，日志上面写着：今日陈叔叔来我家玩妈妈，说我做完作业后，可以吃点心。然后，陈叔叔夸我作业做得好，于是抱起了我妈，妈叫叔叔小心一点，之后叔叔又亲了我妈妈，也亲了我。妻看完日志怒斥儿子。儿子哭道："爸爸，我把标点符号点错了。"

这个故事的寓意是……要分清楚信任是建立在不要相信眼睛的基础上。你看到的也许只是你看到的，你看不到也许不是不存在，只是你看不到而已。凡事都要信任和冷静，才能很好地让自己成长和成熟起来，否则，你会令自己尴尬。

案例五
★ 图形识别

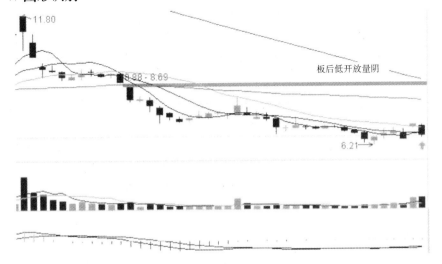

★ 形态描述与市场情绪解读

华昌达（300278）2018 年 9 月 7 日出现涨停，2018 年 9 月 10 日市场给出一条低开、放量、跌幅为 6.78% 的长阴线。莫名其妙的低开放量下跌，主力意欲何为？是什么重大的利空导致主力不计成本地抛售呢？看 F10，也没有见到有什么所谓的利空消息。如果不是主力为了出货的大力抛售，单凭不能形成合力的散户群体怎么可以做到长阴下杀呢？主力为什么要采取如此恐怖的手段对股价进行打压呢？是不是假摔洗盘也未可知啊！正确的怀疑不是否定一切而是存疑求证。静待市场给出正确的答案，可以怀疑但不可以否定也不必有必然的肯定！

▲ 市场结构及涨停位置研判

采用缩略图查看，股价长期反复下跌以后于 2018 年 9 月 3 日触底，触底后进入一波拉升，运行周期为 5 个交易日，区间振幅为 14.01%，至 2018 年 9 月 7 日结束，涨幅不足 50% 就具有再关注价值，阶段涨幅超过 50% 无条件做放弃处理。

从涨停位置来看，经过长期反复的下跌，虽然在 5 个交易日内区间振幅达 14.01%，显然，这里绝不是连续上涨的高位（只要区间涨幅不过 50%，就可以具备关注价值）。

▲ 技术指标辅助研判

2018 年 9 月 10 日，5 日均线、10 日均线、20 日均线已经呈现粘合走平的状态，MACD 技术指标处于金叉红柱的看多形态。这些都是支持股价上涨的有利信号。

通过以上对市场结构及技术指标的综合分析与解读，认定 2018 年 9 月 10 日给出的这一条跌幅为 6.78% 的长阴线满足恐吓阴的技术条件要求。

是否是主力故意制造的恐吓假摔需要隔日的确认。

既然满足恐吓阴的技术条件要求，理应纳入自选股进行重点关注：市场能否给出入场指令？何时给出入场指令？给出哪一种入场指令？我们不需要知道，静心等待就好。市场在没有给出板后一阴恐吓交易系统中规定的入场指令之前绝不轻举妄动。这是一个合格的系统交易员必须具备的职业素养。

★ 入场规则

2018 年 9 月 11 日，该股早盘低开后浅幅震荡，最大跌幅没超过 2%，9：56一鼓作气连续突破黄色的分时均价线和昨日收盘价两道关卡，突破昨日收盘价之际就是首仓入场之时，黄色的分时均价线与白色的股价线之间呈多头排列状态，更增加了入场时的买入信心。只要突破就要果断 50% 首仓入场。这是一个需要勇气的时刻，任何的犹豫和徘徊都有可能错过最佳的入场时机。

★ **资金管理规则**

资金计划：绝不满仓操作，只拿出总资金量的 20% ~ 40% 作为狙击子弹使用。

★ **仓位管理规则**

依据分时图运行实况采用五三二入场原则：见股价放量突破昨日收盘价的当下，就果断首仓入场 50%。当首仓出现盈利 2% ~ 3% 之后，再买入 30% 的仓位，如果 30% 的仓位再次盈利 2% ~ 3%，最后再将 20% 剩余资金入场。从 2018 年 9 月 11 日分时图运行状况来看，该股突破昨日收盘价首仓 50% 入场之后，后续依然延续加速上扬的运行格局，采取一波式直奔涨停，中途没有任何调整，拉升角度接近 90 度，10% 的涨幅空间完全满足第二次加仓 30% 的涨幅要求，同时也满足了第三次加仓 20% 的涨幅空间要求。依据盘面的实际运行该怎样就怎样：该出手时就出手。对于此类一波式涨停的个股交易动作稍微迟疑，后面的加仓都难以如期完成，完成也好，没有完成也罢，都需要平静的心态，每一次交易都是对人性弱点的考验，每一次交易都是对人性弱点的克服，每一次交易都是一次难得的修行经历，每一次交易都是一次心灵成长契机。需要认真地对待每一次交易，做好交易后的反思与总结。

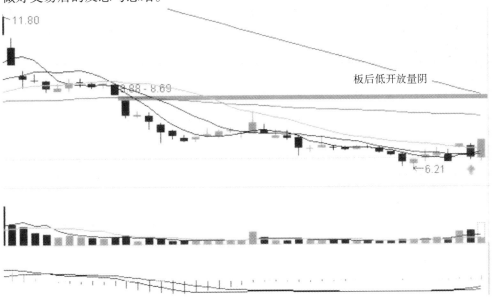

2018 年 9 月 11 日华昌达（300278）分时图运行实况（见下图）。

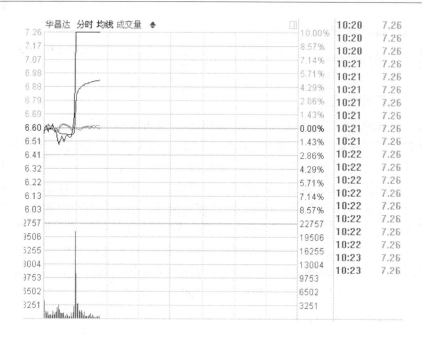

2018年9月11日华昌达（300278）分时图狙击策略：

早盘低开震荡，短时折返后继续下打，最大下探深度不超过2%属于浅幅调整，细心的、熟悉结构的交易者可以清楚地看到，每一次的调整其结构都是属于分时级别ABC调整模式，所以没有看坏的理由。之后一鼓作气上攻突破黄色的分时均价线和做入收盘价两道关卡。

早盘9：55突破第一道关卡——黄色的分时均价线，9：56一鼓作气（所谓一鼓作气是指中间没有停顿）突破昨日收盘价，此时，黄色的分时均价线和白色的股价线呈现多头排列状态，这是依据分时图做即时入场的重要参考。只要突破昨日收盘价就要果断50%首仓入场。市场给出首仓入场指令，如同战场上军队首长向自己的士兵发出冲锋的命令一样。作为士兵，服从命令，坚决完成任务是他们的天职。首仓入场50%之后股价采用一波式方式直奔涨停。从攻击的角度来看，接近90度，这是除一字板之外的最为强势的封板模式。见到这样的攻击角度，意味着当日收获涨停是极高概率的事件。应做好充分的加仓准备。从加仓所需要的涨幅空间来看，已经完全满足了第二次（30%）和第三次（20%）的涨幅空间要求。

★ **出场规则**

对于入场当日能够涨停的股票，在以后的任何一个交易日，只要不再涨停就必须出局；2018年9月12日股票没有涨停，所以该日就是出场日。

分时图出场要点：股票昨日涨停，隔日高开，理应持股不动；高开后短时窄幅下打不破昨日收盘价，V型反转上破分时均价线和早盘高点，继续持股不动；围绕着分时均价线反复震荡于9：41下破早盘低点是不理想的运行，这是分时股价运行趋势出现下跌的具体信号，所以，谨慎的交易者可以在股价下破早盘低点之际做出50%的出场动作，剩余50%的仓位可在股价下破昨日收盘价之际出场。

规则就是规则，一旦制定就不可以违背。不被执行的规则形同虚设，与情绪化交易无异。

★ 持股规则

对于入场当日能够涨停的股票，在以后的每一个交易日，只要能够涨停就必须无条件持股；2018年9月12日股票没有涨停，所以该股的持股周期只能到2018年9月12日。

持股规则的确定不需要主观地认定，而需要依据市场的实际状况来制定。这样制定出来的规则才能更贴近于市场的本来面目。

每日一笑

1.

我暗恋一女生，名叫雪柔。朋友出主意，并帮忙在雪柔寝楼下点蜡烛摆出心形，让我大吼："雪柔，我爱你！"可是我生性羞怯，点好蜡烛后半天不肯开口。楼上发现的人越来越多，好几个窗口都是等着看热闹的人，有的还为我加油鼓劲。结果我憋了半天，抬头就嚎："卖——蜡——烛！"

这个故事的寓意是……不敢追求和不敢面对都会让自己失去一生的幸福，学会对自己想要的东西去勇敢和努力，至少因为自己的懦弱丢失的幸福都是愚蠢的行为。做真实的自己，做自己想做的事情是需要勇气的。

2.

一对情侣在大街上吵了起来，女孩狠狠甩了男子一耳光。男子为保面子，朝女孩嚷道："有本事你再甩我一耳光！"女孩毫不犹豫又甩了他一耳光。男子顿了顿，说："既然你这么听话，我就饶了你。"

这个故事的寓意是……自取其辱和自找没趣永远没有直接还击奏效，在爱情里我们往往牺牲了自尊的代价换取的珍惜，最后都将伤害自己。

3.

甲开着一辆宝马。乙："哥们，宝马怎么来的？"甲："那天在酒吧遇见个美女，晚上她开着她的宝马把我拉到了山顶上，然后脱着自己的衣服跟我说：'你可以要你想要的。'于是我开走了她的宝马。"乙思索半天，说："兄弟，你做得很对，她的衣服你也穿不了。"

这个故事的寓意是……诱惑往往是表面的东西，拒绝眼睛看到的，抓住内心最想要的往往善于成功。对于朋友的随声附和，你可以听，可以不听，但听到之后你需要懂得什么叫志同道合。

4.

宿舍里一群人神侃，话题是比比谁以后对老婆最好。老大：我以后工资、奖金全交。老二：我家务活全包。老三：为了以后不让我媳妇痛苦，我决定和别人生孩子……

这个故事的寓意是……有些人对你的好是真好，有些人对你的好太过于装，还会冠冕堂皇，让这样的人远离或者用同样的方式好好待他也不错。做人的底线，你可以对我好，也可以对我不好。连说话都要让你承情的人让其滚远点。

5.

一男的问他女友，如果自己出轨了，她会怎么办。那女的说：我会睁一只眼闭一只眼——正当那个男的感动女友的宽容时，女友幽幽地冒了句：然后瞄准你，把你打死！

这个故事的寓意是……生活里往往因为自己的心而容易接受那些语言，其实是希望自己被自己的良心原谅。但很多时候容易注意那些说出来的，而那些没有说的话也许才是目的。

※ 高开放量阴

案例一

★ 图形识别

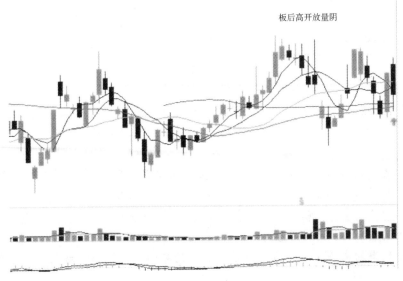

板后高开放量阴

★ 形态描述与市场情绪解读

集泰股份（002909）2018 年 6 月 14 日出现涨停，2018 年 6 月 15 日市场给出一条高开、放量、跌幅为 4.87% 的中长阴线。莫名其妙的高开、放量、下跌，主力意欲何为？是什么重大的利空导致主力不计成本地抛售呢？看 F10，也没有见到有什么所谓的利空消息。如果不是主力为了出货的大力抛售，单凭一群不能形成合力的散户群体怎么可以做到长阴下杀呢？主力为什么要采取如此恐怖的手段对股价进行打压呢？是不是假摔洗盘也未可知啊！正确的怀疑不是否定一切而是存疑求证。静待市场给出正确的答案，可以怀疑但不可以否定也不必有必然的肯定！

▲ 市场结构及涨停位置研判

该股自 2018 年 2 月 12 日上市以来一直维持着震荡盘升的格局，未见连续的拉升暴涨。2018 年 6 月 14 日出现的涨停板位于阶段性调整的相对低位，而且可以肯定地看出不在连续拉升的高位。

股价于 2018 年 6 月 13 日触底，触底后进入一波拉升运行，运行周期为 3 个交易日，区间振幅为 14.41%，至 2018 年 6 月 15 日结束，涨幅不足 50% 就具有再关注价值，阶段涨幅超过 50% 无条件做放弃处理。

以上从涨停位置与阶段涨幅来看，具备关注价值。

▲ 技术指标辅助研判

2018 年 6 月 15 日，5 日均线、10 日均线、20 日均线、60 日均线已经呈现粘合走平的状态，MACD 技术指标黄白线位于零轴上方且绿柱不断缩短。这些都是支持股价上涨的有利信号。

通过以上对市场结构及技术指标的综合分析与解读，认定 2018 年 6 月 15 日给出的这一条跌幅为 4.87% 的中长阴线满足恐吓阴的技术条件要求。

是否是主力故意制造的恐吓假摔需要隔日的确认。

既然满足恐吓阴的技术条件要求，理应纳入自选股进行重点关注：市场能否给出入场指令？何时给出入场指令？给出哪一种入场指令？我们不需要知道，静心等待就好。市场在没有给出板后一阴恐吓交易系统中规定的入场指令之前绝不轻举妄动。这是一个合格的系统交易员必须具备的职业素养。

★ 入场规则

2018 年 6 月 19 日该股早盘在黄色的分时均价线之下高开后快速下探，于 9：32 一鼓作气先后连续突破昨日收盘价和黄色的分时均价线两道关卡，突破昨日收盘价之际就是首仓入场之时，如果你在突破昨日收盘价之时因为黄色的分时均价线没有被突破而反压股价，可以继续等待，等到股价突破黄色的分时均价线以后再即时入场也是值得称道的比较稳妥的做法。只要突破，就要果断 50% 首仓入场。这是一个需要勇气的时刻，任何的犹豫和徘徊都有可能错过最佳的入场时机。

★ **资金管理规则**

资金计划：绝不满仓操作，只拿出总资金量的20%~40%作为狙击子弹使用。

★ **仓位管理规则**

依据分时图运行实况采用五三二入场原则：见股价放量突破昨日收盘价的当下，就果断首仓入场50%。当首仓出现盈利2%~3%之后，再买入30%的仓位，如果30%的仓位再次盈利2%~3%，最后再将20%剩余资金入场。从2018年6月19日分时图运行状况来看，该股突破昨日收盘价首仓50%入场之后，后续依然延续加速上扬的运行格局，采取多波式直奔涨停，中途任何短暂的调整都是在上行的分时均价线之上完成的，最后一波的拉升角度更是接近90度，这是当日涨停股多有的运行角度。10%的涨幅空间完全满足第二次加仓30%的涨幅要求，同时也满足了第三次加仓20%的涨幅空间要求。依据盘面的实际运行该怎样就怎样；该出手时就出手。对于此类多波式涨停的个股给予了我们充裕的加仓时机，相比于一波式涨停的个股，采用多波式涨停的股票更容易加仓，而前者往往因为拉升速度过快会错过加仓时机。能够完成加仓也好，因为时间仓促不能完成加仓也罢，都需要保持平静的心态，每一次交易都是对人性弱点的考验，每一次交易都是对人性弱点的克服，每一次交易都是一次难得的修行经历，每一次交易都是一次心灵成长契机。需要认真地对待每一次交易，做好交易后的反思与总结。

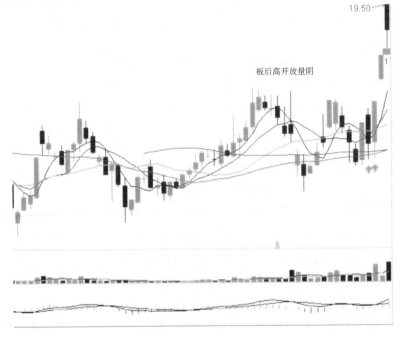

2018 年 6 月 19 日集泰股份（002909）分时图运行实况（见下图）。

2018 年 6 月 19 日集泰股份（002909）分时图狙击策略：

早盘在黄色的分时均价线之下高开并快速下打，最大下探深度接近 3%，我相信仅这一个动作就吓出了很多散户带血的筹码。超短线交易是非常忌讳这样的快速下跌走势的，主力总是屡试不爽。V 型反攻更是让刚刚被恐吓出的短线浮筹后悔莫及，这就是市场无常的基本特征的具体表现，永远也不会有人 100% 的知道市场下一步的走势到底会怎样运行。

早盘 9：32 突破第一道关卡——昨日收盘价，前后没有超过一秒钟也是在 9：32 一鼓作气（所谓一鼓作气是指中间没有停顿）突破黄色的分时均价线，如果在突破昨日收盘价之际你还在因为黄色的分时均价线没有被突破而有所顾虑，那么，在放量突破黄色的分时均价线之际就是即时入场之时。此时已经没有任何能够让自己顾虑的理由，只要突破黄色的分时均价线就要果断 50% 首仓入场。市场给出首仓入场指令，如同战场上军队首长向自己的士兵发出冲锋的命令一样。作为士兵，服从命令，坚决完成任务是他们的天职。首仓入场 50% 之后股价采用多波式方式直奔涨停。从攻击的角度来看，最后一波的拉升角度接近 90 度，这是当日将要涨停的最直接的征兆。见到这样的攻击角度，意味着当日收获涨停是极高概率的事件。应做好充分的加仓准备。从加仓所需要的涨幅空间来看，已经完全满足了第二次（30%）和第三次（20%）的涨幅空间要求。

★ 出场规则

对于入场当日能够涨停的股票，在以后的任何一个交易日，只要不再涨停就必须出局；2018年6月21日股票没有涨停，所以该日就是出场日。

分时图出场要点：股票连续两个交易日给出涨停，隔日的大幅高开并瞬间封板属于强势的运行特征，当然持股不动。14：49股价开板，是允许的市场行为，这里不被允许的情况在于：可以短时窄幅开板，只要能及时拉回封住涨停就可以继续持有，但长波下杀就是不允许的，所以，在你见到长波下杀的时候就可以果断挂单全仓出场了。

规则就是规则，一旦制定就不可以违背。不被执行的规则形同虚设，与情绪化交易无异。

★ 持股规则

对于入场当日能够涨停的股票，在以后的每一个交易日，只要能够涨停就必须无条件持股；2018年6月21日股票没有涨停，所以该股的持股周期只能到2018年6月21日。

持股规则的确定不需要主观地认定，而是需要依据市场的实际状况来制定。这样制定出来的规则才能更贴近于市场的本来面目。

每日小思

你爱钱吗？

如果你很喜欢金钱，那么你就必须尊敬市场、跟随市场、反映市场，绝对不可以无视市场、对抗市场。你喜欢钱的程度就是你尊敬市场、跟随市场、反映市场的程度。越尊敬，越能跟随，市场就越会被你所用。

要爱钱，必先爱市场；爱市场，市场就会给你钱！这是真理，不是个人杜撰的名言！

何谓正确的交易策略？

只有能够客观反映市场的策略，才是正确的交易策略。策略的制定必须围绕顺逐市场展升，这是策略制定的目的。所以，策略一旦制定，就必须无条件服从。随着市场的变化，策略要随时展开变化这就叫灵活！

不能制定正确的交易策略就不能做好交易，这是一定的。

永远不问第一因

市场为什么涨跌？知道原因对你的交易会有何影响，知道又怎样呢？"是什么"才是核心关键! 我们是依据"是什么"展开交易, 不是依据"为什么"展开交易! 所以, 知道为什么, 并不重要和非知道不可, 这对交易没有任何影响, 可以说毫无关联!

逻辑与真理

逻辑与真理, 哪一个更可信? 不同的人, 给出答案是不同的: 没有开悟的人认为逻辑更可信; 开悟之后认为只有真理才是唯一可信的。

逻辑从哪里来? 逻辑是大脑思维的产物, 是主观思维加工出来的, 有可能符合真理 (事实), 有可能与真理相悖。

真理从哪里来? 真理没有来去, 真理就是真理本身。真理只能真实存在, 真理不能经过思维加工。任何经过思维加工的产物只能叫逻辑, 不能叫真理。

如何处理逻辑与真理?

当然可以逻辑, 也必须要逻辑, 更要积极去逻辑; 但是, 当逻辑与真理相悖时, 逻辑要无条件服从真理! 绝不可以把逻辑当成真理, 绝不可以让逻辑超越真理。

案例二
★ 图形识别

★ 形态描述与市场情绪解读

远望谷 (002161) 2018 年 5 月 24 ~ 25 日连续两个交易日出现涨停, 2018 年 5 月

28 日市场给出一条高开、放量、跌幅为 3.30% 的中阴线。莫名其妙的高开、放量、下跌，主力意欲何为？是什么重大的利空导致主力不计成本地抛售呢？看 F10，也没有见到有什么所谓的利空消息。如果不是主力为了出货的大力抛售，单凭不能形成合力的散户群体怎么可以做到长阴下杀呢？主力为什么要采取如此恐怖的手段对股价进行打压呢？是不是假摔洗盘也未可知啊！正确的怀疑不是否定一切而是存疑求证。静待市场给出正确的答案，可以怀疑但不可以否定也不必有必然的肯定！

▲ 市场结构及涨停位置研判

采用缩略图查看，该股经过连续反复的下跌于 2017 年 6 月 2 日触底，之后连续 4 个交易日小阳线拉升，最高振幅不足 10%，2017 年 6 月 8 日因为重大资产重组停牌，接近一年的停牌重组，资产重组成功复牌后连续两个交易日给出一字板涨停，这在中国股市是常有的事情，如果恰逢牛市，还不知道会有多少个一字板涨停呢。长期的反复下跌，在这样的位置是绝对不能定义为高位。

股价于 2017 年 6 月 2 日触底，触底后进入一波拉升，运行周期为 8 个交易日，区间涨幅不足 50% 就具有再关注价值，阶段涨幅超过 50% 无条件做放弃处理。

以上从涨停位置与阶段涨幅来看，具备关注价值。

▲ 技术指标辅助研判

2018 年 5 月 28 日，5 日均线、10 日均线已经呈现多头排列、20 日均线已经趋于走平，MACD 技术指标呈现金叉红柱的看多状态。这些都是支持股价上涨的有利信号。

通过以上对市场结构及技术指标的综合分析与解读，认定 2018 年 5 月 28 日给出的这一条跌幅为 3.30% 的中阴线满足恐吓阴的技术条件要求。

是否是主力故意制造的恐吓假摔需要隔日的确认。

既然满足恐吓阴的技术条件要求，理应纳入自选股进行重点关注：市场能否给出入场指令？何时给出入场指令？给出哪一种入场指令？我们不需要知道，静心等待就好。市场在没有给出板后一阴恐吓交易系统中规定的入场指令之前绝不轻举妄动。这是一个合格的系统交易员必须具备的职业素养。

★ 入场规则

2018 年 5 月 29 日该股早盘低开后快速深幅下探，最大跌幅超过了 5%，无论主力如何折腾，都不是我们关注的重点，都是可以忽略的，主力的这些伎俩只能用于恐吓无知的散户，而对于经验丰富的交易老手是没有任何效果的。因为交易赢家们的内心十分冷静理性，他们清楚地知道，只要你不给我入场指令，我就会按兵不动。于 11：25 股价放量突破昨日收盘价，此时，黄色的分时均价线和白色的股价线呈现多头排列状态，这是分时图交易中重要的辅助入场指标，突破昨日收盘价之际就是首仓入场之时，只要突破就要果断50%首仓入场。这是一个需要勇气的时刻，任何的犹豫和徘徊都有可能错过最佳的入场时机。

★ 资金管理规则

资金计划：绝不满仓操作，只拿出总资金量的20%～40%作为狙击子弹使用。

★ 仓位管理规则

依据分时图运行实况采用五三二入场原则：见股价放量突破昨日收盘价的当下，就果断首仓入场50%。当首仓出现盈利2%～3%之后，再买入30%的仓位，如果30%的仓位再次盈利2%～3%，最后再将20%剩余资金入场。从2018年5月29日分时图运行状况来看，该股突破昨日收盘价首仓50%入场之后，后续依然维持震荡盘升的运行格局，采取长波拉升短时调整的多波式直奔涨停，中途任何短暂的调整都是在上行的分时均价线之上完成的，最后一波的拉升角度更是接近90度，这是当日涨停股多有的运行角度。10%的涨幅空间完全满足第二次加仓30%的涨幅要求，同时也满足了第三次加仓20%的涨幅空间要求。依据盘面的实际运行该怎样就怎样：该出手时就出手。对于此类多波式涨停的个股给予了我们充裕的加仓时机，相比于一波式涨停的个股，采用多波式涨停的股票更容易加仓，而前者往往因为拉升速度过快会错过加仓时机。能够完成加仓也好，因为时间仓促不能完成加仓也罢，都需要保持平静的心态，每一次交易都是对人性弱点的考验，每一次交易都是对人性弱点的克服，每一次交易都是一次难得的修行经历，每一次交易都是一次心灵成长契机。需要认真地对待每一次交易，做好交易后的反思与总结。

2018 年 5 月 29 日远望谷（002161）分时图运行实况（见下图）。

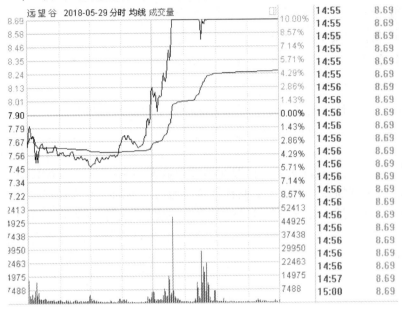

2018 年 5 月 29 日远望谷（002161）分时图狙击策略：

早盘低开短时上攻并快速下打，最大下跌幅度超过了 5%，属于深幅下跌。黄色的分时均价线一直处于走平状态，股价于 10：28 结束探底的动作，这是空间与时间并用的洗盘手法，利用下跌幅度制造心理恐惧感，利用时间消磨人的耐心和意志，等到恐惧达到极致，耐心被消磨殆尽之后，股价进入了快速拉升之旅。这是非常恶劣的洗盘手法。我相信这样的组合洗盘动作必然吓出很多散户带血的筹码。超短线交易是非常忌讳这样的快速下跌走势的，主力总是屡试不爽。快速下打，最大下探深度超过 5% 具备绝对的恐吓效果，再加上利用时间对耐心的极端消耗，所以笔者坚信被吓出的短线筹码一定不在少数。

经过一番折腾于 11：25 终于放量突破昨日收盘价，突破之时，黄色的分时均价线与白色的股价线呈现多头排列状态，这是利用分时图做入场交易时重要的参考指标。只要突破就要果断 50% 首仓入场。市场给出首仓入场指令，如同战场上军队首长向自己的士兵发出冲锋的命令一样。作为士兵，服从命令，坚决完成任务是他们的天职。首仓入场 50% 之后股价采用多波式直奔涨停。从攻击的角度来看，最后一波的拉升角度接近 90 度，这是当日将要涨停的最直接的征兆。见到这样的攻击角度，意味着当日收获涨停是极高概率的事件。应做好充分的加仓准备。从加仓所需要的涨幅空间来看，已经完全满足了第二次（30%）和第三次（20%）的涨幅空间要求。

★ 出场规则

对于入场当日能够涨停的股票，在以后的任何一个交易日，只要不再涨停就必须出局；2018 年 5 月 30 日股票没有涨停，所以该日就是出场日。

分时图出场要点：股票昨日涨停，隔日高开属于正常的开盘，所以在集合竞价见到高开理应持股不动；开盘后股价短时窄幅下打，V 型反转上破分时均价线和早盘高点两道关卡，继续持股不动；9：32 分时见顶回落，只要不破昨日收盘价就不必理会，9：39 结束调整再次进入分时拉升区间，最高涨幅接近涨停，该封涨停而不能封住涨停就要果断出场。你可以这样安排你的出场：在股价触及涨停而不能封住涨停拐头之际先出场 50% 仓位，剩余 50% 仓位可以在下破分时均价线之际出场。

规则就是规则，一旦制定就不可以违背。不被执行的规则形同虚设，与情绪化交易无异。

★ 持股规则

对于入场当日能够涨停的股票，在以后的每一个交易日，只要能够涨停就必须无条件持股；2018 年 5 月 30 日股票没有涨停，所以该股的持股周期只能到 2018 年 5 月 30 日。

持股规则的确定不需要主观地认定，而是需要依据市场的实际状况来制定。这样制定出来的规则才能更贴近于市场的本来面目。

每日一戒

在没有成为真正的赢家之前，请不要专职从事交易事业

针对不同交易者的个性化需要，笔者在心灵成长会所（SGC）中设计了六种培训课程，其中的操盘手综合训练课程的培养周期是三年，是专门用于培养职业操盘手的课程，其实有心的读者从用词上可以看出一些端倪，是"培养"而不是"培训"。培养固然需要耗费更大的心力和时间。

在开学的第一课中，笔者会对所有参加操盘手综合训练课程的学员给出如下建议：在没有成为真正的赢家之前，请不要专职从事交易事业。

为什么会在开学的第一课中给出这样的建议呢？如果随意违背这个建议，其后果又会怎样呢？

要成为真正的交易赢家不是一件容易的事情，如果不是因为热爱交易这个职业，要想成为真正的交易赢家更是难上加难，这里的所谓难是指改变自己是最难的事情。

有三种理由不建议在成为真正的赢家之前专职从事交易；第一种理由在于：

他们通过努力的确成为了真正的交易赢家，但是，成为赢家后，他们却发现自己并不是真正喜欢这个职业，因为不喜欢，所以放弃了交易这个职业而改从其他职业了；这在笔者看来是一种浪费，有必要走此弯路吗？第二种理由在于：有些人认为通过交易可以赚到快钱，于是辞职开始积极学习交易，自我摸索一段时间后，不但没有赚到钱，而且还赔了很多钱，面对交易和生活的重重压力，他们痛不欲生，有的甚至导致精神失常；我不希望我的学员们再去承受这样无谓的压力。如果你在成为真正的赢家之前还有一份能够养活自己的工作，我想你就不至于承受过大的压力，不至于导致精神失常。拥有更加平和的心境当然更有助于自己成为真正的交易赢家。第三种理由在于：有些人自以为已经成为了交易赢家而实际是距离赢家的水平还很遥远，因为不能客观地评价自己，贸然离职专职于证券交易，后果可想而知：原先通过交易赚到的钱又还给了市场，一份可以养家的工作也失去了，这种鸡飞蛋打的后果在现实生活中并不鲜见，笔者不希望在自己的学员中出现。

那么，何谓真正的交易赢家呢？

笔者对真正的交易赢家是这样定义的：通过自己独立自主的交易连续三年实现盈利，交易绩效远远跑赢大盘指数，小账户资金积累已经达到 500 万元之上。最为重要的是，自己的心灵智慧已经得到足够的成长，已经来到了无任何情绪困扰的无碍交易阶段。

案例三
★ 图形识别

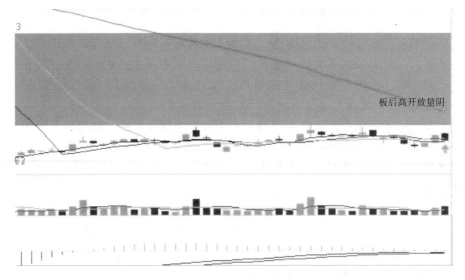

板后高开放量阴

★ 形态描述与市场情绪解读

中潜股份（300526）2018年4月25日出现涨停，2018年4月26日市场给出一条高开、放量、跌幅为6.22%的长阴线。莫名其妙的高开、放量、下跌，主力意欲何为？是什么重大的利空导致主力不计成本地抛售呢？看F10，也没有见到有什么所谓的利空消息。如果不是主力为了出货的大力抛售，单凭不能形成合力的散户群体怎么可以做到长阴下杀呢？主力为什么要采取如此恐怖的手段对股价进行打压呢？是不是假摔洗盘也未可知啊！正确的怀疑不是否定一切而是存疑求证。静待市场给出正确的答案，可以怀疑但不可以否定也不必有必然的肯定！

▲ 市场结构及涨停位置研判

采用缩略图查看，该股经过连续反复的下跌于2018年2月7日触底，之后进入筑底反弹区间，共计运行了26个交易日于2018年3月21日结束，区间振幅为49.39%，自2018年3月21日起开始展开调整，至2018年4月23日止，共计调整了22个交易日，从周期配比看，已经超出正常的周期配比要求，所以即使产生攻击也不会是主拉升运行，应以反弹对待。

从大结构来看2018年4月26日给出的这一条长阴线位于自2018年3月21日以来的调整区间内；从小结构来看2018年4月26日给出的这一条长阴线或位于自2018年4月23日开始进入反弹区间的小2浪中，依据结构学原理，理应期待该反弹结构中的小3浪攻击运行；以上从长阴线位置与市场结构看，当然具备关注价值。

▲ 技术指标辅助研判

2018年4月26日，5日均线、10日均线呈现走平状态、20日均线上升趋势保持不变，60日均线由下行趋势趋于走平，整个中短期均线族呈现无序的排列状态；MACD指标位于0轴上方呈现绿柱死叉的看空状态；均线系统与MACD技术指标发出模糊不清乃至相互矛盾的信号。这是实战中的常见现象，对此种情况的处理办法是：以未来股价的实际运行为主要交易依据，不必做提前的排除，否则容易造成与牛股失之交臂的窘境。记住：在所有的交易技术当中，技术指标的参考价值实在有限，甚至可以弃之不用。

通过以上对市场结构及技术指标的综合分析与解读，认定2018年4月26日给出的这一条跌幅为6.22%的长阴线满足板后恐吓阴的技术条件要求。

是否是主力故意制造的恐吓假摔需要隔日的确认。

既然满足板后恐吓阴的条件要求，理应纳入自选股进行重点关注：市场能否给出入场指令？何时给出入场指令？给出哪一种入场指令？我们不需要知道，静心等待就好。市场在没有给出板后一阴恐吓交易系统中规定的入场指令之前绝不轻举妄动。这是一个合格的系统交易员必须具备的职业素养。

★ 入场规则

2018 年 4 月 27 日该股早盘微幅高开后短时窄幅上攻，快速下打不创新低，说明分时上升趋势保持完好，V 型反转上破分时均价线和早盘高点两道关卡，时间为 9：34；以上是该股开盘后 4 分钟内股价的实际运行状况；在这有限的 4 分钟内市场给出了三次入场机会，分别如下：一是股价高开后，见高走之际就是首仓 50% 入场之时；二是回落不创新低 V 型反转上破分时均价线之际就是首仓 50% 入场之时；三是 V 型反转上破早盘高点之际是该股最后一次也是最为稳健的首仓入场机会。不同的入场时机的把握与交易者的性格特点及交易习惯有着密切的关系，没有优劣之分。

★ 资金管理规则

资金计划：绝不满仓操作，只拿出总资金量的 20% ~40% 作为狙击子弹使用。

★ 仓位管理规则

依据分时图运行实况采用五三二入场原则：见股价放量突破昨日收盘价的当下，就果断首仓入场 50%。当首仓出现盈利 2% ~3% 之后，再买入 30% 的仓位，如果 30% 的仓位再次盈利 2% ~3%，最后再将 20% 剩余资金入场。从 2018 年 4 月 27 日分时图运行状况来看，该股上破早盘高点首仓 50% 入场之后，股价短时窄幅上攻不久即开始回落调整，在股价回落的初期是无法知道是下跌开始还是正常调整，更不可能知道调整的强度如何，也无须知道，你只需要静心观察就好：回落不破分时均价线就是正常的强势调整，所谓强调之后该有强攻；9：46 市场给出第二次 30% 的加仓指令，依据规则要求该怎样就怎样；第三次 20% 的加仓指令可以安排在涨停板价格附近的封板瞬间去完成。

对于此类多波式涨停的个股给予了我们充裕的加仓时机，相比于一波式涨停的个股，采用多波式涨停的股票更容易加仓，而前者往往因为拉升速度过快会错过加仓时机。能够完成加仓也好，因为时间仓促不能完成加仓也罢，都需要保持平静的心态，每一次交易都是对人性弱点的考验，每一次交易都是对人性弱点的克服，每一次交易都是一次难得的修行经历，每一次交易都是一次心灵成长契机。需要认真地对待每一次交易，做好交易后的反思与总结。

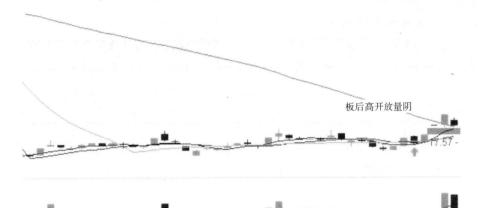

板后高开放量阴

17.57

2018 年 4 月 27 日中潜股份（300526）分时图运行实况（见下图）。

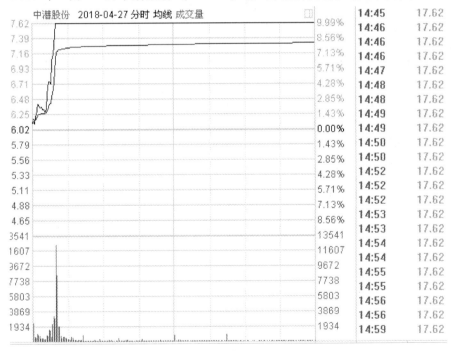

2018 年 4 月 27 日中潜股份（300526）分时图狙击策略：

早盘微幅高开，为防止低走，需要持币观望；同时也为了能够即时完成首仓入场任务，需要提前做好预埋单准备；开盘后股价不做停留直接高走，见高走之际就是首仓50%入场之时。

首仓入场后不久股价开始回落，回落不破早盘低点说明分时上升趋势保持完好，9：31触底，V型反转上破分时均价线之际是激进型交易者的第二次首仓入场机会；9：34上破早盘高点之际是稳健型交易者最后一次首仓入场机会。开盘后短短的4分钟，市场给出了3次入场机会，如果你没有完成首仓入场真的需要好好反思一番。

9：35股价见顶回落，不破分时均价线就可以认定为正常的上升运行途中的强势调整，如果你能有这样的定性，那么，自9：41开始的主拉升加速运行也是情理之中的事情。如果你能做好提前的预判，那么，从容完成后续的两次分别为30%和20%的加仓入场任务是非常容易的一件事情。

★ 出场规则

对于入场当日能够涨停的股票，在以后的任何一个交易日，只要不再涨停就必须出局；2018年5月4日股票没有涨停，所以该日就是出场日。

分时图出场要点：股票连续三个交易日涨停，当日的大幅度低开是绝对不能允许的事情；当你在集合竞价阶段见到股价大幅度低开的时候，你需要在集合竞价阶段做好预埋单工作，一次性全仓争取尽快出场，这是笔者常用的办法。如果你的出场不够坚决还抱有侥幸心理，建议大家严格依据开盘后5分钟出场法则实施出场。

规则就是规则，一旦制定就不可以违背。不被执行的规则形同虚设，与情绪化交易无异。

★ 持股规则

对于入场当日能够涨停的股票，在以后的每一个交易日，只要能够涨停就必须无条件持股；2018年5月4日股票没有涨停，所以该股的持股周期只能到2018年5月4日。

持股规则的确定不需要主观地认定，而是需要依据市场的实际状况来制定。这样制定出来的规则才能更贴近于市场的本来面目。

 每 日 一 戒

市场的阴谋

任何一个交易者来到市场从事交易都是想从市场中赚到钱，这是毋庸置疑的。但是，市场不可能让你轻松赚到钱的。细心的交易者或许会发现：仅就选股而言，在市场情绪的干扰下，一个不合格的交易者往往选不到强势股，而自己所选的股票往往不涨，这是什么原因呢？这是一个需要认真对待的问题。我们选不到强势股，放弃选择强势股，是因为我们的思维意识里不认为眼前的股票能够成为强势股，是我们的思维想象把我们自己给骗了。为什么我们的思维会骗自己呢？是谁制造了假象来欺骗我们自己了呢？其实，是谁制造了假象，对我们而言真的不重要，重要的是制造出的假象的确能够达到欺骗的目的。我们所要做的就是能够识别这种假象，不被假象所蒙蔽，这才是问题的关键！

识别市场阴谋的方法：

（1）该记住的是市场留下的基本特征：比如是否有跳空、成交量状况、涨停基因、板块效应等。

（2）只要符合交易系统选股规则要求，就果断做出选择，而不做主观的排除。

（3）等待确认。如果说（1）和（2）只是现象，那么（3）就是本质了。依据选股规则，排除主观干扰选取股票之后，接下来就是等待市场的确认了。

（4）依据（1）、（2）、（3），我们步步为营，不主观，只客观：该选就选，该入就入即该怎样就怎样，无任何主观的排除。

案例四
★ 图形识别

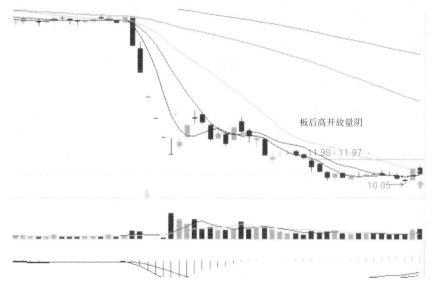

★ 形态描述与市场情绪解读

冠昊生物（300238）2018年9月4日涨停，2018年9月5日市场给出高开、放量、跌幅为4.33%的中阴线。涨停板之后的隔日莫名其妙的高开、放量、下跌，主力意欲何为？是什么重大的利空导致主力不计成本地抛售呢？看F10，也没有见到有什么所谓的利空消息。如果不是主力为了出货的大力抛售，单凭不能形成合力的散户群体怎么可以做到长阴下杀呢？主力为什么要采取如此恐怖的手段对股价进行打压呢？是不是假摔洗盘也未可知啊！正确的怀疑不是否定一切而是存疑求证。静待市场给出正确的答案，可以怀疑但不可以否定也不必有必然的肯定！

▲ 市场结构及涨停位置研判

采用缩略图查看，该股是经过长期反复的下跌于2018年9月3日触底，2018年9月4日给出涨停板，截至2018年9月5日最高振幅为14.93%，长期的反复下跌，在这样的位置是绝对不能定义为高位，区间涨幅不足50%就具有再关注价值。

▲ 技术指标辅助研判

2018年9月5日，5日均线、10日均线呈现高度粘合状态，MACD指标呈现金叉红柱的看多状态。这些都是支持股价上涨的有利信号。

通过以上对市场结构及技术指标的综合分析与解读，认定2018年9月5日给出的这一条跌幅为4.33%的中阴线满足板后恐吓阴的技术条件要求。

是否是主力故意制造的恐吓假摔需要隔日的确认。

既然满足恐吓阴的技术条件要求，理应纳入自选股进行重点关注：市场能否给出入场指令？何时给出入场指令？给出哪一种入场指令？我们不需要知道，静心等待就好。市场在没有给出板后一阴恐吓交易系统中规定的入场指令之前绝不轻举妄动。这是一个合格的系统交易员必须具备的职业素养。

★ 入场规则

2018年9月6日该股早盘高开后直接高走，而且直接高开在黄色的分时均价线之上，符合高开入场指令的全部技术规则。高开高走之际就是首仓入场之时，只要见到在黄色的分时均价线之上高开高走就要及时果断地50%首仓入场。这是一个需要勇气的时刻，任何的犹豫和徘徊都有可能错过最佳的入场时机。

★ 资金管理规则

资金计划：绝不满仓操作，只拿出总资金量的20%～40%作为狙击子弹使用。

★ 仓位管理规则

依据分时图运行实况采用五三二入场原则：见股价放量突破昨日收盘价的当下，就果断首仓入场50%。当首仓出现盈利2%～3%之后，再买入30%的仓位，如果30%的仓位再次盈利2%～3%，最后再将20%剩余资金入场。从2018年9月6日分时图运行状况来看，该股突破昨日收盘价首仓50%入场之后，后续依然维持震荡盘升的运行格局，中途任何调整都是在上行的分时均价线之上完成的，而且最后一波的拉升角度更是接近 90 度，这是当日涨停股多有的运行角度。10% 的涨幅空间完全满足第二次加仓 30% 的涨幅空间要求，同时也满足了第三次加仓 20% 的涨幅空间要求。依据盘面的实际运行该怎样就怎样：该出手时就出手。每一次交易都是对人性弱点的考验，每一次交易都是对人性弱点的克服，每一次交易都是一次难得的修行经历，每一次交易都是一次心灵成长契机。需要认真地对待每一次交易，做好交易后的反思与总结。

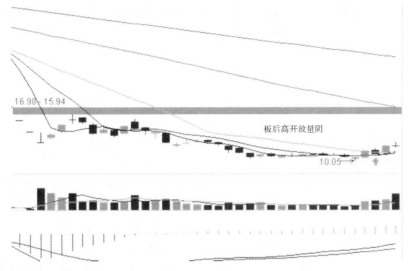

2018 年 9 月 6 日冠昊生物（300238）分时图运行实况（见下图）。

2018 年 9 月 6 日冠昊生物（300238）分时图狙击策略：

早盘高开不做任何停留直接上攻，而且直接高开在黄色的分时均价线之上，这是符合技术要求的高开。同样是高开，如果是高开在黄色的分时均价线之下，则不能即时入场，需要继续等待，因为分时均价线之下的高开往往容易低走，收出一条高开低走的长阴线或伪阴线。

对于分时均线之上的高开，高开高走之际就是果断入场之时。只要见到就要果断 50% 首仓入场。市场给出符合技术要求的高开入场指令，如同战场上军队首长向自己的士兵发出冲锋的命令一样。作为士兵，服从命令，坚决完成任务是他们的天职。首仓入场 50% 之后股价采用多波式直奔涨停。从攻击的角度来看，最后一波的拉升角度接近 90 度，这是股价当日将要涨停的最直接征兆。见到这样的攻击角度，意味着当日收获涨停是极高概率的事件。应做好充分的加仓准备。从加仓所需要的涨幅空间来看，已经完全满足了第二次（30%）和第三次（20%）的涨幅空间要求。

★ 出场规则

对于入场当日能够涨停的股票，在以后的任何一个交易日，只要不再涨停就必须出局；2018 年 9 月 7 日股票没有涨停，所以该日就是出场日。

分时图出场要点：股票昨日涨停，隔日见高开理应继续持股不动；开盘后股价短时微幅上攻随机下打，在开盘价附近触底反弹不创新高，趋势不明朗，需要多一份警惕；9：32 见顶回落并下破早盘开盘价，可在下破早盘开盘价之时先出场 50% 的仓位，剩余 50% 的仓位可在下破昨日收盘价之际去完成。

规则就是规则，一旦制定就不可以违背。不被执行的规则形同虚设，与情绪化交易无异。

★ 持股规则

对于入场当日能够涨停的股票，在以后的每一个交易日，只要能够涨停就必须无条件持股；2018 年 9 月 7 日股票没有涨停，所以该股的持股周期只能到 2018 年 9 月 7 日。

持股规则的确定不需要主观地认定，而是需要依据市场的实际状况来制定。这样制定出来的规则才能更贴近于市场的本来面目。

！ 每日一戒

我一定会犯错

假如我不能预知未来，那么，我一定会犯错，而且任何行业中的任何人都没有例外。

不想把话题扯得太远，作为一个职业投资人，我只想针对证券交易展开此话题的论述。

在证券交易中，无论你是哪一种交易风格，价值投资也好，图表交易也罢；无论你的资金规模有多大（做市商除外），百亿级、千亿级的资本大鳄也好，个位数的小散也罢；在交易中，他们都不止一次地犯过错误，只要他们的交易还在延续，就一定还会继续犯错误；原因很简单，因为他们都无法准确地预知未来。

没有人喜欢犯错，没有人愿意主动承认错误。但是，犯错不以任何人的意志为转移。因为极端地厌恶犯错，在交易中犯错就是亏损的别称，所以有些人对交易这个职业采取敬而远之的态度，这也不失为一种明智的人生态度。可是，他们远离交易，不会在交易中犯错，只要他们还在从事其他的职业，那么，他们一定还会在其他职业中继续犯错。注意用词是一定，不是或许、可能；因为没有人可以预知未来。

犯错既然不可避免，那么，犯错以后我们该如何纠正错误就成了另一个无法避免的问题。

纠正错误大致有两种办法，因人而异：一是自我欺骗找出各种理由掩盖自己的错误，让错误继续延续，延续的程度是他们损失的程度，严重者甚至不惜牺牲自己的生命；二是有错必纠，见错就改，从不为自己的错误找任何借口，总是力求把错误制止于当下，让错误导致的损失越小越好。

对待错误不同的处理方法是交易赢家和交易输家在实战中的真实写照；交易赢家不怕犯错，因为他们知道，怕也没有用，怕与不怕错误都会存在，与其怕一个无法避免的事情，还不如积极面对它更加有效；交易输家厌恶犯错，害怕犯错，想尽一切办法规避犯错，但是，无论他们如何努力，错误从来都不会消失，他们规避犯错和抗拒错误的意志与决心强大无比……

所有的交易赢家都是从交易输家走过来的，而且走过的次数不止一次，反复是常有的事情。所以从这个意义上来说"我一定会犯错"这个理念正好反映的是交易者的交易能力的高低，这个理念越坚定，就越不怕犯错，越能积极面对错误，越能积极面对错误就越能将错误引发的损失控制在最小的范围，能够把错误控制在最小范围的交易者离成功已经不远了。

交易赢家视犯错为一次提升的机会，面对错误他们从不向外在找理由，他们总能从交易错误中吸取经验和教训，用以指导未来的交易，步入强者恒强的良性循环轨道；交易输家总是会为自己的交易错误从外在找理由：我的亏损是由荐股者造成的；我的亏损是由国家政策不好导致的；我的亏损是由大盘环境导致的……错误犯了一个又一个，因为不能从错误中吸取经验和教训，所以交易水平始终得不到提升，一直陷入90%的输家群体中不能自拔。

一个聪明型的交易者渴求每一笔交易都要100%的赚钱，故面对小亏时采取抗拒策略，导致小亏变大亏，大亏变股东；一个智慧型的交易者坚信自己一定会犯错，因此他们时刻警觉准备着错误的到来，故很少犯重大错误。

案例五

★ **图形识别**

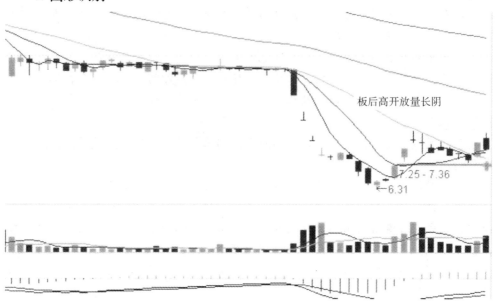

★ **形态描述与市场情绪解读**

通化金马（000766）2018年9月4日市场给出涨停，2018年9月5日市场给出一条高开、放量、跌幅为3.64%的中阴线。莫名其妙的高开、放量、下跌，主力意欲何为？是什么重大的利空导致主力不计成本地抛售呢？看F10，也没有见到有什么所谓的利空消息。如果不是主力为了出货的大力抛售，单凭不能形成合力的散户群体怎么可以做到长阴下杀呢？主力为什么要采取如此恐怖的手段对股价进行打压呢？是不是假摔洗盘也未可知啊！正确的怀疑不是否定一切而是存疑求证。静待市场给出正确的答案，可以怀疑但不可以否定也不必有必然的肯定！

▲ **市场结构及涨停位置研判**

采用缩略图查看，该股经过连续反复的下跌于2018年8月20日触底，之后出现连续5个交易日的拉升，其中2018年8月22日和23日连续两个交易日给出涨停，构成涨停基因要素，最高振幅为39.14%，区间涨幅不足50%就具有再关注价值，阶段涨幅超过 50% 无条件做放弃处理。

自 2018 年 8 月 24 日开始进入调整至 2018 年 9 月 3 日结束，运行周期为 7 个交易日，属于日线级别的 2 浪调整（或称 A 浪调整），熟悉结构理论的交易者都会知道：在连续反复下跌的低位，2 浪（或称 A 浪）之后会有两种运行可能，一种是进入 3 浪主拉升；另一种可能是 B 浪反弹。熟悉市场结构对于交易策略的拟定十分重要。

长期的反复下跌，在这样的位置是绝对不能定义为高位。

以上从涨停位置与阶段涨幅来看，具备关注价值。

▲ 技术指标辅助研判

2018 年 9 月 5 日，5 日均线、10 日均线已经呈现多头排列状态，20 日均线已经趋于走平上翘，MACD 指标呈现金叉红柱的看多状态。这些都是支持股价上涨的有利信号。

通过以上对市场结构及技术指标的综合分析与解读，认定 2018 年 9 月 5 日给出的这一条跌幅为 3.64% 的中阴线满足恐吓阴的技术条件要求。

是否是主力故意制造的恐吓假摔需要隔日的确认。

既然满足恐吓阴的技术条件要求，理应纳入自选股进行重点关注：市场能否给出入场指令？何时给出入场指令？给出哪一种入场指令？我们不需要知道，静心等待就好。市场在没有给出板后一阴恐吓交易系统中规定的入场指令之前绝不轻举妄动。这是一个合格的系统交易员必须具备的职业素养。

★ 入场规则

2018 年 9 月 6 日，该股早盘高开后快速浅幅下探，在跌破昨日收盘价之际随即 V 型反转向上攻击并一举突破黄色的分时均价线。高开后的快速下打是主力刻意而为，意在利用下打制造恐吓，吓出超级短线客的不坚定筹码。下破昨日收盘价不看好，不能提前行动，被黄色的分时均价线反压也不看好，更不能轻举妄动。为稳妥起见，凡见到有技术缺陷的情况就不必急于采取入场行动。于 9：32 股价放量突破黄色的分时均价线，突破之际就是首仓入场之时，只要突破就要果断 50% 首仓入场。这是一个需要勇气的时刻，任何的犹豫和徘徊都有可能错过最佳的入场时机。

★ 资金管理规则

资金计划：绝不满仓操作，只拿出总资金量的 20% ～ 40% 作为狙击子弹使用。

★ 仓位管理规则

依据分时图运行实况采用五三二入场原则：见股价放量突破昨日收盘价的当

下，就果断首仓入场50%。当首仓出现盈利2%～3%之后，再买入30%的仓位，如果30%的仓位再次盈利2%～3%，最后再将20%剩余资金入场。从2018年9月6日分时图运行状况来看，该股突破昨日收盘价首仓50%入场之后，后续依然维持震荡盘升的运行格局，采取长波拉升短时窄幅调整的多波式直奔涨停，中途任何短暂窄幅的调整都是在上行的分时均价线之上完成的，最后一波的拉升角度更是接近90度，这是当日涨停股多有的运行角度。10%的涨幅空间完全满足第二次加仓30%的涨幅空间要求，同时也满足了第三次加仓20%的涨幅空间要求。依据盘面的实际运行该怎样就怎样：该出手时就出手。对于此类多波式涨停的个股给予了我们充裕的加仓时机，相比于一波式垂直涨停的个股，采用多波式涨停的股票更容易加仓，而前者往往因为拉升速度过快会错过加仓时机。能够完成加仓也好，因为时间仓促不能完成加仓也罢，都需要保持平静的心态，每一次交易都是对人性弱点的考验，每一次交易都是对人性弱点的克服，每一次交易都是一次难得的修行经历，每一次交易都是一次心灵成长契机。需要认真地对待每一次交易，做好交易后的反思与总结。

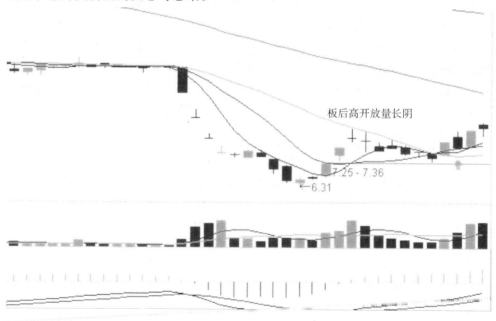

2018年9月6日通化金马（000766）分时图运行实况（见下图）。

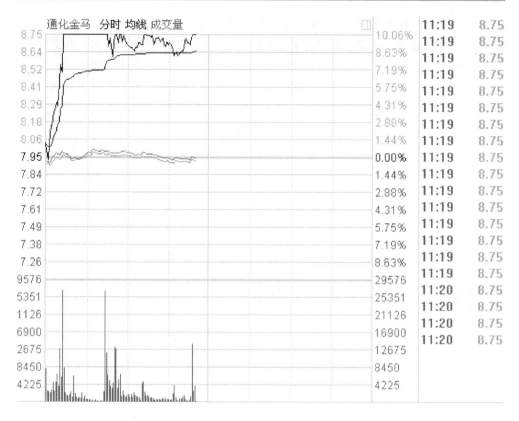

2018 年 9 月 6 日通化金马（000766）分时图狙击策略：

早盘在黄色的均价线之下微幅高开快速、浅幅下打，下破昨日收盘价之后，迅速 V 型上攻于 9：32 突破黄色的分时均价线，这样的动作绝不是散户所为，这是主力利用浅幅下打制造心理恐惧感，如果你是持币者，高开不是入场的理由，因为股价高开在黄色的分时均价线之下。在个股没有突破分时均价线之前绝不可以轻举妄动。利用分时图做入场交易时，黄色的分时均价线是重要的技术参考。

突破黄色的分时均价线之后就要果断 50% 首仓入场。市场给出首仓入场指令。如同战场上军队首长向自己的士兵发出冲锋的命令一样。作为士兵，服从命令，坚决完成任务是他们的天职。首仓入场 50% 之后股价采用多波式直奔涨停。从攻击的角度来看，最后一波的拉升角度接近 90 度，这是当日将要涨停的最直接征兆。见到这样的攻击角度，意味着当日收获涨停是极高概率的事件。应做好充分的加仓准备。从加仓所需要的涨幅空间来看，已经完全满足了第二次（30％）和第三次（20％）的涨幅空间要求。

★ **出场规则**

对于入场当日能够涨停的股票，在以后的任何一个交易日，只要不再涨停就

必须出局；2018 年 9 月 7 日股票没有涨停，所以该日就是出场日。

分时图出场要点：股票昨日涨停，隔日见高开理应继续持股不动；开盘后股价短时微幅下打，只要不破昨日收盘价就不必过于恐慌，应继续持股不动；V 型反转上破分时均价线和早盘高点，继续持股不动；微幅创出早盘高点后随机下打并下破早盘低点。说明两个问题：一是此前的 V 型反转创早盘高点的行为属于假突破行为；二是下破早盘低点说明股价的分时上行运行趋势被破坏；可在下破早盘低点之时先出场 50% 的仓位，剩余 50% 的仓位可在下破昨日收盘价之际去完成。

规则就是规则，一旦制定就不可以违背。不被执行的规则形同虚设，与情绪化交易无异。

★ 持股规则

对于入场当日能够涨停的股票，在以后的每一个交易日，只要能够涨停就必须无条件持股；2018 年 9 月 7 日股票没有涨停，所以该股的持股周期只能到 2018 年 9 月 7 日。

持股规则的确定不需要主观地认定，而是需要依据市场的实际状况来制定。这样制定出来的规则才能更贴近于市场的本来面目。

每日一笑

1.

有一家酒吧新出了一种酒，为了招揽顾客，就在门口立了一个牌子说：谁喝了我们出的新酒一瓶还能完成我们的 3 个任务，就免费在本店喝酒一个月！

有一个酒鬼就来试试了，一瓶下去摇摇晃晃的就问老板是什么任务？老板对他说：

a. 跳过我们给你的一个火盆；

b. 给对面动物园里的那只河马拔掉一颗坏了的牙齿；

c. 到隔壁 4 楼满足一个寡妇的所有要求。

于是酒鬼就开始干了……

那个火盆他很轻松地就跳了过去。

接着来到动物园，到了河马那里，酒吧老板站在门口等着他，只听见里面一阵河马的惨叫，老板心里想：这家伙还真行啊！

过了不久，酒鬼就醉醺醺地出来了。他问老板：那……那个……要……拔牙齿……的女人……在哪来着？？

2.

某日，生物老师问："没有尾巴的是什么熊？"

某生说："无尾熊。"

老师问："没有脖子的是什么熊?"

某生说："无脖熊。"

老师再问："没鸡鸡的是什么熊?"

某生答："无鸟熊。"

老师："错!"

某生再答："嗯～～～无鸡熊。"

老师："错! 唉……是母熊嘛! ……现在的小孩……!!"

3.

老师说："猪是一种很有用的动物,它的肉可以吃,它的皮可以做皮革,它的毛可以做刷子,现在有谁说得出它还有其他用途吗?"

"老师,"一个学生站起来答,"它的名字可以骂人。"

4.

有一天某教授突然停止授课,语重心长地对大家说:如果坐在中间谈天的同学能像坐在后面玩牌的男同学那样安静的话,那么在前面睡觉的女同学就不会受到干扰了。

5.

有一个小学生暗恋他的老师好久了,有一天终于鼓起勇气,跟老师表白,老师一直开导他,说他这样不对,等等,可是小学生很倔强,就是不听,还说什么爱情是不分年龄的,最后老师受不了了。就说:"我不要小孩子啦!"

只见小学生露出一脸满足的笑容说:"老师,我一定会很小心的!?"

6.

有一天小明来到他未来的丈母娘家做客。丈母娘:"你随便坐坐,菜马上就好!"然后就进厨房忙了,这时客厅里只剩下紧张的小明和丈母娘养的狗——小白。

突然间,小明感觉自己的肚子剧痛,他心想:不行! 我一定要忍住! 可是他实在忍不住了,噗! 他放了一个无敌臭的响屁,他心想:这下死定了,一定会被赶出去的! 没想到丈母娘只是大喊了一声:"小白!"小明于是放心地想:幸好有小白当我的替死鬼。

然后他又忍不住放了第2个屁,丈母娘依旧大喊:"小白!"

当他放第3个屁时,就看到丈母娘冲出来大骂说:"小白! 你是要等到被臭死才要跑是不是!!"

7.

一天大早,传来鞭炮声,不知谁家的小影院开张了。第一天放映一片子,广告写道《七个男人和一个女人的故事》，并有说明：一美女莫名晕倒，七男人强行拖入森林；等待美女的……众人都觉很有吸引力逐买票入场。等到电影放映时，大屏幕出现《白雪公主》，众人气急败坏地走了。

隔天众人再次路过小影院，见广告有所变化。广告写道《七个男人和一个女人的故事》，并有说明：一如花美女与七男人的数天惊涛骇浪般的销魂（绝非《白雪公主》)。众人这次觉得比上次更有吸引力，而且说明不是《白雪公主》，遂又买票入场，结果大屏幕出现"八仙过海"字样!!!

8.

两个成绩极差的学生考试完毕走到一起。

"杰克，你考得怎么样?"

"没什么，我交了白卷，你呢，西里?"

"哎，我也是!"

"那怎么成，人家会说我们是作弊。"

涨停操盘之第二招

板后二阴恐吓交易系统

※ 技术定义及其要点

一、技术定义

这是三条 K 线的组合形态，其中第一条 K 线必须是涨停板；之后出现两条阴 K 线，第一条阴 K 线可以是高开的伪阴线，也可以是低开的实体阴线，可以放量也可以缩量；但是第二条 K 线要求有低开跳空且成交量必须萎缩，不能出现放量的情况，这是必要条件。因为第二条阴线的低开跳空更具恐吓的意义，震仓洗盘的效果会更好。

二、技术要点

（一）涨停板的要点

涨停板关键看位置；位置必须处于中低位才有效，杜绝高位涨停板。涨停板的位置研判能力是涨停操盘的不可或缺的核心能力之一。如果不能很好地研判出涨停板的位置，贸然出击就难以提高涨停操盘的胜率。

（二）阴线的要点

重点关注第二条阴线，主要看两点：一看开盘状态；二看量能大小。开盘必须是低开且量能必须要缩量。

※形态解读

涨停板是最吸引眼球的市场（A 股）行为，再大的利好也不如一个实实在在的涨停板给予的诱惑大，所以个股涨停板是吸引跟风盘的最好方式之一；而让跟风盘交出筹码的最佳方式当然是采取恐吓模式，跳空下跌就是主力震仓洗盘最好的方式，由于主力的操盘习惯的不同或大盘运行背景的差异导致第一条阴线有时是高开的带上影线的伪阴线（实质是阳线），在大盘上涨的当日，收出高开带上影线的伪阴线的概率更大，而在大盘下跌的当日，主力资金往往也会顺势而为，借势低开，收出一条低开、缩量的实体阴线；有时候一条 K 线难以达到震仓洗盘的目的，所以主力往往会在涨停的第三天采用低开杀跌的极端恐吓模式再次逼迫跟风盘交出筹码。在所有的恐吓模式中向下跳空的低开杀跌模式更具恐吓力，震仓洗盘的效果也更好，所以在跳空缩量的隔日往往会出现反转攻击。如果第二条阴线的洗盘效果较为理想，主力在隔日也会采取高开高走的反转攻击模式进入快速拉升之旅。

※ 选股规则

选股是交易成功的关键！但却是不容易做好的一件事情。难点在于，我们的主观思维往往会依据个人的偏好做出筛选，而筛选的结果是：被选中的个股没有出现涨停，而弃选的个股往往能够反转涨停。相信很多股市贡献者都会遇到这种情况。

我们对形态已经给出了严格规范的定义，你只需要依据形态要求做相应的选择即可。记住你的选择依据只有一个，那就是是否符合形态定义要求而不是你的思维偏好。

一句话：只要满足涨停板之后出现两条成交量递减且第二条阴线具有向下跳空缺口的阴线组合时就可以纳入自选，以待狙击。

※ 入场规则

板后二阴恐吓的入场只能选择在低开缩量阴之后的隔日进行，不能在低开缩量阴的当日入场。因为在第二条低开缩量阴的当日，我们还无法确认主力利用低开缩量阴的目的到底是出货还是恐吓假摔，需要确认才可以下定论。而隔日的市场行为就是确认的关键。所以，任何提前的入场行为都是非理性的鲁莽行为。

正确的入场时间只在隔日，而隔日入场的时机或者说入场指令只有两个：一是大量比高开高走，可以市价入场；二是低开放量上攻突破昨日收盘价之际就是入场之时。要求放量突破的时间越短越好，最好是开盘之后 15 分钟之内能够实现放量突破为最佳。

入场经验分享：涨停板之后见到第二条阴线出现低开缩量的情况，你就应该有预期：隔日股价是否会有反转？如此，应提前做好即时入场的心理准备，不论是哪一种入场指令，市场只要给出就坚决地、毫不犹豫地入场。

※持股规则

对于入场当日能够涨停的股票，在以后的每一个交易日，只要能够涨停就必须无条件持股；对于入场当日不能够涨停的股票而收出大阳线的股票，在以后的每一个交易日，只要股价继续上涨就坚定持有，直到出现下跌为止。

※出场规则

（1）对于入场当日能够涨停的股票，在以后的任何一个交易日，只要不再涨停就必须出局。

（2）对于入场当日不能够涨停而收出大阳线的股票，只要哪一天不再上涨就必须出局。

（3）对于入场当日不能涨停而收出大阳线的股票，未来某个交易日出现涨停之后，一旦哪一天不再涨停就必须出场。

※止损规则

入场当日没有出现涨停，反而造成浮亏被套，说明该笔交易就是一笔错误的交易。止损规则就是为了应对错误交易的一种必不可少的手段。止损的核心目的在于控制损失和减少损失。止损时不能有对与错的思考，一旦有对与错的顾虑就一定会影响到止损的即时开展，切忌。

止损环节最容易犯的错误是拖延，因为拖延导致由小亏变大亏，由大亏变股东。止损是不需要理由的，只要见到账户出现浮亏，就说明你的这一笔交易是一笔错误的交易，而改错的关键就是及时、不拖延。具体的止损策略因人而异，笔者仅列举几种止损策略供大家借鉴：

（1）百分比止损法。买入后不涨反跌被套，一旦被套达到3%或5%就必须无条件止损。

（2）K线止损法。买入后股价不涨反跌，一旦股价跌破买入当日K线低点之际就是果断止损之时。

（3）时间止损法。买入后，股价没有出现预期的攻击运行，为了提高资金使用效率而经常采用的一种止损办法。我采用的时间止损是三个交易日，即在买入后的第三个交易日不见上涨就出局，此类出局方式有时是微亏止损出局，有时是微赚出局。

※资金管理规则

绝不满仓操作,任何单一——笔交易只能拿出总资金量的20%~40%作为狙击子弹使用。

※仓位管理规则

依然执行金字塔形分批入场的规则。

如五三二模式:当市场给出入场指令时,先半仓入场,如果市场证明首仓入场是对的,即首仓出现盈利2%~3%,再做后续的入场动作,先30%后20%;30%的仓位盈利2%~3%,再做20%仓位的动作。从入场动作来看,这就是顺势而为,以趋势为友的真实写照。这里没有抗拒,只有顺遂。我们只在正确的交易上不断地做递减性加码。

如四三二一模式:当市场给出入场指令时,先40%仓位入场,入场后,如果市场证明首仓入场是对的,即首仓出现盈利2%~3%,再做30%仓位入场动作,30%的仓位出现盈利2%~3%,再做20%仓位的入场动作,不盈利就不能入场了,并以此类推。

※视觉刺激训练

案例一
★ 图形识别

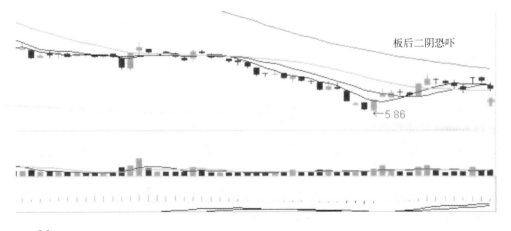

★ 形态描述与市场情绪解读

文投控股（600715）2018年7月9日市场给出涨停，2018年7月10日市场给出一条高开、缩量、跌幅为2.03%的中小阴线，2018年7月11日市场给出一条低开、缩量、跌幅为6.35%的长阴线，涨停板后的第三天给出一条低开、缩量的长阴线满足板后二阴恐吓的技术形态要求。涨停板之后莫名其妙的低开跳空、缩量下跌，主力意欲何为？是什么重大的利空导致主力不计成本地抛售呢？看F10，也没有见到有什么所谓的利空消息。如果不是主力为了出货的大力抛售，单凭不能形成合力的散户群体怎么可以做到长阴下杀呢？主力为什么要采取如此恐怖的手段对股价进行打压呢？是不是假摔洗盘也未可知啊！正确的怀疑不是否定一切而是存疑求证。静待市场给出正确的答案，可以怀疑但不可以否定也不必有必然的肯定！

单一的技术形态研判难以满足胜率要求，为了提高交易胜率，必须辅以市场结构、涨停位置及技术指标辅助研判才更有效。

▲ 市场结构及涨停位置研判

不是所有的涨停都具备关注价值，要提高涨停操盘的成功率，需要精通市场结构并能够对涨停板位置给出相应的研判。

采用缩略图查看：得知该股经过长期连续反复的下跌于2018年6月22日触底并于当日收出涨停板，之后经过7个交易日的拉升，2018年6月22日和29日两个交易日给出涨停，构成涨停基因要素，最高振幅为40.24%，区间涨幅不足50%就具有再关注价值，阶段涨幅超过50%无条件做放弃处理。

自2018年7月2日开始进入调整区间，2018年7月9日早盘大幅高开涨停，在涨停的当日可以预期3浪运行的启动日，但是涨停之后的7月10～11日连续两天的下跌又将股价打入调整区间，也是在告诉我们，这里不是3浪启动点。如此，对于涨停位置的研判就更加容易了：位于调整区间内的涨停，怎么可能是高位涨停呢？

以上从阶段涨幅与涨停位置综合来看，具备狙击价值。

▲ 技术指标辅助研判

2018年7月11日，5日均线、10日均线已经呈现多头排列状态，20日均线已经趋于走平上翘，MACD指标呈现金叉红柱的看多状态。这些都是支持股价上涨的有利信号。

通过以上对市场结构及技术指标的综合分析与解读，认定2018年7月11日给出的这一条跌幅为6.35%的长阴线满足恐吓阴的技术条件要求。

是否是主力故意制造的恐吓假摔需要隔日的确认。

既然满足恐吓阴的技术条件要求，理应纳入自选股进行重点关注：市场能否给出入场指令？何时给出入场指令？给出哪一种入场指令？我们不需要知道，静心等待就好。市场在没有给出板后二阴恐吓交易系统中规定的入场指令之前绝不轻举妄动。这是一个合格的系统交易员必须具备的职业素养。

★ 入场规则

　　2018 年 7 月 12 日，该股早盘微幅低开后不做任何停留随即上攻，黄色的分时均价线位于白色的股价线之下，这是利用分时图入场时重要的参考指标。突破昨日收盘价配合黄白线的多头排列就是绝佳的入场指令，突破之际就是首仓入场之时，只要突破就要果断 50% 首仓入场。这是一个需要勇气的时刻，任何的犹豫和徘徊都有可能错过最佳的入场时机。

★ 资金管理规则

　　资金计划：绝不满仓操作，只拿出总资金量的 20% ~40% 作为狙击子弹使用。

★ 仓位管理规则

　　依据分时图运行实况采用五三二入场原则：见股价放量突破昨日收盘价的当下，就果断首仓入场 50%。当首仓出现盈利 2% ~3% 之后，再买入 30% 的仓位，如果 30% 的仓位再次盈利 2% ~3%，最后再将 20% 剩余资金入场。从 2018 年 7 月 12 日分时图运行状况来看，该股突破昨日收盘价首仓 50% 入场之后，股价沿着上升的分时均价线匍匐前行，13：57 才进入加速攻击区间，从拉升的力度及封板时间来看这是一只弱势涨停板，应该做好隔日出场的心理准备，因为弱势涨停板之后的连续攻击能力也相对不足，这不是绝对，只是概率统计的结果。

　　从突破昨日收盘价到涨停板，10% 的涨幅空间完全满足第二次加仓 30% 的涨幅空间要求，同时也满足了第三次加仓 20% 的涨幅空间要求。依据盘面的实际运行该怎样就怎样：该出手时就出手。对于此类沿着分时均价线震荡盘升终至涨停的个股给予了我们充裕的加仓时机，相比于一波式加速涨停的个股，采用震荡盘升终至涨停的股票更容易加仓，而前者往往因为拉升速度过快会错过加仓时机。能够完成加仓也好，因为时间仓促不能完成加仓也罢，都需要保持平静的心态，每一次交易都是对人性弱点的考验，每一次交易都是对人性弱点的克服，每一次交易都是一次难得的修行经历，每一次交易都是一次心灵成长契机。需要认真地对待每一次交易，做好交易后的反思与总结。

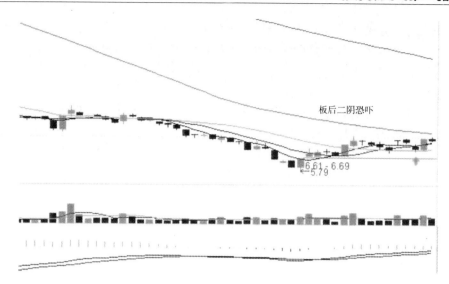

2018 年 7 月 12 日文投控股（600715）分时图运行实况（见下图）。

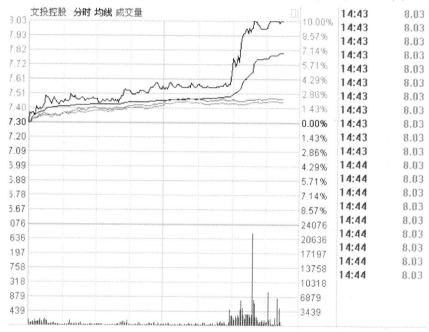

2018 年 7 月 12 日文投控股（600715）分时图狙击策略：

早盘微幅低开，不做任何停留一举突破昨日收盘价，因为攻击突破时间较短，所以不容易看出黄色的分时均价线所在的位置。当你能够看到黄色的分时均价线的时候股价已经有了一段拉升，这是你必然要失去的成本：宁愿错过，也不做错。大约一分钟之后我们就可以看到黄色的分时均线已经开始出现，它位于白线之下，这是看多股价时黄色的分时均价线应该有的位置。此时，我们已经没有犹豫入场的任何理由了！

果断50%首仓入场。市场给出首仓入场指令时，如同战场上军队首长向自己的士兵发出冲锋的命令一样。作为士兵，服从命令，坚决完成任务是他们的天职。首仓入场50%之后股价沿着上行的分时均价线匍匐前行，每一次回调都没有跌破均价线，显示出均价线的强力支撑。13：57进入分时级别的主拉升区间，采用多波式直奔涨停，涨停之后多次开板，从封板时间和开板次数来看，这是一只弱势涨停板，隔日连续攻击的概率不大，应提前做好及时出局的心理及物理准备。

从突破昨日收盘价到封住涨停，10%的涨幅空间完全满足了加仓所需要的涨幅空间，所以依据交易系统中规定的加仓规则做好第二次（30%）和第三次（20%）的加仓工作是理所当然的事情。

★ 出场规则

对于入场当日能够涨停的股票，在以后的任何一个交易日，只要不再涨停就必须出局；2018年7月13日股票没有涨停，所以该日就是出场日。

分时图出场要点：股票昨日涨停，隔日的低开属于不正常的开盘；对于此类个股的处理办法有两种：一是在集合竞价阶段预埋单争取尽快出场，腾出资金和精力用于别的强势股狙击；二是在开盘后5分钟内依据盘面的实际运行适时做出应对。开盘后股价下行，V型反转上破分时均价线和昨日收盘价，可在见高点向下拐头之际完成出场任务。两种出场模式没有好坏之分，只有是否适合之别。

规则就是规则，一旦制定就不可以违背。不被执行的规则形同虚设，与情绪化交易无异。

★ 持股规则

对于入场当日能够涨停的股票，在以后的每一个交易日，只要能够涨停就必须无条件持股；2018年7月13日股票没有涨停，所以该股的持股周期只能到2018年7月13日为止。

持股规则的确定不需要主观地认定，而是需要依据市场的实际状况来制定。这样制定出来的规则才更贴近于市场的本来面目。

⚡ 每日一戒

交易的真相——连续止损

在伸手党们（不能对自己的交易负责，向别人索要股票代码的人的总称）看来，大咖们、股评们都是交易赢家（实际情况并非如此），他们的每一笔交易都能赚到钱，因此大咖们、股评们推荐的股票都值得信赖，购买了他们推荐的股票后即使不能马上赚到钱，但最终都会赚到钱。

不知你是否有过上述的想法和经历？但凡在证券市场中沉浸几年的交易者或多或少都会有过做伸手党的经历。在还没有真正弄清楚市场的真相和交易的本质之前，做伸手党似乎是理所当然。

自股票市场成立以来伸手党这个族群从来就没有消失过，如同韭菜，生生不息，一茬接一茬。其参与群体之多，牵扯利益之大，俨然已经发展成为一个不被国家允许的地下荐股产业。

但是，真实的情况是怎样的呢？

当你拨开重重迷雾进入赢家之列的时候，这个答案你自己就会给出，是那么的显而易见。可是，现实中能够突破重重关卡晋入赢家之列的是凤毛麟角的极少数人，绝大多数人是无法晋升为赢家并通过自己真正了解到事实真相的。

无论某交易者的交易水平有多高，交易的年限有多长，只要他还在交易，他就一定会亏损，而且还有可能连续亏损；这就是事情的真相！

连续亏损怎么可能是真正的交易赢家呢？笔者不想在这里展开这个问题的论述，只想说出结论：即偶尔的连续亏损并不能阻碍他们成为真正的交易赢家。

交易赢家们偶尔的连续亏损后，他们通常会认真总结并反思：是不是采用的交易系统不适合当下市场背景；是不是概率事件偶尔在自己身上发生作用；如果实在找不出原因，他们会停止交易放松自己，待交易状态好转后再从事新的交易。

但是，伸手党们可就惨了。他们还在天真地认为：这是某著名大咖、股评家推荐的股票，只是暂时亏损，还会涨回来的；结果股价越跌越深，亏损越来越大，他们就是不肯承认账户亏损的事实，执着地以为股价还会再涨回来，大咖、股评怎么会错呢？其实股评的职业与交易员的职业完全是两码事，一个是卖家，一个是买家，但是，不明白的交易新手怎么会区分呢？你去买大咖或股评推荐的股票，这恰恰说明大咖或股评杜撰水平的高明。

"绝不向任何人推荐股票"是笔者的人生信条！这绝不是自私的行为，这是一个职业投资人的良心。

作为一个资深的系统交易者，每一笔交易的进与出都是有理有据的，如果贸然向别人推荐股票，面对瞬息万变的市场，当你依据市场变化做出交易决定的时候，因为你的推荐，因为相信你而购买股票的人们，他们还在天真地认为股票会涨上天或还会再涨回来呢？由此而造成的亏损应该由谁来负责呢？如果你不能对别人的账户负责，为什么还要向别人推荐股票呢？

在笔者看来，任何一个交易员无论是赢家还是输家，首先要做到对自己的账户负责，不要听信任何人的荐股信息，自己的交易自己做主，自己的账户资金自己负责，没有人会对你的账户资金负责的；如果你不能对自己的账户资金负责，请不要交易股票；如果你还想交易股票又要对自己的账户资金负责，那么，你唯一的办法就是潜心学习适合于自己的交易技术，并同步努力开发自己的心灵智慧，争取早日让自己成长为一名合格的交易赢家。

案例二
★ 图形识别

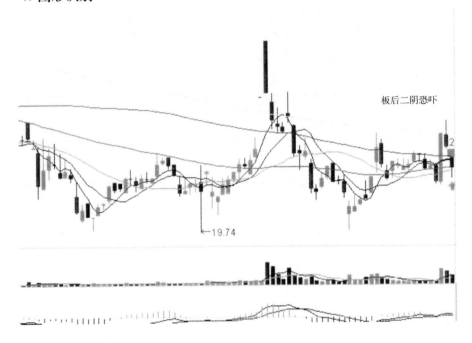

★ 形态描述与市场情绪解读

金石东方（300434）2018 年 5 月 28 日市场给出涨停，2018 年 5 月 29 日市场给出一条低开、缩量、跌幅为 2.60% 的带上影线的中小阴线，2018 年 5 月 30 日市场给出一条低开、缩量、跌幅为 4.07% 的中阴线，涨停板后的第三天给出一条低开、缩量的长阴线满足板后二阴恐吓的技术形态要求。涨停板之后莫名其妙的低开跳空、缩量下跌，主力意欲何为？是什么重大的利空导致主力不计成本地抛售呢？看 F10，也没有见到有什么所谓的利空消息。如果不是主力为了出货的大力抛售，单凭不能形成合力的散户群体怎么可以做到长阴下杀呢？主力为什么要采取如此恐怖的手段对股价进行打压呢？是不是假摔洗盘也未可知啊！正确的怀疑不是否定一切而是存疑求证。静待市场给出正确的答案，可以怀疑但不可以否定也不必有必然的肯定！

单一的技术形态研判难以满足胜率要求，为了提高交易胜率，必须辅以市场结构、涨停位置及技术指标辅助研判才更有效。

▲ 市场结构及涨停位置研判

不是所有的涨停都具备关注价值，要提高涨停操盘的成功率，需要精通市场结构并能够对涨停板位置给出相应的研判。

采用缩略图查看：得知该股经过长期连续反复的下跌分别于 2018 年 2 月 14 日、2018 年 3 月 21 日、2018 年 5 月 3 日三次触底，从形态学来看属于三重底结构。自 2018 年 5 月 3 日起至 2018 年 5 月 30 日结束共计 20 个交易日，区间振幅为 25.62%。其中 2018 年 5 月 28 日给出一条涨停板 K 线，区间涨幅不足 50% 就具有再关注价值，阶段涨幅超过 50% 无条件做放弃处理。

股价于 2018 年 5 月 3 日为第三次触底日，触底后展开一波拉升至 2018 年 5 月 10 日结束，期间运行了 6 个交易日，区间振幅为 22.78%，之后进入调整区间，而 2018 年 5 月 28 日出现涨停之后的两个交易日，市场分别给出的两条阴线处于调整区间内，这是用肉眼可以直观看到的，处于调整区间的价格怎么可以定义为高位呢？

以上从阶段涨幅及涨停位置综合来看，该股票具备狙击价值。

▲ 技术指标辅助研判

2018 年 5 月 30 日，5 日均线、10 日均线处于上行粘合状态，20 日均线已经趋于走平上翘，60 日均线已经走平，MACD 指标呈现金叉红柱的看多状态。这些都是支持股价上涨的有利信号。

通过以上分别对该股的技术形态、阶段涨幅、涨停位置及技术指标等综合研判，认定 2018 年 5 月 30 日给出的这一条跌幅为 4.07% 的中阴线满足板后恐吓阴的技术条件要求。

是否是主力故意制造的恐吓假摔需要隔日的确认。

既然满足恐吓阴的技术条件要求，理应纳入自选股进行重点关注：市场能否给出入场指令？何时给出入场指令？给出哪一种入场指令？我们不需要知道，静心等待就好。市场在没有给出板后二阴恐吓交易系统中规定的入场指令之前绝不轻举妄动。这是一个合格的系统交易员必须具备的职业素养。

★ 入场规则

2018 年 5 月 31 日该股早盘微幅高开后不做任何停留直接上攻，黄色的分时均价线位于白色的股价线之下，这是利用分时图入场时重要的参考指标。如此形态，高开高走就是入场指令，要果断 50% 首仓入场。这是一个需要勇气的时刻，任何的犹豫和徘徊都有可能错过最佳的入场时机。

★ 资金管理规则

资金计划：绝不满仓操作，只拿出总资金量的20%～40%作为狙击子弹使用。

★ 仓位管理规则

依据分时图运行实况采用五三二入场原则：见股价放量突破昨日收盘价的当下，就果断首仓入场50%。当首仓出现盈利2%～3%之后，再买入30%的仓位，如果30%的仓位再次盈利2%～3%，最后再将20%剩余资金入场。从2018年5月31日分时图运行状况来看，见高开高走首仓50%入场之后，股价沿着上升的分时均价线震荡拉升，股价的每一次调整都在黄色的分时均价线之上完成，这是强势的调整状态。

从早盘的微幅高开到涨停板，接近10%的涨幅空间完全满足第二次加仓30%的涨幅空间要求，同时也满足了第三次加仓20%的涨幅空间要求。依据盘面的实际运行该怎样就怎样：该出手时就出手。对于此类沿着分时均价线震荡盘升终至涨停的个股给予了我们充裕的加仓时机，相比于一波式加速涨停的个股，采用震荡盘升终至涨停的股票更容易加仓，而前者往往因为拉升速度过快会错过加仓时机。能够完成加仓也好，因为时间仓促不能完成加仓也罢，都需要保持平静的心态，每一次交易都是对人性弱点的考验，每一次交易都是对人性弱点的克服，每一次交易都是一次难得的修行经历，每一次交易都是一次心灵成长契机。需要认真地对待每一次交易，做好交易后的反思与总结。

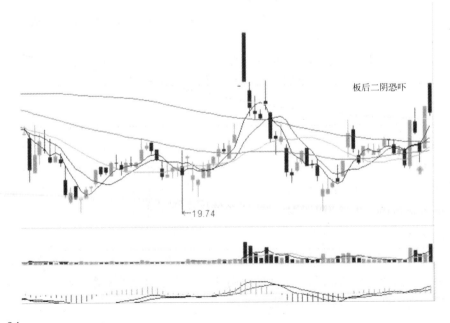

2018 年 5 月 31 日金石东方（300434）分时图运行实况（见下图）。

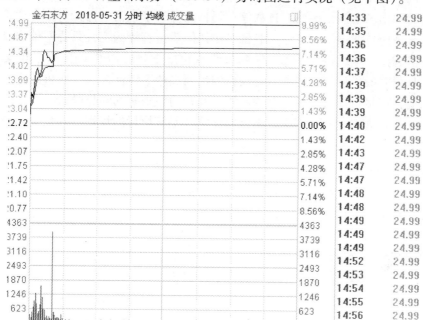

14:33	24.99
14:35	24.99
14:36	24.99
14:36	24.99
14:37	24.99
14:39	24.99
14:39	24.99
14:39	24.99
14:40	24.99
14:42	24.99
14:43	24.99
14:47	24.99
14:47	24.99
14:48	24.99
14:48	24.99
14:49	24.99
14:49	24.99
14:49	24.99
14:52	24.99
14:53	24.99
14:54	24.99
14:55	24.99
14:56	24.99

2018 年 5 月 31 日金石东方（300434）分时图狙击策略：

早盘微幅高开，不做任何停留直接高走，且黄色的分时均价线位于股价线之下处于上行状态。完美无缺的高开高走入场指令。面对这样的盘面，努力达成交易是唯一的工作任务，不应该有任何的延迟与顾虑。

果断 50% 首仓入场以后。白色的股价线沿着上行的均价线长波拉升短时调整，而且每一次调整都是在分时均价线之上完成的，这是我们实施加仓的信心所在。无论是首仓入场指令还是后续的两次加仓指令，只要符合规则要求就要 100% 去执行。如同战场上军队首长向自己的士兵发出冲锋的命令一样。作为士兵，服从命令，坚决完成任务是他们的天职。

涨停之前的最后一波的拉升角度接近 90 度，这是股价当日要涨停的预兆。股价于 9：50 封住涨停，从封住涨停时间及涨停无量综合研判，该涨停属于强势涨停，预期隔日还会有新高。

从早盘的微幅高开到封住涨停，接近 10% 的涨幅空间完全满足了加仓所需要的涨幅空间，所以依据交易系统中规定的加仓规则做好第二次（30%）和第三次（20%）的加仓工作是理所当然的事情。

★ 出场规则

对于入场当日能够涨停的股票，在以后的任何一个交易日，只要不再涨停就

必须出局；2018 年 6 月 1 日股票没有涨停，所以该日就是出场日。

分时图出场要点：股票昨日涨停，隔日高开属于正常的开盘，集合竞价阶段见到高开理应持股不动；开盘后股价不作任何攻击直接低走，只要不破昨日收盘价就不必恐慌，继续持股不动；在昨日收盘价之上触底回升，于 10：01 见回升高点，从分时股价运行结构和反弹没有创出新高两个特征来看，股价的运行气势偏软偏弱，应尽快择机出场，以腾出资金和精力狙击别的强势股。

规则就是规则，一旦制定就不可以违背。不被执行的规则形同虚设，与情绪化交易无异。

★ 持股规则

对于入场当日能够涨停的股票，在以后的每一个交易日，只要能够涨停就必须无条件持股；2018 年 6 月 1 日股票没有涨停，所以该股的持股周期只能到 2018 年 6 月 1 日。

持股规则的确定不需要主观地认定，而是需要依据市场的实际状况来制定。这样制定出来的规则才能更贴近于市场的本来面目。

每日小结

给市场自由

让市场自由自在地运行，没有任何的思维干预。这是真正的交易赢家所为。你让市场自由运行的程度决定了你的交易水平的高低。

为什么非要干预？因为你太在乎你账户中的数字的增减了。

干预有用吗？如果有用，你就应当去干预，不干预是不对的；如果你的干预是无效的，那你为什么还要做此无用功呢？

只做该做的事情：系统让我怎样我就怎样，市场让我怎样我就怎样，其他与我无关。

坚决不做自己不该做的事情，坚决不干预市场的任何运行，连想都不去想，连想象都是错误的。因为我的任何想象对于市场的运行来说都无济于事，那我为什么还要做此无用功呢？我不做。

让自己进入有意识状态，停止思维，还市场以清净。

假如今日无入场信号，我的思维状态应该是这样的：没有入场信号是事实，我想与不想都无济于事儿，为什么还要想呢？这不是自寻烦恼吗？没有交易信号时，我可以喝喝茶，休息一下自己或做一些自己喜欢的事情或做一些对提升自我有帮助的事情。

追求交易的极致：让自己成为市场中的一分子。犹如大海中的一滴水（自我），大海时而可以是浪花，时而是水，无论大海如何变化，浪花也好，水滴也罢，水都心甘情愿不抗拒地该是浪花时就心甘情愿地做浪花，该是水滴时就心甘情愿地做水滴；内心没有任何的执着与抗拒；否则，在市场中长久生存是一件非常艰难的事情。

案例三

★ 图形识别

★ 形态描述与市场情绪解读

恒天海龙（000677）2018 年 4 月 25～26 日连续两个交易日市场给出涨停，2018 年 4 月 27 日市场给出一条高开、放量、跌幅为 4.55 的中阴线，2018 年 5 月 2 日市场给出一条低开、缩量、跌幅为 8.73% 的长阴线，涨停板后的第三天给出一条低开、缩量的长阴线满足板后二阴恐吓的技术形态要求。涨停板之后莫名其妙的低开跳空、缩量下跌，主力意欲何为？是什么重大的利空导致主力不计成本地抛售呢？看 F10，也没有见到有什么所谓的利空消息。如果不是主力为了出货的大力抛售，单凭不能形成合力的散户群体怎么可以做到长阴下杀呢？主力为什么要采取如此恐怖的手段对股价进行打压呢？是不是假摔洗盘也未可知啊！正确的怀疑不是否定一切而是存疑求证。静待市场给出正确的答案，可以怀疑但不可以否定也不必有必然的肯定！

单一的技术形态研判难以满足胜率要求，为了提高交易胜率，必须辅以市场结构、涨停位置及技术指标辅助研判才更有效。

▲ 市场结构及涨停位置研判

不是所有的涨停都具备关注价值，要提高涨停操盘的成功率，需要精通市场结构并能够对涨停板位置给出相应的研判。

采用缩略图查看：得知该股经过长期连续反复的下跌于 2018 年 3 月 26 日触底并于当日收出带有长下影十字星线，之后经过 23 个交易日的拉升，2018 年 4 月 25 日和 26 日连续两个交易日给出涨停，最高振幅为 47.46%，区间涨幅不足 50% 就具有再关注价值，阶段涨幅超过 50% 无条件做放弃处理。如果非要给出合理的放弃理由，那么，放弃的理由只有一个，那就是区间振幅超过了 50%。

股价经过长期反复的下跌，自触底以后虽然有过一波拉升，但截至 2018 年 5 月 2 日，区间涨幅只有 13.11%。从涨幅的数据本身来看，就不能研判为高位涨停。涨停位置的研判不是一件困难的事情，是一个相对的概念，需要一些主观的认定。

以上从阶段涨幅与涨停位置综合来看，具备狙击价值。

▲ 技术指标辅助研判

2018 年 5 月 2 日，5 日均线、10 日均线、20 日均线已经呈现多头排列状态，60 日均线已经被价格穿越，MACD 指标呈现金叉红柱的看多状态。这些都是支持股价上涨的有利信号。

通过以上对该股票的技术形态、市场结构、涨停位置及技术指标的辅助分析、解读，认定 2018 年 5 月 2 日给出的这一条跌幅为 8.73% 的长阴线满足恐吓阴的技术条件要求。

是否是主力故意制造的恐吓假摔需要隔日的确认。

既然满足恐吓阴的技术条件要求，理应纳入自选股进行重点关注：市场能否给出入场指令？何时给出入场指令？给出哪一种入场指令？我们不需要知道，静心等待就好。市场在没有给出板后二阴恐吓交易系统中规定的入场指令之前绝不轻举妄动。这是一个合格的系统交易员必须具备的职业素养。

★ 入场规则

2018 年 5 月 3 日该股早盘微幅高开后，短时上攻随即下破分时均价线，下打不破昨日收盘价不必看坏，但是，因为下破分时均价线所以存在入场疑虑。黄色的分时均价线位于白色的股价线之上，这是分时图中均线空头排列形态，是需要规避的一种形态。明确黄白线的位置关系是利用分时图入场的重要参考指标。突破黄色的分时均价线就是绝佳的入场指令，突破之际就是首仓入场之时，只要突破就要果断50%首仓入场。这是一个需要勇气的时刻，任何的犹豫和徘徊都有可能错过最佳的入场时机。

★ 资金管理规则

资金计划：绝不满仓操作，只拿出总资金量的20%~40%作为狙击子弹使用。

★ 仓位管理规则

依据分时图运行实况采用五三二入场原则：见股价放量突破昨日收盘价的当下，就果断首仓入场50%。当首仓出现盈利2%~3%之后，再买入30%的仓位，如果30%的仓位再次盈利2%~3%，最后再将20%剩余资金入场。从2018年5月3日分时图运行状况来看，该股突破分时均价线首仓50%入场之后，股价沿着上升的分时均价线震荡前行，于9：46才封住涨停，从封板时间、拉升力度及无量封板等特征来看，这是一只强势涨停板，应该预期隔日有新高。

从突破黄色的分时均价线首仓入场到涨停板，超过8%的涨幅空间完全满足第二次加仓30%的涨幅空间要求，同时也满足了第三次加仓20%的涨幅空间要求。依据盘面的实际运行该怎样就怎样：该出手时就出手。对于此类沿着分时均价线震荡盘升终至涨停的个股给予了我们充裕的加仓时机，相比于一波式加速涨停的个股，采用震荡盘升终至涨停的股票更容易加仓，而前者往往因为拉升速度过快会错过加仓时机。能够完成加仓也好，因为时间仓促不能完成加仓也罢，都需要保持平静的心态，每一次交易都是对人性弱点的考验，每一次交易都是对人性弱点的克服，每一次交易都是一次难得的修行经历，每一次交易都是一次心灵成长契机。需要认真地对待每一次交易，做好交易后的反思与总结。

2018 年 5 月 3 日恒天海龙（000677）分时图运行实况（见下图）。

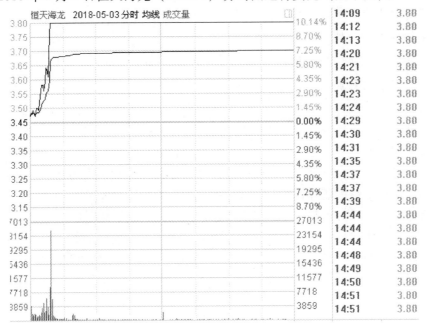

2018 年 5 月 3 日恒天海龙（000677）分时图狙击策略：

早盘微幅高开，短时窄幅上攻，回打下破黄色的分时均价线并创出新低。这是开盘 2 分钟之内市场给出的信息，交易的核心就是应对：下破分时均价线不看好需要回避，创出新低更不看好，也需要回避。克制与理性在这里发挥着作用！V 型反转上破分时均价线并创出新高，所有的疑虑警报被解除。没有不入场的任何理由了。

果断 50% 首仓入场以后。白色的股价线沿着上行的分时均价线做着长波拉升短时调整震荡盘升运行，而且每一次调整都是在分时均价线之上完成的。只是我们实施加仓的信心所在。无论是首仓入场指令还是后续的两次加仓指令，只要符合规则要求就要百分之百去执行。如同战场上军队首长向自己的士兵发出冲锋的命令一样。作为士兵，服从命令，坚决完成任务是他们的天职。

涨停之前的最后一波的拉升角度接近 90 度，拉升长度最长，这是股价当日要涨停的预兆。股价于 9：46 封住涨停，从封住涨停时间、拉升角度、拉升长度及涨停无量等信息综合研判，该涨停属于强势涨停，预期隔日还会有新高。

从早盘的微幅高开到上破分时均价线，超过 8% 的涨幅空间完全满足了加仓所需要的涨幅空间，所以依据交易系统中规定的加仓规则做好第二次（30%）和第三次（20%）的加仓工作是理所当然的事情。

★ 出场规则

对于入场当日能够涨停的股票，在以后的任何一个交易日，只要不再涨停就必须出局；2018 年 5 月 4 日股票没有涨停，所以该日就是出场日。

分时图出场要点：股票昨日涨停，隔日高开属于正常的开盘，在集合竞价阶段见到高开，应继续持股不动；开盘后股价直接上攻，于 9：32 见分时高点，五波式回落下破分时均价线并创出早盘开盘价，说明分时股价的运行趋势出现变化，但是，鉴于股价并没有下破昨日收盘价，说明早盘高开的缺口支撑仍在，可以不必理会，继续持股不动；10：47 最高上攻幅度为 9.74%，接近涨停而不涨停就是开盘冲，在股价向下拐头之际可先出场 50% 的仓位，剩余 50% 的仓位可在股价下破分时均价线之际去完成。

规则就是规则，一旦制定就不可以违背。不被执行的规则形同虚设，与情绪化交易无异。

★ 持股规则

对于入场当日能够涨停的股票，在以后的每一个交易日，只要能够涨停就必须无条件持股；2018 年 5 月 4 日股票没有涨停，所以该股的持股周期只能到 2018 年 5 月 4 日。

持股规则的确定不需要主观地认定，而是需要依据市场的实际状况来制定。这样制定出来的规则才更贴近于市场的本来面目。

！ 每日一戒

论系统交易者的刚与柔

交易之道，刚者易折，然上善若水，以柔克刚，方为生存之本。

只刚不柔和只柔不刚都是错误的交易行为。那么，何时该刚、何时该柔已然成为交易的关键。

如何正确地理解、处理和运用刚与柔？

在没有自己的交易系统之前，没有人能够正确理解、处理乃至正确运用刚与柔。所以，谈论交易的刚与柔本就是高级交易员才会有的事情，低级交易员还没有谈论的资本，因为低级的情绪化的交易员无法做到正确理解交易的刚与柔，但是，他们自认为理解，而实际上也是错误的理解。

只有拥有了属于自己的交易系统之后，才有可能正确地理解、处理和运用刚与柔。

执行交易系统之规则是刚性的，是绝对不可以柔的；刚与柔的程度代表交易水平的高低，越刚交易水平越高，越柔交易水平越低。

一味地刚也是行不通的！刚柔并济才能无往而不胜。何时该柔呢？

顺应市场运行节奏需要柔，是绝对不可以刚的；刚与柔的程度代表了交易水平的高低，越柔交易水平越高，越刚交易水平越低。

刚性地执行交易系统，柔性地顺应市场运行节奏。

案例四
★ 图形识别

★ 形态描述与市场情绪解读

英派斯（002899）2018 年 5 月 28 日市场给出涨停，2018 年 5 月 29 日市场给出一条高开、放量、涨幅为 0.29% 的伪阴线，2018 年 5 月 30 日市场给出一条低开、缩量、跌幅为 6.87% 的伪阳线，涨停板后的第三天给出一条低开、缩量的伪阳线满足板后二阴恐吓的技术形态要求。涨停板之后莫名其妙的大幅低开跳空、缩量下跌，主力意欲何为？是什么重大的利空导致主力不计成本地抛售呢？看 F10，也没有见到有什么所谓的利空消息。如果不是主力为了出货的大力抛售，单凭不能形成合力的散户群体怎么可以做到大幅跳空低开下杀呢？主力为什么要采取如此恐怖的手段对股价进行打压呢？是不是假摔洗盘也未可知啊！正确的怀疑不是否定一切而是存疑求证。静待市场给出正确的答案，可以怀疑但不可以否定也不必有必然的肯定！

单一的技术形态研判难以满足胜率要求，为了提高交易胜率，必须辅以市场结构、涨停位置及技术指标辅助研判才更有效。

▲ 市场结构及涨停位置研判

不是所有的涨停都具备关注价值，要提高涨停操盘的成功率，需要精通市场结构并能够对涨停板位置给出相应的研判。

采用缩略图查看：得知该股上市后连续的一字板拉升于 2017 年 9 月 29 日创出新高以后进入长期的反复下跌周期，2018 年 2 月 7 日触底后展开一波拉升于 2018 年 5 月 15 日见顶回落。2018 年 5 月 21 日给出一条低开高走涨幅为 2.01% 的长上影小阳线，之后连续四个交易日给出三条小阳线和一条小阴线，与 21 日的低开高走的长上影小阳线构成复合母子形态，这是阶段性止跌信号，5 月 28 日高开封住涨停是反转确认信号。就结构而言：2018 年 5 月 15～21 日可以定义为 A 浪下跌，自 2018 年 5 月 21 日开始的攻击可以视为 B 浪反弹，2018 年 5 月 30 日的伪阳线就是 B 浪反弹途中的调整，基于调整浪都是 3 浪结构的特性，所以可以预期未来的 3 浪攻击。如此，该伪阳线位置处于 B 浪中的小 2 浪底部区域，是相对低位；而自 2018 年 5 月 21 日至 30 日的区间涨幅为 −0.54%。

从以上市场结构与涨停位置综合来看，具备狙击价值。

▲ 技术指标辅助研判

2018 年 5 月 30 日，5 日均线已经向上运行，60 日均线也已处于上行状态，5 日均线、10 日均线、20 日均线及 60 日均线等中短期均线族呈现无序的排列状态，即使有攻击也不具备主拉升运行条件，只能以反弹对待，速战速决，见好就收；MACD 指标绿柱不断缩短。这些都是支持股价上涨的有利信号。

通过以上对该股票的技术形态、市场结构、涨停位置及技术指标的辅助分析、解读，认定 2018 年 5 月 30 日给出的这一条跌幅为 6.87% 的伪阳线满足恐吓阴的技术条件要求。

是否是主力故意制造的恐吓假摔需要隔日的确认。

既然满足恐吓阴的技术条件要求，理应纳入自选股进行重点关注：市场能否给出入场指令？何时给出入场指令？给出哪一种入场指令？我们不需要知道，静心等待就好。市场在没有给出板后二阴恐吓交易系统中规定的入场指令之前绝不轻举妄动。这是一个合格的系统交易员必须具备的职业素养。

★ 入场规则

2018 年 5 月 31 日该股早盘平开高走，且黄色的分时均价线位于白色的股价线之下，这是分时图中均线多头排列形态，是支持股价上行应有的一种形态。黄白线的位置关系是利用分时图入场时重要的参考指标。这样的盘面已经没有任何不能入场的理由了，任何的犹豫都是多余的，能够果断 50% 首仓入场就是称职。

这是一个需要勇气的时刻，任何的犹豫和徘徊都有可能错过最佳的入场时机。

★ 资金管理规则

资金计划：绝不满仓操作，只拿出总资金量的20%～40%作为狙击子弹使用。

★ 仓位管理规则

依据分时图运行实况采用五三二入场原则：见股价放量突破昨日收盘价的当下，就果断首仓入场50%。当首仓出现盈利2%～3%之后，再买入30%的仓位，如果30%的仓位再次盈利2%～3%，最后再将20%剩余资金入场。从2018年5月31日分时图运行状况来看，该股突破分时均价线首仓50%入场之后，股价沿着上升的分时均价线震荡前行，于9：51封住涨停，从封板时间、拉升力度及无量封板等特征来看，这是一只强势涨停板，应该预期隔日有新高。

从开盘到涨停板，一个完整涨停板的涨幅空间完全能够满足第二次加仓30%的涨幅空间要求，同时也满足了第三次加仓20%的涨幅空间要求。依据盘面的实际运行该怎样就怎样：该出手时就出手。对于此类沿着分时均价线震荡盘升终至涨停的个股给予了我们充裕的加仓时机，相比于一波式加速涨停的个股，采用震荡盘升终至涨停的股票更容易加仓，而前者往往因为拉升速度过快会错过加仓时机。能够完成加仓也好，因为时间仓促不能完成加仓也罢，都需要保持平静的心态，每一次交易都是对人性弱点的考验，每一次交易都是对人性弱点的克服，每一次交易都是一次难得的修行经历，每一次交易都是一次心灵成长契机。需要认真地对待每一次交易，做好交易后的反思与总结。

2018 年 5 月 31 日英派斯（002899）分时图运行实况（见上图）。

2018 年 5 月 31 日英派斯（002899）分时图狙击策略：

早盘平开，迅速上攻，且黄色的分时均价线位于白色的股价线之下，如果平开高走还不能即时入场，是因为还不知道黄色线的位置，但一旦看到黄色的分时均价线位于股价线之下呈现多头排列状态，再不入场就没有任何推脱的理由了。

果断 50% 首仓入场以后，白色的股价线沿着上行的分时均价线做着长波拉升短时调整震荡盘升运行，而且每一次调整都是在分时均价线之上完成的。这是我们实施加仓的信心所在。无论是首仓入场指令还是后续的两次加仓指令，只要符合规则要求就要百分之百去执行。如同战场上军队首长向自己的士兵发出冲锋的命令一样。作为士兵，服从命令，坚决完成任务是他们的天职。

涨停之前的最后一波的拉升角度接近 90 度，而且拉升长度最长，这是股价当日要涨停的预兆。股价于 9：51 封住涨停，从封住涨停时间、拉升角度、拉升长度及涨停无量等信息综合研判，该涨停属于强势涨停，预期隔日还会有新高。

从早盘平开到封住涨停，10% 的涨幅空间完全满足了加仓所需要的涨幅空间要求，所以依据交易系统中规定的加仓规则做好第二次（30%）和第三次（20%）的加仓工作是理所当然的事情。

★ **出场规则**

对于入场当日能够涨停的股票，在以后的任何一个交易日，只要不再涨停就必须出局；2018 年 6 月 1 日股票没有涨停，所以该日就是出场日。

分时图出场要点：股票昨日涨停，隔日的高开属于正常的开盘，所以在集合竞价阶段见到高开时理应继续持股不动；开盘后股价短时窄幅上攻，随即下打并下破早盘低点，只要不破分时均价线就不必过于恐慌，继续持股不动；9：34 触底反转，五波次攻击最高涨幅达到 7.32%，接近涨停而不涨停，要谨防开盘冲，在股价向下拐头之际可先出场 50% 仓位，剩余 50% 仓位可在股价下破分时均价线之际或留至尾盘见涨停无望时再出场。

规则就是规则，一旦制定就不可以违背。不被执行的规则形同虚设，与情绪化交易无异。

★ 持股规则

对于入场当日能够涨停的股票，在以后的每一个交易日，只要能够涨停就必须无条件持股；2018 年 6 月 1 日股票没有涨停，所以该股的持股周期只能到 2018 年 6 月 1 日。

持股规则的确定不需要主观地认定，而是需要依据市场的实际状况来制定。这样制定出来的规则才更贴近于市场的本来面目。

 每日一智

屡战屡败还是屡败屡战呢？

"闻诸先辈云：平江李次青元度本书生，不知兵。曾国藩令其将兵作战，屡战屡败。国藩大怒，拟奏文劾之，有'屡战屡败'语。曾幕中有为李缓频者，倒为'屡败屡战'，意便大异。元度乃得免罪"。译文如下：

"曾经听那些先辈说过，平江人李次青字元度本来是一个书生，根本不知道领兵作战。曾国藩命令他领兵作战，每打一次仗便败一次。曾国藩很生气，准备写奏折弹劾他，在他的奏折上便有'屡战屡败'这样的词语。后来曾国藩的幕僚中有人为李元度求情，把'屡战屡败'改为'屡败屡战'，意思便变得大为不同。于是元度因此才被免罪"。这就是屡战屡败和屡败屡战的历史出处。"屡败屡战"多比喻虽然屡次遭受挫折失败，但仍然努力不懈。

对于屡战屡败还是屡败屡战，具体释义如下：

"屡战屡败"会传达给人失败和痛苦的感觉，而"屡败屡战"则带给人以希望。

"屡败屡战"表示有恒心，即使失败也不灰心、不气馁，不达目标决不罢休的精神；表现的是一个人的执着与不屈的品质。

"屡败屡战"突出的是一个"战"字，说明战者勇猛，次次战败，但是次次重来不肯认输。

"屡战屡败"突出的是一个"败"字，说明战者无能，次次战败，让人产生对其能力的极大不信任。

在证券交易中，在任何一个交易员的成长道路上，没有比屡战屡败和屡败屡战更让人刻骨铭心的事情了。任何一个交易赢家无不是在屡战屡败和屡败屡战的反复轮回中修成了正果，其中的艰辛与损失只有过来人才真正知晓。

在笔者看来，屡战屡败阶段是最考验人的时候了，任何人在成为交易赢家之前都会不止一次地经历屡战屡败的过程，而其中绝大多数人经受不住屡战屡败的严酷考验，半途而废了；屡战屡败的最终后果是资金的消失；没有资金了，别说交易，连生存都成了问题，哪有不退的道理？

最悲催的莫过于那些交易水平已经晋升到相当的高度，各种技术无所不通，但就是难以战胜市场成为赢家；没错，说的就是那些处于盈亏平衡的人，他们时而赚钱时而亏钱，此时，他们屡败屡战，但最终还是不赢不亏。命运又再一次让他们站在了进与退的十字路口；于是，好多人倒在了这个十字路口，退出了游戏。那么，这些人的问题到底出在哪里呢？应该怎样做才能走出困境呢？

这是临门一脚的学问，问题的关键已经不完全是交易技术的问题了；为了能够帮助他们走出困境，笔者结合自身经验潜心编制出相应心灵智慧开发课程，意在帮助他们走完这最后一公里。

如果该课程正好契合自己的需要，请来到心灵成长会所（SGC），那里有专门为你准备的相应课程，该课程系笔者首创，具有课时短、见效快的特点；学员可以随时报名，集中授课。

案例五

★ 图形识别

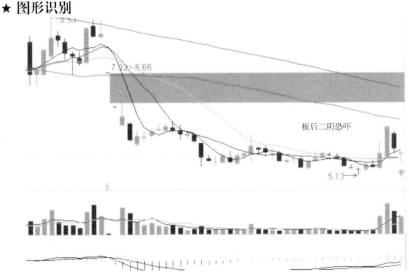

★ 形态描述与市场情绪解读

华鹏飞（300350）2018 年 9 月 7 日市场给出涨停，2018 年 9 月 10 日市场给出一条低开、缩量、跌幅为 7.63 的长阴线，2018 年 9 月 11 日市场给出一条低开、缩量、跌幅为 1.58% 的伪阳线，涨停板之后连续两天给出低开、缩量的 K 线，满足板后二阴恐吓的技术形态要求。涨停板之后莫名其妙的连续低开跳空、缩量下跌，主力意欲何为？是什么重大的利空导致主力不计成本地抛售呢？看 F10，也没有见到有什么所谓的利空消息。如果不是主力为了出货的大力抛售，单凭不能形成合力的散户群体怎么可以做到长阴下杀呢？主力为什么要采取如此恐怖的手段对股价进行打压呢？是不是假摔洗盘也未可知啊！正确的怀疑不是否定一切而是存疑求证。静待市场给出正确的答案，可以怀疑但不可以否定也不必有必然的肯定！

单一的技术形态研判难以满足胜率要求，为了提高交易胜率，必须辅以市场结构、涨停位置及技术指标辅助研判才更有效。

▲ 市场结构及涨停位置研判

不是所有的涨停都具备关注价值，要提高涨停操盘的成功率，需要精通市场结构并能够对涨停板位置给出相应的研判。

采用缩略图查看：得知该股经过长期连续反复的下跌于 2018 年 9 月 3 日触底并于当日收出带有长下影十字星线，之后经过 5 个交易日的拉升于 2018 年 9 月 7 日结束，区间振幅为 20.08%，区间涨幅只有 6.06%，区间涨幅不足 50% 就具有再关注价值，阶段涨幅超过 50% 无条件做放弃处理。如果非要给出合理的放弃理由，那么，放弃的理由只有一个，那就是区间涨幅超过了 50%。就市场结构而言，属于触底后反弹途中的调整，显然 9 月 7 日的涨停不是高位涨停。

以上从市场结构与涨停位置综合来看，具备狙击价值。

▲ 技术指标辅助研判

2018 年 9 月 11 日，5 日均线、10 日均线、20 日均线已经呈现多头排列状态，MACD 指标呈现金叉红柱的看多状态。这些都是支持股价上涨的有利信号。

通过以上对该股票的技术形态、市场结构、涨停位置及技术指标的辅助分析、解读，认定 2018 年 9 月 10 日、11 日给出的这两条跳空、缩量阴线满足恐吓阴的技术条件要求。

是否是主力故意制造的恐吓假摔需要隔日的确认。

既然满足恐吓阴的技术条件要求，理应纳入自选股进行重点关注：市场能否给出入场指令？何时给出入场指令？给出哪一种入场指令？我们不需要知道，静心等待就好。市场在没有给出板后二阴恐吓交易系统中规定的入场指令之前绝不轻举妄动。这是一个合格的系统交易员必须具备的职业素养。

★ 入场规则

2018 年 9 月 12 日，该股早盘微幅高开后，不做下探快速上攻，黄色的分时均价线位于白色的股价线之下，这是分时图中均线多头排列形态，是支持股价上涨的一种形态。明确黄白线的位置关系是利用分时图入场的重要参考指标。见高开且黄色的分时均价线呈现多头排列状态就是首仓 50% 入场之时，这是一个需要勇气的时刻，任何的犹豫和徘徊都有可能错过最佳的入场时机。

★ 资金管理规则

资金计划：绝不满仓操作，只拿出总资金量的 20% ~40% 作为狙击子弹使用。

★ 仓位管理规则

依据分时图运行实况采用五三二入场原则：见股价放量突破昨日收盘价的当下，就果断首仓入场 50% 。当首仓出现盈利 2% ~3% 之后，再买入 30% 的仓位，如果 30% 的仓位再次盈利 2% ~3% ，最后再将 20% 剩余资金入场。从 2018 年 9 月 12 日分时图运行状况来看，满足首仓 50% 入场条件之后，股价沿着上升的分时均价线快速运行，于 9：36 封住涨停，从封板时间、拉升力度及无量封板等特征来看，这是一只强势涨停板，应该预期隔日有新高。

从首仓入场到涨停板，超过 8% 的涨幅空间完全满足第二次加仓 30% 的涨幅空间要求，同时也满足了第三次加仓 20% 的涨幅空间要求。依据盘面的实际运行该怎样就怎样：该出手时就出手。这是一只长波拉升短时调整高速运行的个股，采用两波式直封涨停，对于此类高速运行的个股，实施加仓时的动作一定要快，稍一迟疑就会错过最佳的加仓时机。

能够完成加仓也好，因为时间仓促不能完成加仓也罢，都需要保持平静的心态，每一次交易都是对人性弱点的考验，每一次交易都是对人性弱点的克服，每一次交易都是一次难得的修行经历，每一次交易都是一次心灵成长契机。需要认真地对待每一次交易，做好交易后的反思与总结。

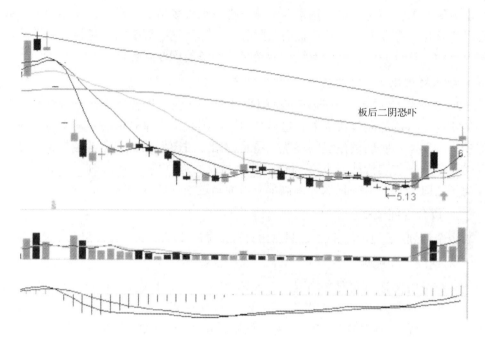

2018 年 5 月 3 日华鹏飞（300350）分时图运行实况（见下图）。

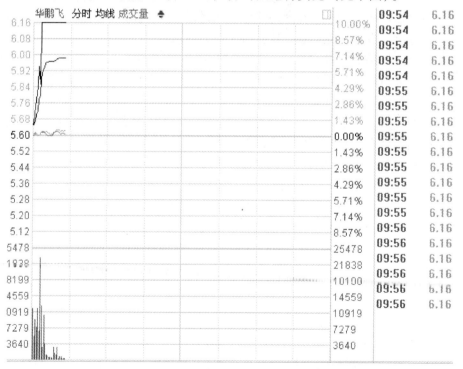

2018 年 9 月 12 日华鹏飞（300350）分时图狙击策略：

早盘微幅高开，高速上攻，而且黄色的分时均价线位于白色的股价线之下。这是高开入场指令最完美的技术形态。即时入场且当日给出涨停板的概率是极大的。如果说只是高开，不见均价线是否为多头排列，还有所顾虑，当你看到分时均价线与股价线呈现多头排列时，所有的顾虑都应该打消了，没有不入场的任何理由了。

果断 50% 首仓入场以后，白色的股价线沿着上行的分时均价线做着长波拉升短时调整高速运行，中途有过一次短时快速调整，调整是在分时均价线之上完成的。这是我们实施加仓的信心所在。无论是首仓入场指令还是后续的两次加仓指令，只要符合规则要求就要百分之百去执行。如同战场上军队首长向自己的士兵发出冲锋的命令一样。作为士兵，服从命令，坚决完成任务是他们的天职。

涨停之前的最后一波的拉升角度接近 90 度比第一波拉升的角度更为陡峭，拉升长度更长，速度更快，这是股价当日要涨停的预兆。股价于 9：36 封住涨停，从封住涨停时间、拉升角度、拉升长度及涨停无量等信息综合研判，该涨停属于强势涨停，预期隔日还会有新高。

从早盘的微幅高开到涨停板，超过 8% 的涨幅空间完全满足了加仓所需要的涨幅空间，所以依据交易系统中规定的加仓规则做好第二次（30%）和第三次（20%）的加仓工作是理所当然的事情。

★ 出场规则

对于入场当日能够涨停的股票，在以后的任何一个交易日，只要不再涨停就必须出局；2018 年 9 月 13 日股票没有涨停，所以该日就是出场日。

分时图出场要点：股票昨日涨停，隔日高开属于正常的开盘，所以，当你在集合竞价阶段见到股价高开时，应继续持股不动；开盘后股价高开高走，回调也不破早盘低点，说明股价运行在分时上升趋势里，当然没有卖出的理由；9：44 最高上冲幅度达到 6.17%，距离涨停近在咫尺，该涨停而不涨停就要怀疑是不是开盘冲，所以，你可以在股价向下拐头之际先出场 50% 的仓位；剩余 50% 的仓位可在股价下破分时均价线之际或放至尾盘见涨停无望时再出场。

规则就是规则，一旦制定就不可以违背。不被执行的规则形同虚设，与情绪化交易无异。

★ 持股规则

对于入场当日能够涨停的股票，在以后的每一个交易日，只要能够涨停就必须无条件持股；2018 年 9 月 13 日股票没有涨停，所以该股的持股周期只能到 2018 年 9 月 13 日。

持股规则的确定不需要主观地认定，而是需要依据市场的实际状况来制定。这样制定出来的规则才更贴近于市场的本来面目。

! 每日小结

任何思维的干预都是侵犯

与市场友好相处，让市场自由运行，没有任何的思维干预。但凡有任何的思维干预都是对市场的粗暴干涉。都是错误的，都是不应该的，都是徒劳的。市场不会因为你的思维干预就会形成与自己思维一致的运行状况，不管你如何实施自己的思维干预，市场的运行状况总是表现其本来面目，不会与你的任何思维想象相迎合。

普通交易者都会有哪些思维干预呢？

持币时：希望市场给出入场指令——希望。

入场时：担心不涨反跌——恐惧。

持股时：希望市场如期上涨——希望。

止盈时：担心卖后再涨——恐惧。

止盈后：市场再涨，后悔；市场再跌，高兴——后悔与高兴。

止损时：担心卖后再涨——恐惧

止损后：市场不跌反涨，后悔；市场续跌，高兴——后悔与高兴

明知不可为而不为、明知可为而为之，皆为智也；明知不可为而为之，明知可为而不为，皆为愚也。

案例六

★ 图形识别

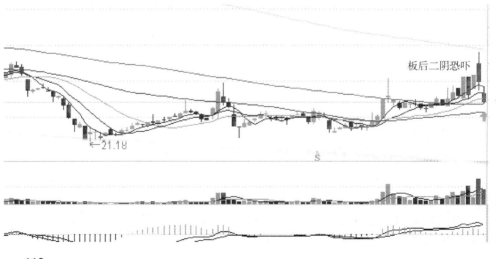

★ 形态描述与市场情绪解读

世嘉科技（002796）2018 年 5 月 31 日市场给出涨停，2018 年 6 月 1 日市场给出一条高开、放量、跌幅为 3.27% 的高振幅（跌幅不大，振幅超过 10%）阴线，2018 年 6 月 4 日市场给出一条低开、缩量、跌幅为 9.47% 的长阴（注意长阴线与长幅阴线的本质区别）线，涨停板之后的第 2 天给出高振幅阴线，第 3 天又给出低开、缩量的实体长阴线，满足板后二阴恐吓的技术形态要求。

涨停板之后莫名其妙地连续给出高振幅阴线，低开跳空、缩量的实体长阴线，主力意欲何为？是什么重大的利空导致主力不计成本地抛售呢？看 F10，也没有见到有什么所谓的利空消息。如果不是主力为了出货的大力抛售，单凭不能形成合力的散户群体怎么可以做到长阴下杀呢？主力为什么要采取如此恐怖的手段对股价进行打压呢？是不是假摔洗盘也未可知啊！正确的怀疑不是否定一切而是存疑求证。静待市场给出正确的答案，可以怀疑但不可以否定也不必有必然的肯定！

单一的技术形态研判难以满足胜率要求，为了提高交易胜率，必须辅以市场结构、涨停位置及技术指标辅助研判才更有效。

▲ 市场结构及涨停位置研判

不是所有的涨停都具备关注价值，要提高涨停操盘的成功率，需要精通市场结构并能够对涨停板位置给出相应的研判。

采用缩略图查看：得知该股经过长期连续反复的下跌于 2018 年 2 月 7 日触底并于当日收出带有上下影线的纺锤形 K 线，之后进入筑底区间，经过 47 个交易日的震荡筑底于 2018 年 4 月 23 日结束，之后进入拉升区间，至 2018 年 6 月 4 日结束，区间振幅为 49.04%，区间涨幅只有 16.24%，区间振幅、涨幅均不足 50% 就具有再关注价值，阶段振幅、涨幅超过 50% 无条件做放弃处理。如果非要给出合理的放弃理由，那么，放弃的理由只有一个，那就是区间振幅、涨幅超过了 50%。就该股市场结构而言，属于触底后反弹途中的调整，2018 年 6 月 4 日的涨停绝不是连续拉升的高位涨停。

以上从市场结构与涨停位置综合来看，具备狙击价值。

▲ 技术指标辅助研判

2018 年 6 月 4 日，5 日均线、10 日均线、20 日均线、60 日均线已经呈现多头排列状态，MACD 指标呈现金叉红柱的看多状态。这些都是支持股价上涨的有利信号。

通过以上对该股票的技术形态、市场结构、涨停位置及技术指标的综合辅助分析、解读，认定 2018 年 6 月 4 日给出的这一条跳空、缩量的实体长阴线满足恐吓阴的技术条件要求。

是否是主力故意制造的恐吓假摔需要隔日的确认。

既然满足恐吓阴的技术条件要求，理应纳入自选股进行重点关注：市场能否给出入场指令？何时给出入场指令？给出哪一种入场指令？我们不需要知道，静心等待就好。市场在没有给出板后二阴恐吓交易系统中规定的入场指令之前绝不轻举妄动。这是一个合格的系统交易员必须具备的职业素养。

★ 入场规则

2018 年 6 月 5 日该股早盘微幅高开后，短时上行快速下打，能否入场还需要等待白色的股价线放量突破黄色的分时均价线才行，这是分时图中均线多头排列形态，是支持股价上涨的一种形态。明确黄白线的位置关系是利用分时图入场的重要参考指标。见高开且股价放量突破黄色的分时均价线之时就是首仓 50% 入场之时，这是一个需要勇气的时刻，任何的犹豫和徘徊都有可能错过最佳的入场时机。

★ 资金管理规则

资金计划：绝不满仓操作，只拿出总资金量的 20% ~ 40% 作为狙击子弹使用。

★ 仓位管理规则

依据分时图运行实况采用五三二入场原则：见股价放量突破昨日收盘价的当下，就果断首仓入场 50%。当首仓出现盈利 2% ~ 3% 之后，再买入 30% 的仓位，如果 30% 的仓位再次盈利 2% ~ 3%，最后再将 20% 剩余资金入场。从 2018 年 6 月 5 日分时图运行状况来看，满足首仓 50% 入场条件之后，股价沿着上升的分时均价线做震荡盘升运行，于 9：42 封住涨停，从封板时间、拉升力度及无量封板等特征来看，这是一只强势涨停板，应该预期隔日有新高。

从首仓入场到涨停板，超过 8% 的涨幅空间完全满足第二次加仓 30% 的涨幅空间要求，同时也满足了第三次加仓 20% 的涨幅空间要求。依据盘面的实际运行该怎样就怎样：该出手时就出手。这是一只长波拉升短时调整高速运行的个股，采用三波式直封涨停，对于此类三波式运行的个股，给予相对充裕的加仓时间，即时完成加仓工作应该是很容易的一件事情。

能够完成加仓也好，因为内心恐惧不能完成加仓也罢，都需要保持平静的心态，每一次交易都是对人性弱点的考验，每一次交易都是对人性弱点的克服，每一次交易都是一次难得的修行经历，每一次交易都是一次心灵成长契机。需要认真地对待每一次交易，做好交易后的反思与总结。

2018 年 6 月 5 日世嘉科技（002796）分时图运行实况（见下图）。

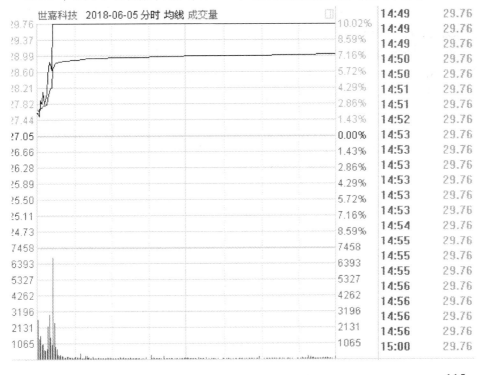

2018 年 6 月 5 日世嘉科技（002796）分时图狙击策略：

早盘微幅高开，短时窄幅快速下打，此时，黄色的分时均价线位于白色的股价线之上，这是股价线与均价线的空头排列状态，是一种技术缺陷，对于谨慎的交易者来说，可以不必急于入场。9：31 左右股价放量上攻突破分时均价线，且一举突破早盘开盘高点，此时，分时股价已经来到了真空无压区。

如果说只是高开，不见均价线是否为多头排列，还有所顾虑，但是，在你看到股价放量上攻突破分时均价线时，所有的顾虑是不是应该打消了？如果因为股价还没有创出分时新高，让你产生入场迟疑，那么，在股价创出分时新高的情况下，你还在犹豫什么呢？再也没有不入场的任何理由了。

果断 50% 首仓入场以后，白色的股价线沿着上行的分时均价线做着长波拉升短时调整高速运行，中途有过两次明显的短时快速调整，调整都是在上行的分时均价线之上完成的。这是我们实施加仓的信心所在。无论是首仓入场指令还是后续的两次加仓指令，只要符合规则要求就要百分之百去执行。如同战场上军队首长向自己的士兵发出冲锋的命令一样。作为士兵，服从命令，坚决完成任务是他们的天职。

涨停之前的最后一波的拉升角度接近 90 度，比之前的任何一波拉升的角度更为陡峭，拉升长度更长，速度更快，这是股价当日要涨停的预兆。股价于 9：42 封住涨停，从封住涨停时间、拉升角度、拉升速度及涨停无量等信息综合研判，该涨停属于强势涨停，预期隔日还会有新高。

从早盘的微幅高开到涨停板，超过 8% 的涨幅空间完全满足了加仓所需要的涨幅空间，所以依据交易系统中规定的加仓规则做好第二次（30%）和第三次（20%）的加仓工作是理所当然的事情。

★ **出场规则**

对于入场当日能够涨停的股票，在以后的任何一个交易日，只要不再涨停就必须出局；2018 年 6 月 6 日股票没有涨停，所以该日就是出场日。

分时图出场要点：股票昨日涨停，隔日高开属于正常的开盘，所以，当你在集合竞价阶段见到股价高开时，应继续持股不动；开盘后股价短时窄幅高走，随即下打下破早盘低点，不破昨日收盘价就暂时持股不动；9：31 触底反弹并创出早盘新高，没有卖出的理由，继续持股不动；9：35 见高点回落不创新低，说明股价运行在高开后的震荡整理中，直至中午收盘也未见攻击，说明当日股价的运行强度偏软偏弱，应及早择机出局。涨停板操盘的核心就是"强势"，所谓强势可以理解为强势整理和强势攻击两个层面；当股价的强势攻击运行出现偏软偏弱的时候就是择机出场的时候了。

规则就是规则，一旦制定就不可以违背。不被执行的规则形同虚设，与情绪化交易无异。

★ 持股规则

对于入场当日能够涨停的股票，在以后的每一个交易日，只要能够涨停就必须无条件持股；2018 年 6 月 6 日股票没有涨停，所以该股的持股周期只能到 2018 年 6 月 6 日。

持股规则的确定不需要主观地认定，而是需要依据市场的实际状况来制定。这样制定出来的规则才更贴近于市场的本来面目。

! 每日一慧

思维旁观者

不要陷在自己的思维想象里而不自知！做一个忠实的自己思维的旁观者：看一看自己的思维在想什么？是在想过去还是在想未来？是在想过去的什么？是在想过去的成功还是失败，是高兴还是痛苦；是在想未来什么？是在想未来的成功还是失败，是高兴还是痛苦，是乐观还是悲观。如此，任何思维的想象，你都能清清楚楚、明明白白地觉知。思维就很难控制你，你将不会被思维所控制，如此，思维就是你的工具，而不是你的奴隶。

选股时：不被自己的思维欺骗，不做主观的排除，一切由市场说了算！

入场时：当下市场的真实表现是什么？高开还是低开翻红？不被上一笔失败或成功的交易影响到自己此时此刻的交易。只需依据当下市场的表现而即时采取行动；不必担心未来会怎样？结果会怎样，此时此刻你是永远也无法 100% 正确地预知市场未来的运行的，也不必劳力费神地知道市场未来到底会怎样？任何想知道的想法都是徒劳的、愚蠢的，因为你永远也无法知道未来到底会怎样。

出场时：出场的依据是唯一的！只要给出出场指令，出场是无条件的。出场的依据就是此时此刻市场给出的指令。不被过去的交易干扰和影响，不必关注市场未来会怎样。对也好，错也罢，只有未来的那个此时此刻才能知道，此时此刻是无法知道市场未来会怎样的。为什么要劳力费神地非要知道市场未来一定要怎样呢？

只做此时此刻，过去与我无关，未来与我无关！

案例七

★ **图形识别**

★ 形态描述与市场情绪解读

达威股份（300535）2018 年 6 月 11 日市场给出涨停，2018 年 6 月 12 日市场给出一条高开、放量、涨幅为 3.25 的长上影伪阴线，2018 年 6 月 13 日市场给出一条低开、缩量、跌幅为 7.65% 的长阴线，涨停板之后的第一天给出一条高振幅的伪阴线，第二天给出低开、缩量的长阴线，满足板后二阴恐吓的技术形态要求。涨停板之后莫名其妙地给出高振幅伪阴线，低开跳空、缩量的长阴线，主力意欲何为？是什么重大的利空导致主力不计成本地抛售呢？看 F10，也没有见到有什么所谓的利空消息。如果不是主力为了出货的大力抛售，单凭不能形成合力的散户群体怎么可以做到长阴下杀呢？主力为什么要采取如此恐怖的手段对股价进行打压呢？是不是假摔洗盘也未可知啊！正确的怀疑不是否定一切而是存疑求证。静待市场给出正确的答案，可以怀疑但不可以否定也不必有必然的肯定！

单一的技术形态研判难以满足胜率要求，为了提高交易胜率，必须辅以市场结构、涨停位置及技术指标辅助研判才更有效。

▲ 市场结构及涨停位置研判

不是所有的涨停都具备关注价值，要提高涨停操盘的成功率，需要精通市场结构并能够对涨停板位置给出相应的研判。

采用缩略图查看：得知该股经过长期连续反复的下跌于 2018 年 2 月 6 日触

底并于当日收出一条实体长阴线，之后股价进入震荡筑底区间，这是一种筑底与拉升洗盘相结合的复合运行模式，经过 41 个交易日的运行于 2018 年 4 月 12 日结束第一波筑底拉升，区间振幅为 35.97%，区间涨幅为 21.8%，区间振幅、涨幅均不足 50% 就具有再关注价值，阶段振幅、涨幅超过 50% 无条件做放弃处理。如果非要给出合理的放弃理由，那么，放弃的理由只有一个，那就是区间振幅、涨幅超过了 50%。

自 2018 年 4 月 12 日起股价运行轨迹发生新的变化，进入新一轮的平台式调整区间，2018 年 6 月 11 日的涨停板属于调整区间内的涨停，不是连续拉升的高位涨停板。

以上从市场结构与涨停位置综合来看，具备狙击价值。

▲ 技术指标辅助研判

2018 年 6 月 13 日，5 日均线、10 日均线、20 日均线已经呈现多头排列初期阶段，MACD 指标在零轴上方呈现金叉红柱的看多状态。这些都是支持股价上涨的有利信号。

通过以上对该股票的技术形态、市场结构、涨停位置及技术指标的综合辅助分析、解读，认定市场在 2018 年 6 月 13 日给出的这一条跳空、缩量的实体长阴线满足恐吓阴的技术条件要求。

是否是主力故意制造的恐吓假摔需要隔日的确认。

既然满足恐吓阴的技术条件要求，理应纳入自选股进行重点关注：市场能否给出入场指令？何时给出入场指令？给出哪一种入场指令？我们不需要知道，静心等待就好。市场在没有给出板后二阴恐吓交易系统中规定的入场指令之前绝不轻举妄动。这是一个合格的系统交易员必须具备的职业素养。

★ 入场规则

2018 年 6 月 14 日，该股早盘微幅高开后，不做任何停顿快速上攻，黄色的分时均价线位于白色的股价线之下，这是分时图中均线多头排列形态，是支持股价上涨的一种形态。明确黄白线的位置关系是利用分时图入场的重要参考指标。

见高开且黄色的分时均价线与白色的股价线呈现多头排列状态就是首仓 50% 入场之时，这是一个需要勇气的时刻，任何的犹豫和徘徊都有可能错过最佳的入场时机。

★ 资金管理规则

资金计划：绝不满仓操作，只拿出总资金量的 20% ~ 40% 作为狙击子弹使用。

★ 仓位管理规则

依据分时图运行实况采用五三二入场原则：见股价放量突破昨日收盘价的当

下，就果断首仓入场50%。当首仓出现盈利2%～3%之后，再买入30%的仓位，如果30%的仓位再次盈利2%～3%，最后再将20%剩余资金入场。从2018年6月14日分时图运行状况来看，满足首仓50%入场条件之后，股价沿着上升的分时均价线快速运行，于9：33封住涨停，从封板时间、拉升力度及无量封板等特征来看，这是一只强势涨停板，应该预期隔日有新高。

从首仓入场到涨停板，超过8%的涨幅空间完全满足第二次加仓30%的涨幅空间要求，同时也满足了第三次加仓20%的涨幅空间要求。依据盘面的实际运行该怎样就怎样：该出手时就出手。这是一只长波拉升超短时（采用横盘模式，调整时间用秒计）调整高速运行的个股，采用两波式直封涨停，不细心的交易者甚至不易觉察到超短时的横盘调整，这是一种强势的分时调整模式，对于此类高速运行的个股，实施加仓时的动作一定要快，稍一迟疑就会错过最佳的加仓时机。

能够完成加仓也好，因为时间仓促不能完成加仓也罢，都需要保持平静的心态，每一次交易都是对人性弱点的考验，每一次交易都是对人性弱点的克服，每一次交易都是一次难得的修行经历，每一次交易都是一次心灵成长契机。需要认真地对待每一次交易，做好交易后的反思与总结。

2018年6月14日达威股份（300535）分时图运行实况（见下图）。

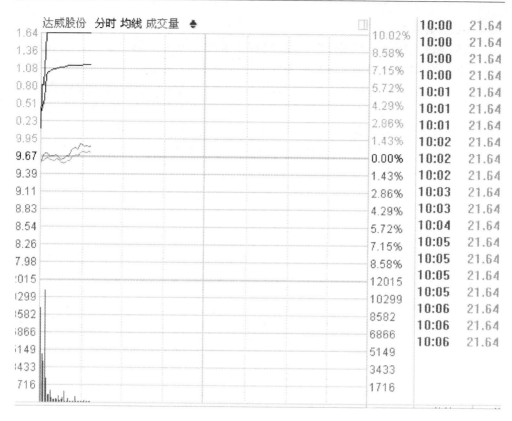

	10:00	21.64
	10:00	21.64
	10:00	21.64
	10:00	21.64
	10:01	21.64
	10:01	21.64
	10:01	21.64
	10:02	21.64
	10:02	21.64
	10:02	21.64
	10:03	21.64
	10:03	21.64
	10:04	21.64
	10:05	21.64
	10:05	21.64
	10:05	21.64
	10:05	21.64
	10:06	21.64
	10:06	21.64
	10:06	21.64

2018 年 6 月 14 日达威股份（300535）分时图狙击策略：

早盘微幅高开，高速上攻，而且黄色的分时均价线位于白色的股价线之下。这是高开入场指令最完美的技术形态。因为高开后，股价的运行速度极快，所以还无法判断黄色的分时均价线的位置所在，此时，如果产生入场疑虑是可以理解和支持的。但是，当你看到分时均价线与股价线呈现多头排列时，所有的顾虑都应该打消了，不应该再有不入场的任何理由了。

果断 50% 首仓入场以后，白色的股价线沿着上行的分时均价线做着长波拉升超短时调整高速运行，中途有过一次超短时的快速用秒计的横盘调整，而且调整是在分时均价线之上完成的，这是我们入场乃至加仓的信心所在。无论是首仓入场指令还是后续的两次加仓指令，只要符合规则要求就要百分之百去执行。如同战场上军队首长向自己的士兵发出冲锋的命令一样。作为士兵，服从命令，坚决完成任务是他们的天职。

如果不够细心忽略了中途用秒计的超短时横盘调整，那么，2018 年 6 月 14 日的这一条涨停也可以视为一波式涨停。股价于 9：33 封住涨停，从封住涨停时间、拉升角度、拉升长度及涨停无量等信息综合研判，该涨停属于强势涨停，预期隔日还会有新高。

从早盘的微幅高开到涨停板，超过8%的涨幅空间完全满足了加仓所需要的涨幅空间，但是如果因为无法判断黄色的分时均价线与白色的股价线的位置而延迟入场，那么，后续的加仓工作恐难以完成；对于大胆的、动作快的交易者或许还有一线生机。这真是机不可失，失不再来，与时间赛跑的一次交易之旅。所以，交易也不是都是无趣的、重复的、单调的，也有刺激的时刻。

如果不是因为内心对于金钱的过于贪恋，交易其实就是一个简单的游戏。对于这一点笔者已经在《强势股操盘赢利系统培训教程》中用了一个单独的章节——"一个简单的游戏……"予以阐述了，谁能做到像文中阐述的那样，谁就是真正的交易赢家。其实真正的交易赢家对待交易的态度就是如同游戏一般，简单、轻松、自如。在自己还没有晋升为真正的交易赢家之前，说交易就是游戏仿佛天方夜谭；当你真正实现的那一天，你会认识到"交易就是游戏"此言并不虚，当心灵智慧成长到足够之后的必然结果就是视交易如游戏。

★ 出场规则

对于入场当日能够涨停的股票，在以后的任何一个交易日，只要不再涨停就必须出局；2018年6月15日股票没有涨停，所以该日就是出场日。

分时图出场要点：股票昨日涨停，隔日高开属于正常的开盘，所以，当你在集合竞价阶段见到股价高开时，应继续持股不动；开盘后股价快速攻击直奔涨停，倒V型反转就要怀疑是开盘冲，既然有开盘冲的疑虑，就可以在股价向下拐头之际先出场50%仓位；半仓出场后股价两波式下跌并没有下破昨日收盘价，可以不予理会，但是，股价至中午收盘时仍未见攻击就已经说明股价在当日的运行强度属于偏软偏弱类型了，一旦股价偏软偏弱的判定给予确立，剩下的工作就是择机出场了。涨停板操盘的核心就是"强势"研判，所谓强势可以理解为强势整理和强势攻击两个层面；当股价的强势攻击运行出现偏软偏弱的时候就是择机出场的时候了。

规则就是规则，一旦制定就不可以违背。不被执行的规则形同虚设，与情绪化交易无异。

★ 持股规则

对于入场当日能够涨停的股票，在以后的每一个交易日，只要能够涨停就必须无条件持股；2018年6月15日股票没有涨停，所以该股的持股周期只能到2018年6月15日。

持股规则的确定不需要主观地认定，而是需要依据市场的实际状况来制定。这样制定出来的规则才更贴近于市场的本来面目。

每日一智

真传一句话，假传万卷书

为什么市场里那么多人都赚不到钱呢？这个问题的答案有各种说法，而且都不无道理，这里就不再一一罗列了。

我给出的答案是：因为这个市场里聪明人太多了！有多少聪明人就会有多少人亏钱。

如果把市场看作是一个人，在与市场这个人互动的过程中，那些聪明人的做法恰恰是市场眼中愚蠢的那些人，是被市场嘲笑和愚弄的那些人。但是，这些人却不以为然，总是认为自己很聪明，也愿意与市场要各种小聪明；于是，也被市场惩罚得亏损累累。

总有人把"大道至简"挂在嘴边，却很少有人知道"大道"到底是什么？也没有人愿意去探究真正的"大道"到底是什么？甚至告诉他真正的大道是什么他们也不会相信。

人们都喜欢学习或揣摩难的东西，越难越容易给予吸引；为什么呢？因为难的东西不容易看懂，比较耐学习和琢磨，可能需要学个十年八年也不容易学会；只有耐学习和耐琢磨的东西才是真东西。诸如有些财经微博的博主就会投其所好，整天发一些云山雾罩的东西，可是评论里非常热闹，大家都在你一言我一句地纷纷研究、揣摩，博主虽然没有把真东西拿出来与粉丝一起分享，但却活跃了微博，迷糊了粉丝；当博主一改往日风格只讲真理的时候，粉丝却不以为然，如同嚼蜡食而无味。于是，微博又会冷清很多……你说，这是不是很可悲的事情呢？

我不知道心理学上如何解析这种现象，好在我们不是为学习心理学而来。但是，这种现象是现实存在的。再比如关于秘方，什么是秘方呢？别人不会或没有的方法，而我会或我有，又不被人知道方法的方法，都可以称为秘方！只要秘方拥有者不说，他的神秘性就永远存在；任何秘方都不是复杂的方法，之所以要保密就是因为简单，简单到只要一公布人人都能学会和知晓；因为怕人人都学会和知晓，所以就要保密，这就是秘方不传的由来。

秘方虽然简单，但是，在探索获取秘方的过程中是不是也很简单呢？事实正好相反，任何秘方的获取无不倾注着探索者的多年心血。所以，秘方是有价值的，同时，秘方也是容易的、简单的。

所谓"真传一句话，假传万卷书"就是这个道理；任何学问或技术课程都可以分出简单与复杂之别：一门学问或一项技术可以简单到只用一张纸就可以讲明白，甚至是一句话就可以讲穿；也可以用一万本书把你讲糊涂。当然这里的"一"和"万"并非指实数，而是暗指少和多。

不能一句话讲穿，却要用一万本书把你讲糊涂，其中的原因只有两个：一个是讲者根本就不会，照本宣科，越讲越多，听者当然越听越迷糊；二是讲者真懂，只是为了迎合听者的需要，不想尽快告诉听者。至于为什么不想尽快告诉听者，其内在原因到底是什么？原因是由听者们自己造成的：一门学问或一项技术听十节课是赚了，只听一节课就懂了，是太简单了，太容易了，是太不值得了；一门学问或一项技术学习了上百本书还没搞明白，说明技术很难，更值得去专研，相同的学问或技术你只用一句话就将其讲明白，说明这个技术太简单，不值得一学；这难道不是你们想要的结果吗？给你赚的感觉岂不更好？为了投你所好，所以多多给予。

请永远记住一句话：复杂和艰难不是判定事物的标准，简单有效才是王道。

案例八
★ 图形识别

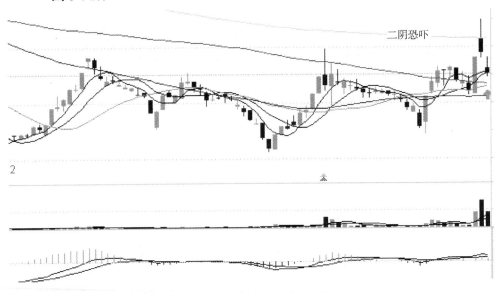

★ 形态描述与市场情绪解读

万里股份（600847）2018年6月12日市场给出涨停，2018年6月13日市场给出一条高开、放量、涨幅为1.17%的长上影伪阴线，2018年6月14日市场给出一条低开、缩量、跌幅为5.44%的实体长阴线，涨停板之后的第一天给出一条高振幅的伪阴线，第二天给出低开、缩量的实体阴线，满足板后二阴恐吓的技术形态要求。涨停板之后莫名其妙地给出高振幅伪阴线及低开跳空、缩量的实体长阴线，主力意欲何为？是什么重大的利空导致主力不计成本地抛售呢？看F10，也没有见到有什么所谓的利空消息。如果不是主力为了出货的大力抛售，单凭不能形成合力的散户群体怎么可以做到长阴下杀呢？主力为什么要采取如此恐怖的手段对股价进行打压呢？是不是假摔洗盘也未可知啊！正确的怀疑不是否定一切而是存疑求证。静待市场给出正确的答案，可以怀疑但不可以否定也不必有必然的肯定！

单一的技术形态研判难以满足胜率要求，为了提高交易胜率，必须辅以市场结构、涨停位置及技术指标辅助研判才更有效。

▲ 市场结构及涨停位置研判

不是所有的涨停都具备关注价值，要提高涨停操盘的成功率，需要精通市场结构并能够对涨停板位置给出相应的研判。

采用缩略图查看：得知该股经过长期连续反复的下跌于 2018 年 2 月 7 日触底并于当日收出一条长下影十字星线，之后股价展开一波拉升，期间运行了 18 个交易日，于 2018 年 3 月 9 日结束，之后股价一直在进行着宽幅（区间振幅超过 30%）的震荡。至 2018 年 6 月 13 日共计运行了 64 个交易日，通过周期配比研判，这里的宽幅调整已经超过了周期配比要求，所以不能定义为 3 浪主拉升。2018 年 6 月 14 日的低开跳空实体长阴线又回到了宽幅震荡区间。所以，2018 年 6 月 12 日的涨停不是连续拉升的高位涨停。从 2018 年 5 月 31 日至 2018 年 6 月 14 日共计 11 个交易日的运行，区间涨幅为 17.18%，区间振幅为 38.06%。区间振幅、涨幅均不足 50% 就具有再关注价值，阶段振幅、涨幅超过 50% 无条件做放弃处理。如果非要给出合理的放弃理由，那么，放弃的理由只有一个，那就是区间振幅、涨幅超过了 50%。

以上从市场结构与涨停位置综合来看，具备狙击价值。

▲ 技术指标辅助研判

2018 年 6 月 14 日，5 日均线、10 日均线、20 日均线的数值分别为 13.12、13.06、12.57，是多头排列状态，MACD 指标在零轴上方呈现金叉红柱的看多状态。这些都是支持股价上涨的有利信号。

通过以上对该股票的技术形态、市场结构、涨停位置及技术指标的综合辅助分析、解读，认定市场在 2018 年 6 月 14 日给出的这一条跳空、缩量的实体长阴线满足恐吓阴的技术条件要求。

是否是主力故意制造的恐吓假摔需要隔日的确认。

既然满足恐吓阴的技术条件要求，理应纳入自选股进行重点关注：市场能否给出入场指令？何时给出入场指令？给出哪一种入场指令？我们不需要知道，静心等待就好。市场在没有给出板后二阴恐吓交易系统中规定的入场指令之前绝不轻举妄动。这是一个合格的系统交易员必须具备的职业素养。

★ 入场规则

2018年6月15日，该股早盘微幅高开后，经过一番震荡整理于9：37突破昨日收盘价和黄色的分时均价线，这是分时图中均线多头排列形态，是支持股价上涨的一种形态。明确黄白线的位置关系是利用分时图入场的重要参考指标。

见股价分别突破昨日收盘价和黄色的分时均价线就是首仓50%入场之时，这是一个需要勇气的时刻，也是一个无须用脑思考的时刻，任何的犹豫和徘徊都有可能错过最佳的入场时机。

★ 资金管理规则

资金计划：绝不满仓操作，只拿出总资金量的20%～40%作为狙击子弹使用。

★ 仓位管理规则

依据分时图运行实况采用五三二入场原则：见股价放量突破昨日收盘价的当下，就果断首仓入场50%。当首仓出现盈利2%～3%之后，再买入30%的仓位，如果30%的仓位再次盈利2%～3%，最后再将20%剩余资金入场。从2018年6月15日分时图运行状况来看，满足首仓50%入场条件之后，股价中途有过一次短暂下破均价线的情况，但是很快被拉回，视为假突破。之后一直运行在上行的分时均价线之上，于13：15封住涨停，仅从封板时间看，涨停强度不够，不必对隔日有过高期待，遇到弱势的涨停板，力求保本不亏是该笔交易的第一要务！

从首仓入场到涨停板，接近10%的涨幅空间完全满足第二次加仓30%的涨幅空间要求，同时也满足了第三次加仓20%的涨幅空间要求。弱势涨停板往往能够给出充裕的加仓机会，但是，凡事有其利必有其弊，强势的涨停不能给出充裕的加仓机会，但是一旦能够狙击成功，回报也是丰厚的；而弱势涨停板虽然能够加仓成功，但也会有被套风险。

能够完成加仓也好，因为时间仓促不能完成加仓也罢；赚钱也好，赔钱也罢，都需要保持平和的心态，每一次交易都是对人性弱点的考验，每一次交易都是对人性弱点的克服，每一次交易都是一次难得的修行经历，每一次交易都是一次心灵成长契机。需要认真地对待每一次交易，做好交易后的反思与总结。

2018 年 6 月 15 日万里股份（600847）分时图运行实况（见下图）。

2018 年 6 月 15 日万里股份（600847）分时图狙击策略：

早盘微幅高开，快速下打且下破昨日收盘价，黄色的分时均价线位于白色的股价线之上。此时，你的第一反应应该是：坚决持币不动！为什么呢？因为不符合入场规则要求。静心等待是当下唯一的工作！9：37 股价上破昨日收盘价和分时均价线，这才是要等待的入场指令呢。如果你还有所顾虑，只能说你已经被自己的思维所控制了。你要么活在过去的阴影里，要么活在对未来的担忧里，你放弃了此时此刻，而放弃此时此刻就意味着你放弃了一切。不应该再有不入场的任何理由了。

果断 50% 首仓入场以后，白色的股价线短时下破黄色的分时均价线又很快被拉回到均价线之上，10：00 左右再一次下破分时均价线，但站稳于昨日收盘价之上，所以不必看坏当日股价的运行。在实战中，股价的每一次下破分时均价线是不是都牵动着你敏感的神经？如果是这样，那么，你距离一个独立的交易者还很远，还有很长的一段路要走。

入场以后遇到这样磨叽的迟迟不见拉升涨停的个股，基本可以预期，即使当日能够涨停，也是弱势涨停板，而对于弱势涨停板，加仓也是需要小心的，为保险起见，你也可以选择不做加仓的动作，这也是明智的做法，不算错。

从早盘的微幅高开到最终的涨停板，接近 10% 的涨幅空间完全满足了加仓所需要的涨幅空间，依据加仓规则要求，该怎样就怎样。其实规则就是命令，只是好多人不习惯而已，他们习惯了被人呵斥式的命令，而不习惯于无声的命令。适应是需要时间的，适应的过程就是自己不断成长的过程。

★ 出场规则

对于入场当日能够涨停的股票，在以后的任何一个交易日，只要不再涨停就必须出局；2018 年 6 月 19 日股票没有涨停，所以该日就是出场日。

分时图出场要点：股票昨日涨停，隔日大幅低开属于不正常的开盘，所以，当你在集合竞价阶段见到股价大幅低开时，你应该有两种本能的反应：一是在集合竞价阶段完成预埋单工作，争取尽快出场，以腾出资金和精力用于其他强势股的狙击；二是等待市场开盘，依据 5 分钟出场法则实施出场。

规则就是规则，一旦制定就不可以违背。不被执行的规则形同虚设，与情绪化交易无异。

★ 持股规则

对于入场当日能够涨停的股票，在以后的每一个交易日，只要能够涨停就必须无条件持股；2018 年 6 月 19 日股票没有涨停，所以该股的持股周期只能到 2018 年 6 月 19 日。

持股规则的确定不需要主观地认定，而是需要依据市场的实际状况来制定。

这样制定出来的规则才更贴近于市场的本来面目。

 每日一智

谁说你只能是交易输家

尼采说："哪怕你一事无成，你也要尊敬自己，因为它具有改变现状的力量。何必妄自菲薄，只要你改变活法，你就能改变现状、成就理想。因此，让人生精彩的第一步就是尊敬自己。"

自A股市场成立以来，入场从事交易的人何止千千万，可是最终存活下来的交易赢家真的不多，看到这样的结局会让人产生无限的恐惧和失望，令人望而却步。

请不要被这个结果所吓倒！入场的绝大多数人之所以半途而废，一事无成是因为他们根本就不知道如何改变现状，成就自己；就如尼采所说，假如他们改变活法，就能改变现状，成就理想。

除了证券交易行业，恐怕其他的行业都有国家成立的各种级别的学校；也许有人要说：证券交易行业也有相关专业呀，比如财经大学里的投资学专业；可是，实际的情况是怎样呢？有几个学生是因为学习了投资学专业而成为交易赢家了呢？那些学习了投资学专业的学生从事交易后都需要从零开始，这真是投资学专业的悲哀啊。

真正的适合于交易员晋升学习的学校竟然没有官方的存在，而交易员这个职业恰恰是专业性要求极高的职业；这其中的深意我不想过分地去解读。我只知道，绝大多数人经过一段时间的学习和训练后都有机会成为交易赢家的可能。

任何图表交易员需要学习和训练的课程从大的方面来说只有两个方向：一是交易技术；二是心灵智慧开发。交易技术与心灵智慧融合后就能成为真正的交易赢家。

借用此篇呼吁那些还没有入场或已经入场但还没有成为赢家的交易者们不必谈虎色变，不要轻言放弃；交易就是一个有利可图的职业，只是它的专业性相对较强，需要一定的学习和训练而已；要不这个世界上就没有赢家可言了。

交易技术的学习、人性格的改变、心灵智慧的开发的都是有章可循、有法可依的；谁说你只能是交易输家？

尼采先生的提醒是对的：一定要善待自己，尊敬自己，因为最后能够成就自己的还是自己。

案例九

★ **图形识别**

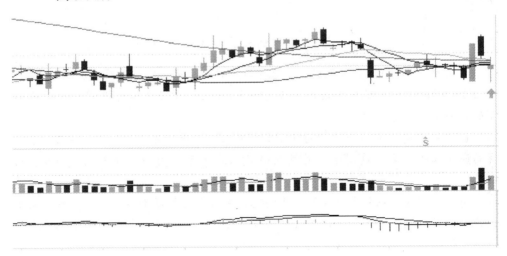

★ **形态描述与市场情绪解读**

通用股份（601500）2018 年 6 月 14 日市场给出涨停，2018 年 6 月 15 日市场给出一条高开、放量、跌幅为 3.26% 的中阴线，与 2018 年 6 月 14 日的涨停板一起组合成教科书上的"乌云盖顶"形态。2018 年 6 月 19 日市场给出一条低开、缩量、跌幅为 2.47% 的长下影伪阳线（伪阳本身具有止跌的意味），涨停板之后的第一天给出一条高开低走的乌云盖顶阴线，第二天给出低开、缩量带有长下影的高振幅伪阳线，满足板后二阴恐吓的技术形态要求。涨停板之后莫名其妙地给出乌云盖顶阴线及低开跳空、缩量的带有长下影的高振幅伪阳线，主力意欲何为？是什么重大的利空导致主力不计成本地抛售呢？看 F10，也没有见到有什么所谓的利空消息。如果不是主力为了出货的大力抛售，单凭不能形成合力的散户群体怎么可以做到长阴下杀呢？主力为什么要采取如此恐怖的手段对股价进行打压呢？是不是假摔洗盘也未可知啊！正确的怀疑不是否定一切，而是存疑求证。静待市场给出正确的答案，可以怀疑但不可以否定也不必有必然的肯定！

单一的技术形态研判难以满足胜率要求，为了提高交易胜率，必须辅以市场结构、涨停位置及技术指标辅助研判才更有效。

▲ **市场结构及涨停位置研判**

不是所有的涨停都具备关注价值，要提高涨停操盘的成功率，需要精通市场结构并能够对涨停板位置给出相应的研判。

采用缩略图查看：得知该股经过长期、反复的下跌于 2018 年 2 月 7 日触底并于当日收出一条带有上下影线的纺锤线，之后展开一波拉升于 2018 年 3 月 14 日结束，运行周期为 18 个交易日，区间涨幅为 24.55%，区间振幅为 31.79%。区间振幅、涨幅不足 50% 就具有再关注价值，阶段振幅、涨幅超过 50% 无条件做放弃处理。如果非要给出合理的放弃理由，那么，放弃的理由只有一个，那就是区间振幅、涨幅超过了 50%。

自 2018 年 3 月 14 日开始，股价进入横盘整理区间，截至 2018 年 6 月 15 日运行了 64 个交易日，股价依然没有脱离整理区间。所以，我们从周期配比上很容易做出判断，2018 年 6 月 14 日的涨停板不是 3 浪攻击的启动点，也不是高位涨停。2018 年 6 月 19 日的低开、缩量伪阳线依然位于整理区间内。

以上从市场结构与涨停位置综合来看，具备狙击价值。

▲ 技术指标辅助研判

2018 年 6 月 19 日，5 日均线和 10 日均线对应的数值分别为 8.77、8.72；说明 5 日均线和 10 日均线呈现多头排列状态，MACD 指标快慢线接近零轴，对应数值均为 -0.02，说明黄白双线处于粘合状态。以上都是支持股价上涨的有利信号。

通过对该股票的技术形态、市场结构、涨停位置及技术指标的综合辅助分析、解读，认定市场在 2018 年 6 月 19 日给出的这一条跳空、缩量的高振幅伪阳线满足恐吓阴的技术条件要求。

是否是主力故意制造的恐吓假摔需要隔日的确认。

既然满足恐吓阴的技术条件要求，理应纳入自选股进行重点关注：市场能否给出入场指令？何时给出入场指令？给出哪一种入场指令？我们不需要知道，静心等待就好。市场在没有给出板后二阴恐吓交易系统中规定的入场指令之前绝不轻举妄动。这是一个合格的系统交易员必须具备的职业素养。

★ 入场规则

2018 年 6 月 20 日该股早盘微幅高开（只比昨日收盘价高出一分钱，此种高开专门用于对付利用集合竞价来抓取涨停的交易者）后，开盘后不做任何停顿快速上攻，黄色的分时均价线位于白色的股价线之下，这是分时图中均线多头排列形态，是支持股价上涨的一种形态。明确黄白线的位置关系是利用分时图入场的重要参考指标。

见高开高走且黄白双线呈现多头排列状态就是首仓 50% 入场之时，这是一个需要勇气、无脑执行的时刻，任何的犹豫和徘徊都有可能错过最佳的入场时机。

★ 资金管理规则

资金计划：绝不满仓操作，只拿出总资金量的 20% ~ 40% 作为狙击子弹使用。

★ 仓位管理规则

依据分时图运行实况采用五三二入场原则：见股价放量突破昨日收盘价的当下，就果断首仓入场50%。当首仓出现盈利2% ~3%之后，再买入30%的仓位，如果30%的仓位再次盈利2% ~3%，最后再将20%剩余资金入场。从2018年6月20日分时图运行状况来看，满足首仓50%入场条件之后，股价沿着上升的分时均价线快速运行，于9：35封住涨停，从封板时间、拉升力度及无量封板等特征来看，这是一只强势涨停板，应该预期隔日有新高。

从首仓入场到涨停板，接近10%的涨幅空间完全满足第二次加仓30%的涨幅空间要求，同时也满足了第三次加仓20%的涨幅空间要求。依据盘面的实际运行该怎样就怎样：该出手时就出手。这是一只长波拉升、短时回调、高速运行的个股，采用两波式直封涨停，对于此类高速运行的个股，实施加仓时的动作一定要快，稍一迟疑就会错过最佳的加仓时机。

能够完成加仓也好，因为时间仓促不能完成加仓也罢，都需要保持平和的心态，每一次交易都是对人性弱点的考验，每一次交易都是对人性弱点的克服，每一次交易都是一次难得的修行经历，每一次交易都是一次心灵成长契机。需要认真地对待每一次交易，做好交易后的反思与总结。

2018年6月20日通用股份（601500）分时图运行实况（见下图）。

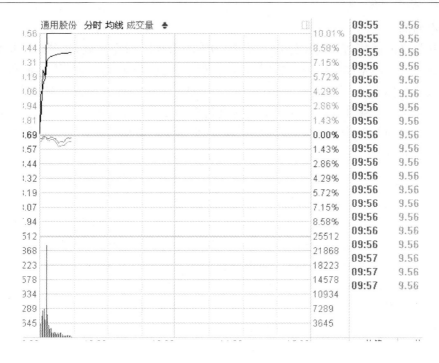

09:55	9.56
09:55	9.56
09:55	9.56
09:56	9.56
09:56	9.56
09:56	9.56
09:56	9.56
09:56	9.56
09:56	9.56
09:56	9.56
09:56	9.56
09:56	9.56
09:56	9.56
09:56	9.56
09:56	9.56
09:57	9.56
09:57	9.56
09:57	9.56

2018 年 6 月 20 日通用股份（601500）分时图狙击策略：

早盘微幅高开后，不做停留直接高速上攻，而且黄色的分时均价线位于白色的股价线之下。这是高开入场指令最完美的技术形态。因为高开后，股价的运行速度极快，所以还无法判断黄色的分时均价线的位置所在，此时，如果产生入场疑虑是可以理解和支持的。但是，当你看到分时均价线与股价线呈现多头排列时，所有的顾虑都应该打消了，不应该再有不入场的任何理由了。

果断 50% 首仓入场以后，白色的股价线沿着上行的分时均价线做着长波拉升、短时调整的高速运行，中途有过一次短时的快速回调，而且调整是在分时均价线之上完成的。这是我们入场乃至加仓的信心所在。无论是首仓入场指令，还是后续的两次加仓指令，只要符合规则要求就要百分之百去执行。如同战场上军队首长向自己的士兵发出冲锋的命令一样。作为士兵，服从命令，坚决完成任务是他们的天职。

这种高速运行的个股是最考验交易者交易执行能力的！因为几乎所有的股市贡献者都会惧怕这样高速运行的个股。他们通常只会眼睁睁地看着股价一路绝尘、目瞪口呆、不能行动自如。这个描绘是不是很适合你自己？稍微迟疑就会错过最佳的入场点而变成追高了，然而，系统交易者宁愿错过，也绝对不允许追高的。

这一条涨停属于两波式涨停，股价于 9：35 封住涨停，从封住涨停时间、拉升角度、拉升长度及涨停无量等信息综合研判，该涨停属于强势涨停，预期隔日还会有新高。

从早盘的微幅高开到涨停板，接近 10% 的涨幅空间完全满足了加仓所需要的涨幅空间，但是如果因为无法判断黄白双线的位置而延迟入场，再加上高速运行的股价给你带来的恐惧感，那么，后续的加仓工作恐难以完成；对于大胆的、动作快的交易者或许还有一线生机。这真是机不可失，失不再来，这是一次战胜恐惧、与时间赛跑的难忘交易之旅。所以，交易也不是都是无趣的、重复的、单调的，也有刺激的争分夺秒的时刻。

★ 出场规则

对于入场当日能够涨停的股票，在以后的任何一个交易日，只要不再涨停就必须出局；2018 年 6 月 21 日股票没有涨停，所以该日就是出场日。

分时图出场要点：股票昨日涨停，隔日高开属于正常的开盘，所以，当你在集合竞价阶段见到股价高开时，应继续持股不动；开盘后股价直接高走，9：35 见顶回落并下破分时均价线，但没有创出早盘低点说明分时上升运行趋势没有被破坏，应继续持股不动；10：20 左右最高上攻幅度达到 8.89%，接近涨停而不能涨停就要怀疑开盘冲，可在股价向下拐头之际先出场 50% 的仓位，剩余 50% 的仓位可以在股价下破分时均价线时或放至尾盘见涨停无望时出场。

规则就是规则，一旦制定就不可以违背。不被执行的规则形同虚设，与情绪化交易无异。

★ 持股规则

对于入场当日能够涨停的股票，在以后的每一个交易日，只要能够涨停就必须无条件持股；2018 年 6 月 21 日股票没有涨停，所以该股的持股周期只能到 2018 年 6 月 21 日。

持股规则的确定不需要主观地认定，而是需要依据市场的实际状况来制定。这样制定出来的规则才更贴近于市场的本来面目。

 每日一笑

1.

在一个大山里，有一个识字不多的老年人，一天，他到县城逛，看到最醒目的是各银行标牌：中国人民银行、中国工商银行、中国建设银行、中国银行、中国农业银行。但他恰恰不识那个"银"字，他把"银"认成了"很"。

回到村子里，许多人聚在他四周，听他讲城里的见闻。在山区人们进趟城很不容易。只要有人进了城，回来之后就有许多人听他讲新闻。

只听见他说："现在邓公领导我们改革开放，农村实行了包产到户，农民生活好了。"他故意停顿了一下，看看大家。

"对，对……"大家异口同声地说。

"各行各业都发展得很好，很行。"他又停顿了。

这时大家你看我一眼，我看你一眼，不知怎么行，最后还是看着他，等待答案。

"你们知道不？城里漂亮的大楼顶上，旁边，到处挂满了巨幅标语，你们晓得是啥子？"

人们摇头。

"那些标语是，中国很行，中国人民很行。"

"对，当然。"一个人接过来说。

"还不只是这些，中国农业很行，中国工商很行，中国建设很行。你们想，中国农业用不着说很行的，这两年工业、商业行不行？当然行！中国造了那么多高楼，建了那么多大水库、电站，修了那么多的铁路、公路，还到外国去包工程，中国建设当然很行。"

"我家今年粮食很行。"张三说。

"我家今年猪很行。"李四说。

确实很行！

村头，大家充满了自豪，洋溢着欢乐祥和的气氛。

2.

妻子出国留学，由于学业繁忙，写信较少，这天她打电话回家，和丈夫嘘寒问暖，最后问道："亲爱的，我那只可爱的小猫怎么样了？"

"死掉了"！

"天哪，这消息太可怕了！这样悲伤的消息你怎么不婉转一点告诉我呢？比如说，小猫爬上大树去捉小鸟，不小心滑了下来，去了天堂，明白了吗？"

"我懂了"。

"亲爱的，老家有消息吗？我妈病好些了吗？"

"她老人家也爬上了大树。"

3.

楚阳向医学院毕业后被分配到某医院。第一天上班，主治医师对他说："116病房的××患者得的是晚期肝癌，他只能活6个月了，你去病房对他说一下病情。"带着初次上班的兴奋，楚阳向跑到病房大声宣布："××患者，你只能活6个月啦！"

患者接受不了打击，当场惊吓而死。

事后，主治医师狠狠地批评了楚阳向，并教导他说："我们作为医生，不能那样大声地叫喊，尤其是不能对患者直接说出实情。114病房的××患者只能活1个月了，你再去通知一下，要记住我的话！"

这回，楚阳向面带微笑地走进病房，扒着××患者的耳朵轻声说道："你猜猜这个月谁会死?"

案例十

★ **图形识别**

←7.05

★ **形态描述与市场情绪解读**

昇兴股份（002752）2018 年 6 月 14 日市场给出涨停，2018 年 6 月 15 日市场给出一条低开、放量、跌幅为 2.84 的长上影阴线，2018 年 6 月 19 日市场给出一条低开、缩量、跌幅为 3.94% 的带上下影线的高振幅阴线，涨停板之后的第一天给出一条低开、带长上影的阴线，第二天给出低开、缩量的带上下影线的阴线，满足板后二阴恐吓的技术形态要求。涨停板之后莫名其妙地低开，股价在盘中上冲下洗，主力意欲何为呢？是什么重大的利空导致主力不计成本地抛售呢？看 F10，也没有见到有什么所谓的利空消息。如果不是主力为了出货的大力抛售，单凭不能形成合力的散户群体怎么可以做到低开，怎么可能做到上冲下洗呢？主力为什么要采取如此恶劣的手段对股价进行打压恐吓呢？是不是假摔洗盘也未可知啊！正确的怀疑不是否定一切而是存疑求证。静待市场给出正确的答案，可以怀疑但不可以否定也不必有必然的肯定！

单一的技术形态研判难以满足胜率要求，为了提高交易胜率，必须辅以市场结构、涨停位置及技术指标辅助研判才更有效。

▲ **市场结构及涨停位置研判**

不是所有的涨停都具备关注价值，要提高涨停操盘的成功率，需要精通市场结构并能够对涨停板位置给出相应的研判。

采用缩略图查看：得知该股经过长期连续反复的下跌于 2018 年 5 月 3 日触底并于当日收出一条长下影小阳线，俗称锤子线，之后展开一波拉升，经过 7 个交易日的运行于 2018 年 5 月 11 日结束第一波筑底拉升，区间振幅为 34.86%，区间涨幅为 12.41%，区间振幅、涨幅不足 50% 就具有再关注价值，阶段振幅、涨幅超过 50% 无条件做放弃处理。如果非要给出合理的放弃理由，那么，放弃的理由只有一个，那就是区间振幅、涨幅超过了 50%。

自 2018 年 5 月 11 日起股价运行轨迹发生新的变化，进入新一轮的 ABC 调整，2018 年 6 月 14 日的涨停板属于调整区间内的涨停，不是连续拉升的高位涨停板。

以上从市场结构与涨停位置综合来看，具备狙击价值。

▲ 技术指标辅助研判

2018 年 6 月 19 日，5 日均线、10 日均线所对应的数值分别为 7.69、7.63，说明 5 日均线、10 日均线呈现多头排列状态，5 日均线、10 日均线、20 日均线、60 日均线缠绕粘合在一起，这是一阳穿四线该有的雏形，MACD 指标呈现金叉红柱的看多状态。这些都是支持股价上涨的有利信号。

通过以上对该股票的技术形态、市场结构、涨停位置及技术指标的综合辅助分析、解读，认定市场在 2018 年 6 月 19 日给出的这一条上冲下洗、跳空缩量的中阴线满足恐吓阴的技术条件要求。

是否是主力故意制造的恐吓假摔需要隔日的确认。

既然满足恐吓阴的技术条件要求，理应纳入自选股进行重点关注：市场能否给出入场指令？何时给出入场指令？给出哪一种入场指令？我们不需要知道，静心等待就好。市场在没有给出板后二阴恐吓交易系统中规定的入场指令之前绝不轻举妄动。这是一个合格的系统交易员必须具备的职业素养。

★ 入场规则

2018 年 6 月 20 日，该股早盘微幅高开后，不做任何停顿快速上攻，黄色的分时均价线位于白色的股价线之下，这是分时图中均线多头排列形态，是支持股价上涨的一种形态。明确黄白线的位置关系是利用分时图入场的重要参考指标。

见高开高走且黄白双线呈现多头排列状态就是首仓 50% 入场之时，这是一个需要勇气的时刻，任何的犹豫和徘徊都有可能错过最佳的入场时机。

★ 资金管理规则

资金计划：绝不满仓操作，只拿出总资金量的 20% ~40% 作为狙击子弹使用。

★ 仓位管理规则

依据分时图运行实况采用五三二入场原则：见股价放量高开的当下，就果断首仓入场50%。当首仓出现盈利2%~3%之后，再买入30%的仓位，如果30%的仓位再次盈利2%~3%，最后再将20%剩余资金入场。从2018年6月20日分时图运行状况来看，满足首仓50%入场条件之后，股价沿着上升的分时均价线快速运行，于9：59封住涨停，从封板时间、拉升力度及无量封板等特征来看，这是一只强势涨停板，应该预期隔日有新高。但是，之后的多次开板行为让我们对涨停强度的认定给出否定判断，多次且长时间的开板不能再封板就不能再继续认定为强势涨停板了。此前的涨停强度认定是正确的、客观的，后面因为反复、长时间的开板行为，故改变之前对该涨停强度的认定也是正确的、客观的，这并不矛盾，这是一个独立的系统交易者该有的客观与灵活。

从首仓入场到涨停板，接近10%的涨幅空间完全满足第二次加仓30%的涨幅空间要求，同时也满足了第三次加仓20%的涨幅空间要求。依据盘面的实际运行该怎样就怎样：该出手时就出手。这是一只长波拉升宽幅调整的个股，如果加仓动作够迅速，那么，股价在9：34创出早盘高点时，后面的两次分别为30%、20%的加仓动作应该是完成的。待第三次加仓以后股价展开了宽幅的回调并下破分时均价线，如此，后面的两次加仓处于浮亏状态。浮亏带来的一定是痛苦，交易能力越差，痛苦往往越深。

入场当日有浮盈也好，出现浮亏也罢，只要是依据交易系统的入场规则要求做出的交易动作，其后无论结果如何，都可以认定为这是一笔正确无误的交易，都需要保持平静的心态，每一次交易都是对人性弱点的考验，每一次交易都是对人性弱点的克服，每一次交易都是一次难得的修行经历，每一次交易都是一次心灵成长契机。需要认真地对待每一次交易，做好交易后的反思与总结。

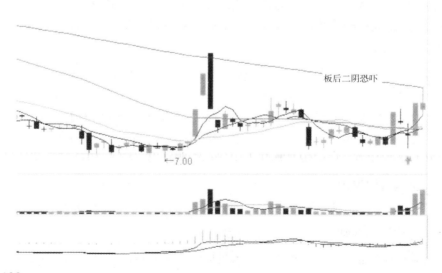

板后二阴恐吓

←7.00

2018 年 6 月 20 日昇兴股份（002752）分时图运行实况（见下图）。

2018 年 6 月 20 日昇兴股份（002752）分时图狙击策略：

早盘微幅高开，高速上攻，而且黄色的分时均价线位于白色的股价线之下。这是高开高走入场指令最完美的技术形态。因为高开后，股价的运行速度极快，所以还无法判断黄色的分时均价线的位置所在，此时，如果产生入场疑虑是可以理解和支持的。但是，当你看到分时均价线与股价线呈现多头排列时，所有的顾虑都应该打消了，不应该再有不入场的任何理由了。

果断 50% 首仓入场以后，白色的股价线继续沿着上行的分时均价线做着长波拉升高速运行，9：34 进入分时级别的宽幅调整并下破分时均价线，如果此时你只是首仓入场，见到下破分时均价线就不可以再做后续的加仓动作了，9：55 上破分时均价线并一举突破 9：34 创立的早盘高点，如果你还没有做过加仓动作，那么在突破 9：34 分高点之际就是加仓之时。无论是首仓入场指令还是后续的两次加仓指令，只要符合规则要求就要百分之百去执行。如同战场上军队首长向自己的士兵发出冲锋的命令一样。作为士兵，服从命令，坚决完成任务是他们的天职。

★ 出场规则

对于入场当日能够涨停的股票，在以后的任何一个交易日，只要不再涨停就

必须出局；2018 年 6 月 21 日股票没有涨停，所以该日就是出场日。

分时图出场要点：股票昨日涨停，隔日低开属于不正常的开盘，所以，当你在集合竞价阶段见到股价低开时，你应该有两种本能的反应：一是在集合竞价阶段完成预埋单工作，争取尽快出场，以腾出资金和精力用于其他强势股的狙击；二是等待市场开盘，依据 5 分钟出场法则实施出场。

规则就是规则，一旦制定就不可以违背。不被执行的规则形同虚设，与情绪化交易无异。

★ **持股规则**

对于入场当日能够涨停的股票，在以后的每一个交易日，只要能够涨停就必须无条件持股；2018 年 6 月 21 日股票没有涨停，所以该股的持股周期只能到 2018 年 6 月 21 日。

持股规则的确定不需要主观地认定，而是需要依据市场的实际状况来制定。这样制定出来的规则才更贴近于市场的本来面目。

! **每日一笑**

1.

男子：老板，你这里洗澡多少钱？

老板：男浴池 10 元，女浴池 100 元。

男子：你抢钱啊……

老板：我的意思是，你想去男浴池还是女浴池？

男子：中国好老板……

果断交了 100 元到女浴池后！！怎么里面全是男的！

2.

老师在讲台上讲着勾股定理，我听得烦了，便和同学闹了起来，老师劝了几次我没听，他很生气，跑下来冲我就是一个耳光，我也不甘示弱，冲他喊"有种你再打一下试试?!"

老师被彻底激怒，连扇了我五六个耳光，我一下子被打蒙了，哭着跑去校长那儿告状：王老师根本没资格教数学，他不识数！

3.

某男，因女友一次交通意外，曾大量输血给女友。后两人闹翻，男硬要讨回血债。女友气愤之下扯出一块卫生巾砸在他脸上，怒吼：这是首付，以后会每个月按揭还你！

这个故事的寓意是……上天不给我的，无论我十指怎样紧扣，仍然走漏；给我的，无论过去我怎么失手，都会拥有。付出过就不要计较了，否则都是一直的伤害自己。记住，恩将仇报的人很多，不要觉得世界真的很美好。

4.

一次坐公交车上来两位大爷，我给让了个坐。旁边一哥们儿无动于衷，我站在他身边恶狠狠地瞪了他一眼。本来想让他让个座给另外一个大爷，谁知他恶狠狠地回瞪我一眼。于是我说：看什么看，赶紧给大爷让座！可能是我长得太凶了，他赶紧起来对我说：大爷您坐吧……

这个故事的寓意是……认识一个人要机缘，了解一个人要靠智慧，以后和睦相处要靠宽容。对于帮助和救赎，也许因为你的无动于衷就要对着别人喊大爷，记住，只有有正气的人才会活得有滋味儿，有骨气，有胆识。也只有有正气的人做事业才会稳步向上而不会轻易投降。

5.

闺蜜超爱啬，有一次去眼镜店配眼镜，跟老板讲价还价了半天，最后老板拿她没办法，把镜片以最低价卖给了她。

她在付钱的时候一边擦镜片一边抱怨道："怎么刚配的镜片，上面就有划痕？"

老板回答道："那是因为你刚才戴着眼镜和我讲价时眼里时不时射出杀人的目光。"

涨停操盘之第三招

板后三阴恐吓交易系统

※技术定义及其要点

这是四条 K 线的组合形态，其中第一条 K 线必须是涨停板；之后出现三条成交量呈递减状态的阴 K 线，成交量递减是必要条件。第一条阴 K 线可以是高开的伪阴线，也可以是高开低走的实体阴线，要求成交量有效放大；三条阴 K 线之间有跳空缺口最佳，有的个股只有一个向下跳空缺口，有的个股有两个向下跳空缺口，没有跳空缺口的情况比较少见，如果遇到没有向下跳空缺口的情况，建议放弃处理。因为阴线之间的向下跳空缺口更具恐吓的意义，震仓洗盘的效果会更好，后续反转涨停的概率更大。

技术要点

（一）涨停板的要点

涨停板关键看位置；位置必须处于中低位才有效，杜绝高位涨停板。涨停板的位置研判能力是涨停操盘的不可或缺的核心能力之一。如果不能很好地研判出涨停板的位置，贸然出击就难以提高涨停操盘的胜率。

（二）阴线的要点

三条阴线的成交量必须呈现递减状态，而且要求三条阴线之间至少有一个跳空缺口存在。

※形态解读

涨停板是最吸引眼球的市场（A 股）行为，再大的利好也不如一个实实在在的涨停板给予的诱惑大，所以个股涨停板是吸引跟风盘的最好方式之一；而让跟风盘交出筹码的最佳方式当然是采取恐吓模式，跳空下跌就是主力恐吓跟风盘时留下的做盘痕迹。三条阴 K 线的成交量呈现递减状态是卖盘逐渐枯竭的象征，达到了震仓洗盘的预期目的。由于主力操盘习惯的不同或要配合大盘运行背景的原因导致第一条阴线有时是高开的带上影线的伪阴线，在大盘上涨的当日，收出高开带上影线的伪阴线的概率更大，而在大盘下跌的当日，主力资金往往也会顺势而为，借势低开收出一条实体阴线或高开借势低走收出一条教科书般"乌云盖顶"阴线；有时一两条阴 K 线难以达到震仓洗盘的目的，所以主力往往会在涨停板之后的第三天继续采用各种方式达到震仓洗盘的目的，这是主力利用时间和空间相结合的震仓洗盘模式。

※ 选股规则

选股是交易成功的关键！但却是不容易做好的一件事情。难点在于，我们的主观思维往往会依据个人的偏好做出筛选，而筛选的结果是：被选的个股没有出现涨停，而弃选的个股往往能够反转涨停。相信很多交易者都会遇到这种现象。这是主力"画图"的目的所在，即让你放弃选择就是主力"画图"的目的。

我们对形态已经给出了严格规范的定义，你只需要依据形态要求做相应的选择即可。记住，你的选择依据只有一个，那就是形态定义而不是你的思维偏好。

一句话：只要满足涨停板之后出现三条成交量递减的具有向下跳空缺口的阴线组合形态就可以纳入自选，以待狙击。

※ 入场规则

板后三阴恐吓的入场只能选择在第三条缩量阴之后的隔日进行，不能在第三条缩量阴的当日入场。因为在当日主力利用缩量阴的目的不够明朗，到底是出货还是恐吓假摔需要确认才可以下定论。而隔日的市场行为就是确认的关键。所以，任何提前的入场行为都是非理性的主观行为。

正确的入场时间在于隔日，而隔日入场的时机或者说入场指令只有两个：一是大量比高开高走，可以市价入场；二是低开放量上攻突破昨日收盘价之际就是入场之时。要求放量突破昨日收盘价的时间越短越好，最好是开盘之后15分钟之内能够实现放量突破为最佳。

※ 持股规则

对于入场当日能够涨停的股票，在以后的每一个交易日，只要能够涨停就必

须无条件持股；对于入场当日不能够涨停的股票而收出大阳线的股票，在以后的每一个交易日，只要股价继续上涨就坚定持有。

※ 出 场 规 则

（1）对于入场当日能够涨停的股票，在以后的任何一个交易日，只要不再涨停就必须出局。

（2）对于入场当日不能够涨停而收出大阳线的股票，只要哪一天不再上涨就必须出局。

（3）对于入场当日不能涨停而收出大阳线的股票，未来某个交易日出现涨停之后，一旦哪一天不再涨停就要出场。

※ 止 损 规 则

入场当日没有出现涨停，反而造成浮亏被套，说明该笔交易就是一笔错误的交易。止损规则就是应对错误交易的一种必不可少的手段。止损的核心目的在于控制损失和减少损失。止损时不能有对与错的思考，一旦有对与错的顾虑就一定会影响到止损的即时开展，切忌。

止损环节最容易犯的错误是拖延，因为拖延导致由小亏变大亏，由大亏变股东。止损是不需要理由的，只要见到账户出现浮亏，就说明你的这一笔交易是一笔错误的交易，而改错的关键就是及时不拖延。具体的止损策略因人而异，笔者仅列举几种止损策略供大家借鉴：

（1）百分比止损法。买入后不涨反跌被套，一旦被套达到3%或5%就必须无条件止损。

（2）K线止损法。买入后股价不涨反跌，一旦股价跌破买入当日K线低点之际就是果断止损之时。

（3）时间止损法。买入后，股价没有出现预期的攻击运行，为了提高资金使用效率而经常采用的一种止损办法。我采用的时间止损是三个交易日，即在买入后的第三个交易日不见上涨就出局，此类出局方式有时是微亏止损出局，有时是微赚出局。

※ 资 金 管 理 规 则

绝不满仓操作，任何单一一笔交易只能拿出总资金量的20% ~40%作为狙击子弹使用。

※仓位管理规则

依然执行金字塔形分批入场的规则。

如五三二模式：当市场给出入场指令时，先半仓入场，如果市场证明首仓入场是对的，即首仓出现盈利2%～3%，再做后续的入场动作，先30%后20%；30%的仓位盈利2%～3%，再做20%仓位的动作。从入场动作来看，这就是顺势而为，以趋势为友的真实写照。这里没有抗拒，只有顺遂。我们只在正确的交易上不断地做递减性加码。

如四三二一模式：当市场给出入场指令时，先40%仓位入场，入场后，如果市场证明首仓入场是对的，即首仓出现盈利2%～3%，再做30%仓位入场动作，30%的仓位出现盈利2%～3%，再做20%仓位的入场动作，不盈利就不能入场了，并以此类推。

※ 视觉刺激训练

案例一

★ 图形识别

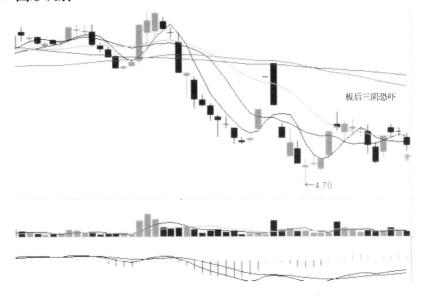

板后三阴恐吓

←4.70

★ 形态描述与市场情绪解读

浩物股份（000757）2018年7月6日市场给出涨停，2018年7月9日市场给出一条高开、放量、涨幅为 0.89% 的伪阴线，2018 年 7 月 10 日市场给出一条缩量十字星线，2018 年 7 月 11 日市场给出一条低开、缩量、跌幅为 4.73% 的中阴线。涨停板之后的三日内的每一条 K 线都具有关注价值。涨停板之后的第一天给出一条高开、放量的伪阴线，第二天给出缩量十字星线，第三天给出低开、缩量中阴线，满足板后三阴恐吓的技术形态要求。涨停板之后连续给出成交量不断递减的三条 K 线且第三条 K 线具有缩量跳空特征，莫名其妙地低开下杀，主力意欲何为呢？是什么重大的利空导致主力不计成本地抛售呢？看 F10，也没有见到有什么所谓的利空消息。如果不是主力为了出货的大力抛售，单凭不能形成合力的散户群体怎么可以做到低开下杀？如果是出货，第三条低开下杀中阴线的成交量应该放大才合理，而实际是缩减的。所以合理怀疑这是主力恐吓假摔留下的做盘痕迹！大胆的怀疑在实盘交易中是十分必要的思维模式。但是，正确的怀疑不是否定一切而是存疑求证。因为存疑，所以才有关注。静待市场给出正确的答案！

单一的技术形态研判难以满足胜率要求，为了提高交易胜率，必须辅以市场结构、涨停位置及技术指标辅助研判，这是提高涨停操盘成功率的关键！

▲ 市场结构及涨停位置研判

不是所有的涨停都具备关注价值，要提高涨停操盘的成功率，需要精通市场结构并能够对涨停板位置给出相应的研判。

采用缩略图查看：得知该股经过长期连续反复的下跌于 2018 年 6 月 22 日触底并于当日收出一条长下影小阳线，俗称锤子线，之后展开一波拉升，经过 5 个交易日的运行于 2018 年 6 月 28 日结束，区间振幅为 29.36%，区间涨幅为 13.53%，区间振幅、涨幅不足 50% 就具有再关注价值，阶段振幅、涨幅超过 50% 无条件做放弃处理。如果非要给出合理的放弃理由，那么，放弃的理由只有一个，那就是区间振幅、涨幅超过了 50%。

自 2018 年 6 月 28 日起股价运行轨迹发生新的变化，进入新一轮的 ABC 结构调整，到 2018 年 7 月 11 日止运行了 10 个交易日，从拉升与调整的周期配比来看，此次调整周期向后漂移了两个交易日。非常明显的是：2018 年 7 月 6 日的涨停板属于调整区间内的涨停，不是连续拉升的高位涨停板。

以上从市场结构与涨停位置综合来看，具备关注价值。

▲ 技术指标辅助研判

2018 年 7 月 11 日，5 日均线、10 日均线、20 日均线处于粘合缠绕状态，这是一阳穿三线的雏形，MACD 指标呈现金叉红柱的看多状态。这些都是支持股价上涨的有利信号。

通过以上对该股票的技术形态、市场结构、涨停位置及技术指标的综合辅助分析、解读，认定市场在 2018 年 7 月 6 日涨停之后给出的这三条 K 线满足板后三阴恐吓的技术条件要求。

是否是主力故意制造的恐吓假摔需要隔日的确认，确认是恐吓交易系统不可或缺的步骤。

既然满足板后三阴恐吓的技术条件要求，理应纳入自选股进行重点关注：市场能否给出入场指令？何时给出入场指令？给出哪一种入场指令？我们不需要知道，也无法知道，静心等待就好。市场在没有给出板后三阴恐吓交易系统中规定的入场指令之前绝不轻举妄动。这是一个合格的系统交易员必须具备的职业素养。

★ 入场规则

2018 年 7 月 12 日，该股早盘微幅高开后，不做任何停顿快速上攻，黄色的分时均价线位于白色的股价线之下，这是分时图中均线多头排列形态，是支持股价上涨的一种形态。明确黄白线的位置关系是利用分时图入场的重要参考指标。

见高开高走且黄白双线呈现多头排列状态就是首仓 50% 入场之时，如果经常练习会形成肌肉记忆，即时入场是自然的动作，没有犹豫，无须勇气。

★ 资金管理规则

资金计划：绝不满仓操作，只拿出总资金量的 20%～40% 作为狙击子弹使用。

★ 仓位管理规则

依据分时图运行实况采用五三二入场原则：见股价放量高开的当下，就果断首仓入场 50%。当首仓出现盈利 2%～3% 之后，再买入 30% 的仓位，如果 30% 的仓位再次盈利 2%～3%，最后再将 20% 剩余资金入场。从 2018 年 7 月 21 日分时图运行状况来看，满足首仓 50% 入场条件之后，股价沿着上升的分时均价线快速运行，于 9：34 封住涨停，从封板时间、拉升力度及无量封板等特征来看，这是一只强势涨停板，应该预期隔日有新高。但是，封板之后，虽然没有开板行为，却有量能大量放出，这样的强势涨停板应该是无量涨停才对。这就是看盘时该有的思维模式，不能因为封板的时间和拉升的力度满足强势涨停的要求就忽视其他的盘面特征。既然有疑虑就应该多一分小心！

从首仓入场到涨停板，接近 10% 的涨幅空间完全满足第二次加仓 30% 的涨幅空间要求，同时也满足了第三次加仓 20% 的涨幅空间要求。依据盘面的实际运行该怎样就怎样：该出手时就出手。这是一只长波拉升窄幅短时调整的个股，如果加仓动作够迅速，后面的两次分别为 30%、20% 的加仓动作应该是完成的。

能够完成加仓也好，因为时间仓促不能完成加仓也罢，都需要保持平静的心态，每一次交易都是对人性弱点的考验，每一次交易都是对人性弱点的克服，每一次交易都是一次难得的修行经历，每一次交易都是一次心灵成长契机。需要认真地对待每一次交易，做好交易后的反思与总结。

2018 年 7 月 12 日浩物股份（000757）分时图运行实况（见下图）。

2018 年 7 月 12 日浩物股份（000757）分时图狙击策略：

早盘微幅高开后，不做停留直接上攻，而且黄色的分时均价线位于白色的股价线之下，这是高开高走入场指令最完美的技术形态。因为高开后，股价的运行速度极快，所以还无法判断黄色的分时均价线的位置所在，此时，谨慎的交易者如果产生入场疑虑是可以理解和支持的。但是，当你看到分时均价线与股价线呈现多头排列时，所有的顾虑都应该打消了，不应该再有不入场的任何理由了。

果断 50% 首仓入场以后。股价展开短时窄幅调整，这个调整历时不到 2 分钟于 9：32 结束，调整并没有下破分时均价线，之后白色的股价线继续沿着上行的分时均价线做着长波拉升高速运行，9：34 封住涨停。调整之后的第二波拉升无论是速度、长度还是角度都比前波拉升更快、更长、更陡峭。这样的快速垂直拉升是容易让人产生恐惧的时刻，表现在交易动作上就是：只见股价一路绝尘，手却无法动弹，眼睁睁地看着股价直奔涨停。好好地回忆一下，自己是不是有这样的交易行为。结合你在《强势股操盘赢利系统培训教程》中所学到的知识，自我诊断一下，自己为什么会有这样的临盘表现？该采取什么样的措施消除？

无论是首仓入场指令还是后续的两次加仓指令，只要符合规则要求就要百分之百去执行。如同战场上军队首长向自己的士兵发出冲锋的命令一样。作为士兵，服从命令，坚决完成任务是他们的天职。

★ **出场规则**

对于入场当日能够涨停的股票，在以后的任何一个交易日，只要不再涨停就必须出局；2018 年 7 月 13 日股票没有涨停，所以该日就是出场日。

分时图出场要点：股票昨日涨停，隔日高开属于正常的开盘，所以，当你在集合竞价阶段见到股价高开时，应继续持股不动；开盘后股价不作任何停留直接低走，只要不破昨日收盘价就不必恐慌，但是也不是完全放松警惕，而是时刻注意盘面的实际变化，一旦见到股价下破昨日收盘价就要果断出场。

规则就是规则，一旦制定就不可以违背。不被执行的规则形同虚设，与情绪化交易无异。

★ **持股规则**

对于入场当日能够涨停的股票，在以后的每一个交易日，只要能够涨停就必须无条件持股；2018 年 7 月 13 日股票没有涨停，所以该股的持股周期只能到 2018 年 7 月 13 日。

持股规则的确定不需要主观地认定，而是需要依据市场的实际状况来制定。这样制定出来的规则才更贴近于市场的本来面目。

每日一戒

交易路上没有坦途，不是逐一克服就是半途而废

尼采说："开始执行计划之后，各种障碍、绊脚石、愤恨、幻灭便会出现在眼前。你只有两种选择：逐一克服，或是半途而废"。看到这句话不由得让我想到了交易者在晋升之路上所遇到的各种障碍。

市场的永恒规律是变化无常，而人性中最惧怕的就是变化；人对于无知的恐惧远远大于对死亡的恐惧。这是一个矛盾的两难：一方变化无常，另一方渴求恒常不变，如果不能求得和谐，要想继续从事交易，唯有放弃一途，因为来自于心灵的恐惧会及早地夺走你的命。

不脱皮的蛇没有活路，不改变思维的交易者同样也没有出路；众所周知，学习可以改变一个人的思维，但是不会学习的后果更可怕。

美国科普作家阿西莫夫曾经讲过一个关于自己的故事：阿西莫夫从小就很聪明，年轻时多次参加智商测试，得分总在160分左右，属于天赋极高者之列，他一直以此为荣。有一天，他遇到一位汽车修理工，是他的老熟人。修理工对阿西莫夫说："人们都说博士聪明！今天我也来测试一下博士的智商，看你能不能回答出我的问题。"

阿西莫夫点头同意，修理工便开始说道："有一位既聋又哑的人，来到五金商店，准备买一些钉子，不能说话的他只好用手势来表达自己的意思。他对售货员做了这样一个手势：左手两个指头立在柜台上，右手握成拳头做出敲击的样子。售货员见状，先给他拿来一把锤子，聋哑人摇摇头，指了指立着的那两根指头，于是售货员明白了，聋哑人想买的是钉子。聋哑人买好了钉子，刚走出商店，接着进来一位盲人。这位盲人想买一把剪刀，请问：盲人将会怎样做？"

阿西莫夫顺口答道："盲人肯定会这样。"说着他进行了一些示范。他伸出食指和中指，做出剪刀的形状。修理工一听笑了："哈哈，你答错了吧。盲人想买剪刀，只需要开口说'我买剪刀'就行了，他干嘛要做手势呢？"

智商160的阿西莫夫，这时不得不承认自己确实是个"笨蛋"。而那位汽车修理工却得理不饶人，用教训的口吻说："在考你之前，我就料定你肯定会答错，因为，你所受的教育太多了，不可能很聪明。"

实际上，修理工所说的受教育多与不可能聪明之间的关系，并不是因为学的知识多了人反而变笨了，而是因为人的知识和经验多，会在头脑中形成思维定式。而这种思维定式就会束缚人的行动，使行动按照固有的路径展开。

后来阿西莫夫说："固定的思维模式容易把人的思维引入歧途，也会给生活

和事业带来消极影响。要改变这种思维定式，需要随着形势的发展不断调整，改变自己的行动。任何一个有成就的人，都是战胜常规思维的高手。"

而笔者要说的是：任何一个交易赢家，都是战胜常规思维的高手。其实从阿西莫夫的亲身案例中我们还可以从中得到这样的启示：知识不是智慧，有时候知识不但无益，而且有害；所以，不是书读得越多越好，也不是不读书就好，而是要学会读书，从书中读出智慧，为己所用。还有你需要知道的是智商数值的高低并不代表智慧的高低，成就的高低。要不，所有伟大的科学家都可以是卓越的交易赢家，而事实却不是如此。

案例二
★ 图形识别

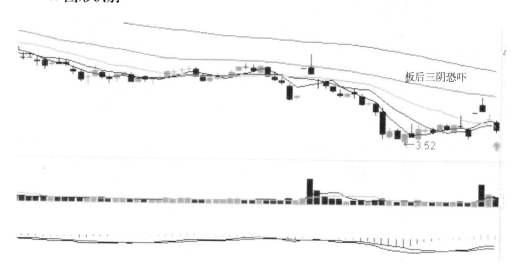

★ 形态描述与市场情绪解读

吉峰农机（300022）2018年7月6日市场给出涨停，涨停板之后的第一天即2018年7月9日市场给出一条高开、放量、涨幅为0.50%的上影伪阴线，涨停板之后的第二天即2018年7月10日市场给出一条低开、缩量、跌幅为2.72%的带上影线的中小阴线，涨停板之后的第三天即2018年7月11日市场给出一条低开、缩量跌幅为4.83%的中阴线。

涨停板之后连续两天给出向下跳空缺口，跌幅不断加大，且成交量不断减少，满足板后三阴恐吓的技术形态要求。

涨停板之后莫名其妙地连续低开下杀制造了恐怖的市场氛围，主力意欲何为呢？是什么重大的利空导致主力不计成本地抛售呢？看F10，也没有见到有什么所谓的利空消息。如果不是主力为了出货的大力抛售，单凭不能形成合力的散户群体怎么可以做到连续的低开下杀呢？主力为什么要采取如此恶劣的手段对股价进行连续地打压恐吓呢？是不是假摔洗盘也未可知啊！正确的怀疑不是否定一切而是存疑求证。因为怀疑所以关注！静待市场给出正确的答案。价格交易，确认是不能缺少的核心思维。

单一的技术形态研判难以满足胜率要求，为了提高交易胜率，必须辅以市场结构、涨停位置及技术指标辅助研判才更有效。

▲ 市场结构及涨停位置研判

不是所有的涨停都具备关注价值，要提高涨停操盘的成功率，需要精通市场结构并能够对涨停板位置给出相应的研判。

采用缩略图查看：得知该股经过长期连续反复的下跌于 2018 年 6 月 22 日触底并于当日收出一条涨幅为 2.23% 的插入线（关于对插入线的严格定义会在后面的章节中叙述）。之后展开一波拉升，经过 12 个交易日的运行于 2018 年 7 月 9 日结束第一波拉升进入回调区间，区间振幅为 20.74%，区间涨幅为 12.53%，区间振幅、涨幅不足 50% 就具有再关注价值，阶段振幅、涨幅超过 50% 无条件做放弃处理。如果非要给出合理的放弃理由，那么，放弃的理由只有一个，那就是区间振幅、涨幅超过了 50%。

2018 年 7 月 11 日是股价涨停之后的第三天，当日的回调价格已经进入了第一波拉升区间之内，至此区间涨幅只有 4.18%。所以，我们可以很容易地做出判断：市场虽有拉升，但绝不是处于连续拉升的高位。

以上从市场结构与涨停位置综合来看，具备关注价值。

▲ 技术指标辅助研判

2018 年 7 月 11 日，5 日均线、10 日均线所对应的数值分别为 3.88、3.83，说明 5 日均线、10 日均线呈现多头排列状态，MACD 指标呈现金叉红柱的看多状态。这些都是支持股价上涨的有利信号。

通过以上对该股票的技术形态、市场结构、涨停位置及技术指标的综合辅助分析、解读，认定市场在 2018 年 7 月 10～11 日给出的两条连续跳空的 K 线满足板后三阴恐吓的技术条件要求。

是否是主力故意制造的恐吓假摔需要隔日的确认。

既然满足板后三阴恐吓的技术条件要求，理应纳入自选股进行重点关注：市场能否给出入场指令？何时给出入场指令？给出哪一种入场指令？我们不需要知道，静心等待就好。市场在没有给出板后三阴恐吓交易系统中规定的入场指令之前绝不轻举妄动。这是一个合格的系统交易员必须具备的职业素养。

★ 入场规则

2018 年 7 月 12 日，该股早盘微幅高开后，不做任何停顿快速上攻，见高开高走就可以首仓 50% 入场，反复地加以练习就会形成肌肉记忆。所谓的交易直觉就是在不间断的实战练习中形成的。

★ 资金管理规则

资金计划：绝不满仓操作，只拿出总资金量的 20% ～40% 作为狙击子弹使用。

★ 仓位管理规则

依据分时图运行实况采用五三二入场原则：见股价放量高开的当下，就果断首仓入场 50%。当首仓出现盈利 2% ～3% 之后，再买入 30% 的仓位，如果 30% 的仓位再次盈利 2% ～3%，最后再将 20% 剩余资金入场。从 2018 年 7 月 12 日分时图运行状况来看，满足首仓 50% 入场条件之后，股价沿着上升的分时均价线快速运行，于 10：19 封住涨停，从封板时间、拉升力度及无量封板等特征来看，这是一只强势涨停板，应该预期隔日有新高。

从首仓入场到涨停板，接近 10% 的涨幅空间完全满足第二次加仓 30% 的涨幅空间要求，同时也满足了第三次加仓 20% 的涨幅空间要求。依据盘面的实际运行该怎样就怎样：该出手时就出手。这是一只三波式拉升封住涨停的个股，可以从容地给出后面两次分别为 30%、20% 的加仓动作。

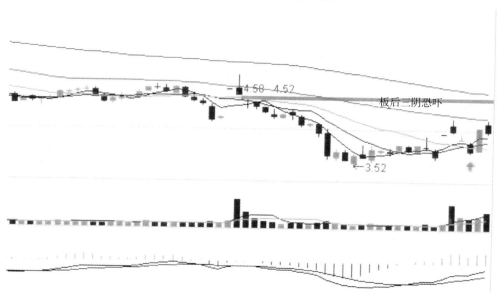

2018 年 7 月 12 日吉峰农机（300022）分时图运行实况（见下图）。

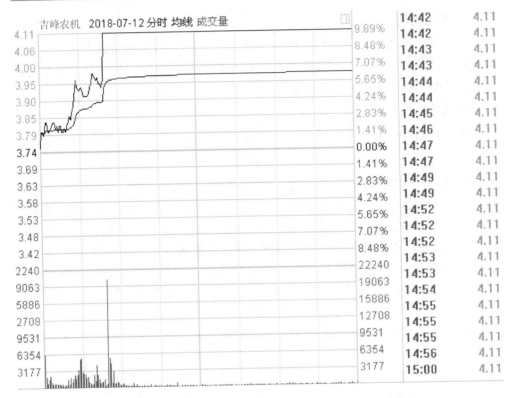

14:42	4.11
14:42	4.11
14:43	4.11
14:43	4.11
14:44	4.11
14:44	4.11
14:45	4.11
14:46	4.11
14:47	4.11
14:47	4.11
14:49	4.11
14:49	4.11
14:52	4.11
14:52	4.11
14:52	4.11
14:53	4.11
14:53	4.11
14:54	4.11
14:55	4.11
14:55	4.11
14:55	4.11
14:56	4.11
15:00	4.11

2018 年 7 月 12 日吉峰农机（300022）农机分时图狙击策略：

早盘微幅高开，无停留快速上攻，因为股价运行速度过快导致黄色的分时均价线来不及显示，此时产生犹豫的心态是可以理解的。短波拉升之后股价围绕着走平上倾的分时均价线进入窄幅横盘调整，在调整区间内不做交易，不给指令不动作。9：51 放量突破横盘区，突破就是买点。当你看到股价突破窄幅盘整区间时，所有的入场顾虑都应该打消了，不应该再有不入场的任何理由了。

果断 50% 首仓入场以后，白色的股价线继续沿着上行的分时均价线做着长波拉升高速运行，9：57 进入分时级别的高 B 高 C 调整且所有调整都是在黄色的分时均价线之上完成的，10：17 结束调整进入直线拉升，这是当日能够封板个股的常有特征。三波拉升，每一次拉升的长度都是加长的，每一次拉升的角度都是更陡峭的。这是最为标准的健康的三波式拉升，教科书般的走势。加仓的位置也很好判断，即每一次突破就是入场点、加仓点。

★ 出场规则

对于入场当日能够涨停的股票，在以后的任何一个交易日，只要不再涨停就必须出局；2018 年 7 月 13 日股票没有涨停，所以该日就是出场日。

分时图出场要点：股票昨日涨停，隔日高开属于正常的开盘，所以，当你在集合竞价阶段见到股价高开时，应继续持股不动；开盘后股价不作任何停留直接低走，只要不破昨日收盘价就不必恐慌，但是也不是完全放松警惕，而是时刻注意盘面的实际变化，一旦见到股价下破昨日收盘价就要果断出场。按照规则实施出场后，股价构筑 W 底后再次反弹并创出新高，真是让人后悔莫及！如果能再晚出场几分钟还能多赚些钱……所有的聪明型的交易者都会有这样的想法，但是，智能机器人小慧绝不会有这样的交易思维，而小慧型的交易者往往是图表交易的真正赢家，其中的道理值得每一个人深思。

规则就是规则，一旦制定就不可以违背。不被执行的规则形同虚设，与情绪化交易无异。实盘中笔者通常的做法是：见到股价下破昨日收盘价就会无脑出场。

★ 持股规则

对于入场当日能够涨停的股票，在以后的每一个交易日，只要能够涨停就必须无条件持股；2018 年 7 月 13 日股票没有涨停，所以该股的持股周期只能到 2018 年 7 月 13 日。

持股规则的确定不需要主观地认定，而是需要依据市场的实际状况来制定。这样制定出来的规则才更贴近于市场的本来面目。

⚡ 每日小思

永恒的知行合一！

如实知道市场给出的交易指令，即时依据市场给出的交易指令采取行动是谓知行合一；持续不断地依据市场给出的交易指令采取行动即为永恒的知行合一。

为什么做到永恒的知行合一很难？

当你把盈亏因素添加到知行合一之后，永恒的知行合一将会变得不可能！当你把盈亏从永恒的知行合一中移除之后，知行合一就变得单纯。没有盈亏束缚的知行合一是简单且极为容易的。

所以，盈亏是制约执行知行合一的唯一关键；不能排除盈亏的影响，知行合一就是一句空话。

如何快速消除盈亏的影响？

停止思维，让记忆消失！忘记过去曾经的赢与亏，赢不喜，亏不痛！永远活在此时此刻，让此时此刻市场的具体表现指导此时此刻的交易而不被过去曾经的交易盈亏所影响。

如何停止思维，让记忆消失？

让自己变得有意识，让自己成为自己思维的旁观者，看清楚自己思维每一刻的想象运动：想了什么（思维通常的运行规律是，回忆过去，预想未来，就是不愿意安住于当下）。当你能看到自己的思维运动轨迹的时候，思维将不会再继续控制你，你就会活在此时此刻。你就会变得有力量。你就会依据市场实际的运行来指导自己此时此刻的交易。

案例三

★ **图形识别**

★ **形态描述与市场情绪解读**

宏辉果蔬（603336）2018年3月23日、26～27日市场连续三个交易日给出涨停，2018年3月28日市场给出一条高开、放量、跌幅为4.94%的长上影阴线，当日振幅超过了14%，2018年3月29日市场给出一条高开、缩量、跌幅为

4.29%的中阴线，涨停板之后的第三天即2018年3月30日给出一条高开、缩量的带长下影的十字星线，缩量十字星具有止跌的意味。基本满足板后三阴恐吓的技术形态要求，缺陷在于板后的三条K线之间没有跳空缺口存在，放弃选择不能算错。

涨停板之后三天的运行振幅达到了24.32%，高振幅并不能说明什么，是出货还是恐吓洗盘？是中途调整还是下跌开始？需要继续等待市场的确认。连续三天的涨停说明这是一只高速运行的个股。熟悉股价运行结构的交易老手们都知道，对于一只高速运行的个股来说，结构往往会很清晰，也最容易被研判。第一波拉升经过短暂调整之后大概率会有二次拉升可能。

为什么高速运行的个股大概率会有二次拉升呢？这是长期实战中积累总结出来的经验，是结构学的大概率必然。因为结构学知识不是本书的阐述重点，所以只能一带而过。大家只要记住：对于高速运行的个股一定要留心关注，莫错失其二次启动的上车机会。

正确的怀疑不是否定一切而是存疑求证。静待市场给出正确的答案，可以怀疑但不可以否定也不必有必然的肯定！价格交易，确认是必不可少的环节。

单一的技术形态研判难以满足胜率要求，为了提高交易胜率，必须辅以市场结构、涨停位置及技术指标辅助研判才更有效。

▲ 市场结构及涨停位置研判

经过长期反复的下跌之后股价于2018年2月9日触底，至2018年3月9日结束共计运行了16个交易日，区间涨幅为21.54%，是一浪的运行时空；自2018年3月9日起至2018年3月19结束共计运行了7个交易日，回调幅度为−2.74%。至此，我们可以得出结论：这是一只日线级别1浪运行和2浪调整的个股，那么，未来的主升浪，就其结构而言，也是清晰的，至少有两波式的拉升，理想的情况下或有三波次拉升，因为第三波次的拉升往往具有失败的可能，不必给予过多的预期。

所以，2018年3月28~30日三天的回落我们暂视为日线级别主拉升途中的洗盘调整也是情理之中的事情。

▲ 技术指标辅助研判

2018年3月30日，5日均线、10日均线、20日均线、60日均线所对应的数值分别为19.52、17.45、16.16、15.841，说明4条均线呈现多头排列状态，MACD指标位于零轴上方呈现金叉红柱的看多状态。这些都是支持股价上涨的有利信号。

通过以上对该股票的技术形态、市场结构、涨停位置及技术指标的综合辅助分析、解读，预期市场经过短暂调整之后或有二次攻击可能。2018年3月28~

30 日三天给出的三条成交量递减的中小阴线，基本满足板后三阴恐吓的技术条件要求。

既然基本满足板后三阴恐吓的技术条件要求，理应纳入自选股进行重点关注：市场能否给出入场指令？何时给出入场指令？给出哪一种入场指令？我们不需要知道，静心等待就好。市场在没有给出板后三阴恐吓交易系统中规定的入场指令之前绝不轻举妄动。这是一个合格的系统交易员必须具备的职业素养。

★ 入场规则

2018 年 4 月 2 日，该股早盘高开后，不做任何停顿快速上攻，黄色的分时均价线位于白色的股价线之下，这是分时图中均线多头排列形态，是支持股价上涨的一种形态。明确黄白线的位置关系是利用分时图入场的重要参考指标。

见高开高走且黄白双线呈现多头排列状态就是首仓 50% 入场之时，这是一个需要勇气的时刻，任何的犹豫和徘徊都有可能错过最佳的入场时机。

★ 资金管理规则

资金计划：绝不满仓操作，只拿出总资金量的 20% ～40% 作为狙击子弹使用。

★ 仓位管理规则

依据分时图运行实况采用五三二入场原则：见股价放量高开的当下，就果断首仓入场 50%。当首仓出现盈利 2% ～3% 之后，再买入 30% 的仓位，如果 30% 的仓位再次盈利 2% ～3%，最后再将 20% 剩余资金入场。从 2018 年 4 月 2 日分时图运行状况来看，满足首仓 50% 入场条件之后，股价沿着上升的分时均价线快速运行，于 9：47 封住涨停，从封板时间、拉升力度及涨停无量等特征来看，这是一只强势涨停板，应该预期隔日有新高。

从首仓入场到涨停板，后续不少于 5% 的涨幅空间完全满足第二次加仓 30% 的涨幅空间要求，对于此类能够在开盘后不足 20 分钟内封板的强势个股，在涨停板位置预理单完成第三次加仓也是经验与智慧的结晶，也是允许的、值得鼓励的行为。

能够完成第三次加仓也好，因为时间仓促或涨幅空间不符合要求不能完成加仓也罢，都需要保持平静的心态，每一次交易都是对人性弱点的考验，每次交易都是对人性弱点的克服，每一次交易都是一次难得的修行经历，每一次交易都是一次心灵成长契机。需要认真地对待每一次交易，做好交易后的反思与总结。

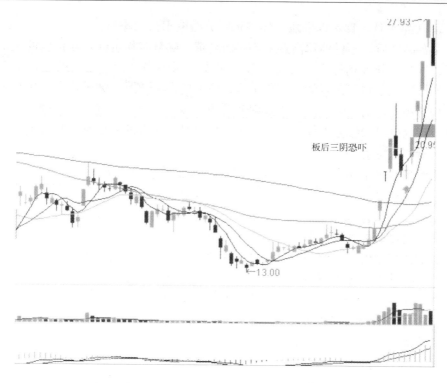

2018 年 4 月 2 日宏辉果蔬（603336）分时图运行实况（见下图）。

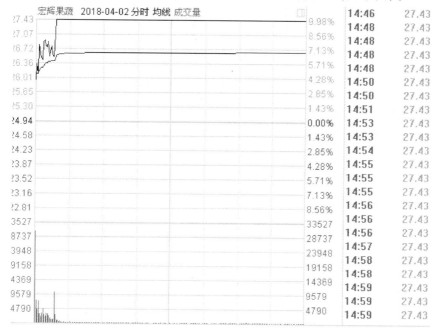

2018 年 4 月 2 日宏辉果蔬（603336）分时图狙击策略：

早盘高开后，不做停留高速上攻，而且黄色的分时均价线位于白色的股价线之下，这是高开入场指令最完美的技术形态。因为高开后，股价的运行速度极快，所以还无法判断黄色的分时均价线的位置所在，此时，如果产生入场疑虑是可以理解和支持的。但是，当你看到分时均价线与股价线呈现多头排列时，且股价在上行的分时均线之上完成调整并展开攻击时，所有的顾虑都应该打消了，不应该再有不入场的任何理由了。

果断 50% 首仓入场以后。股价经过三波次驱动攻击，进入教科书般的调整，调整甚至没有碰触到上行的分时均价线，是强势的调整。在此期间，市场给予了充足的第二次加仓机会。于 9：45 市场进入直线攻击直奔涨停，这是交易新手容易恐惧的时刻，见到快攻的个股而心生恐惧是交易新手常有的心理状态。犹如不是所有的涨停都值得关注一样，不是所有的直线快攻都值得恐惧。交易经验及职业素养都是涨停操盘不可或缺的因素。

无论是首仓入场指令还是后续的两次加仓指令，只要符合规则要求就要百分之百去执行。如同战场上军队首长向自己的士兵发出冲锋的命令一样。作为士兵，服从命令，坚决完成任务是他们的天职。

★ 出场规则

对于入场当日能够涨停的股票，在以后的任何一个交易日，只要不再涨停就必须出局；2018 年 4 月 12 日股票没有涨停，所以该日就是出场日。

分时图出场要点：股票连续 4 个交易日涨停，当日的低开属于不正常的开盘，所以，当你在集合竞价阶段见到股价低开时，应该有两种本能的应对反应：一是在集合竞价阶段预埋单争取尽快出场，以腾出资金和精力狙击其他的强势股；二是依据开盘后股价的实际运行，在 5 分钟内做出相应的出场决定。这两种方法没有优劣之别，只有适不适合的区别，适合自己的就是最好的。

规则就是规则，一旦制定就不可以违背。不被执行的规则形同虚设，与情绪化交易无异。

记住：连续涨停的个股不能见低开，只要是低开就要低挂单率先出场。

★ 持股规则

对于入场当日能够涨停的股票，在以后的每一个交易日，只要能够涨停就必须无条件持股；2018 年 4 月 12 日股票没有涨停，所以该股的持股周期只能到 2018 年 4 月 12 日。

持股规则的确定不需要主观地认定，而是需要依据市场的实际状况来制定。这样制定出来的规则才更贴近于市场的本来面目。

每日一智

破茧法则——社会阶层不会固化

不知道是谁率先提出了社会阶层固化的论调，也不知道是何用意，我只知道自己也曾对此论调有过那么一丝短暂的忧虑或许可；这个论调让很多人对未来陷入了深深的绝望之中，而且依然趋势不减，有更多的人继续被这个论调侵袭着……

直到本人深得心灵智慧开发的精髓，自然地让我想到社会阶层已经固化这个论调的浅薄与幼稚，并感到这个论调的危害实在太大：小到可以毁灭一个人，大到可以毁灭一个民族，一个国家。不难想象，一个阶层固化的社会是多么的可怕：穷人永远穷，富人永远富；学渣永远是学渣，学霸永远是学霸；精英永远是精英，底层永远不会翻身……

这只是悲观者们的论调，无论是从科学的角度还是从宇宙的角度乃至心灵智慧可以开发的角度来说，社会阶层绝不会固化，而是可以相互转化，只是这个转化会不会有你，因为宇宙中的万事万物都是在不断地变化之中，怎么可能固定不变呢？

如果说阶层只能固化，那么一个交易输家就永远只能是输家，永远不可能有晋升为交易赢家的任何可能或希望，但是，事实却不是这样的，实际中有许许多多的交易者经过正确的训练后已然成长为合格的交易赢家，这样的例子不胜枚举。

不仅仅是交易，社会上其他任何行业也是一样的，只要经过相当的刻意训练都有咸鱼翻身，实现财务自由的真实案例。

在交易就只谈交易，一个交易员的晋升之路是有路径可循，有法可依的；只要按照正确的路径按部就班地走下去，晋升为交易赢家是完全可行的事情，前提是自己喜欢交易这个职业，真心地希望自己能够成为一名合格的交易赢家。不喜欢交易这个职业，不希望成为赢家当然另当别论。

在正确的训练方法指引下，成才的时间可以大大缩短，绝不是社会上传言的或网络大咖们所告诫的那样，交易就是地狱；交易同样也可以是天堂。从统计的角度来说，绝大多数交易小白在正确方法的指引下，只要三年的时间完全可以成长为一名合格的交易赢家；一个已经精通各种交易技术，但是心灵智慧还没有得到足够开发，故此，交易业绩市场摇摆不定处于盈亏边缘的交易者，只要若干个课时的心灵智慧开发指导，就会出现立竿见影的效果，对于这一点，太多的实例已经证明。

无论你现在处于哪一种级别的交易水平，都不要悲观失望，阶层永远不会固化，只要你想改变，极力搞清楚制约自己晋升的关卡是什么？如果是因为交易技术掌握不全、不精，那么你可以选择到心灵成长会所（SGC）去补齐技术短板；如果交易技术尚可，只是因为心灵智慧没有得到足够开发而难以晋升为交易赢家，那么你可以到心灵成长会所（SGC）去学习心灵智慧开发课程，补齐自己心灵智慧不足的缺陷；如此，你所在的阶层就会流动起来，哪有阶层固化的道理呢？

只要世界是变化的，就永远不会存在社会阶层固化的现象，因为任何社会阶层都属于这个世界，没有任何社会阶层可以逃离这个世界而独立存在；只要是属于这个世界的真实存在，那它就会服从这个世界运行总规律的节制，即永远受变化这个总规律的节制，除非自己固执地认为社会阶层的确已经固化不变了。

案例四
★ 图形识别

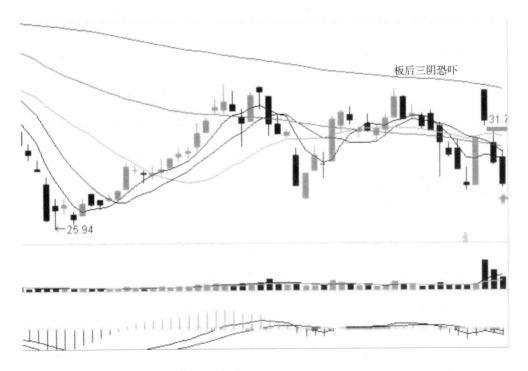

★ 形态描述与市场情绪解读

双一科技（300690）2018 年 4 月 24 日市场给出涨停，涨停板后第一天即2018 年 4 月 25 日市场给出一条高开、放量、涨幅为 3.18% 的伪阴线，涨停板后第二天即 2018 年 4 月 26 日市场给出一条低开、缩量、跌幅为 7.69% 的长阴线，涨停板后的第三天市场给出一条高开、缩量、跌幅为 4.32% 的中阴线，三条连续的阴线其对应的成交量呈现递减状态，满足板后三阴恐吓的技术形态要求。

涨停板之后莫名其妙地低开并连续下杀，主力意欲何为呢？是什么重大的利空导致主力不计成本地抛售呢？看 F10，也没有见到有什么所谓的利空消息。如果不是主力为了出货的大力抛售，单凭不能形成合力的散户群体怎么可以做到低开呢？主力为什么要采取如此恶劣的手段对股价进行打压恐吓呢？是不是假摔洗盘也未可知啊！正确的怀疑不是否定一切而是存疑求证。静待市场给出正确的答案，可以怀疑但不可以否定也不必有必然的肯定！合理怀疑、保持客观永远是一个图表交易赢家努力追求的品质。

单一的技术形态研判难以满足胜率要求，为了提高交易胜率，必须辅以市场结构、涨停位置及技术指标辅助研判才更有效。

▲ 市场结构及涨停位置研判

不是所有的涨停都具备关注价值，要提高涨停操盘的成功率，需要精通市场结构并能够对涨停板位置给出相应的研判。

采用缩略图查看：得知该股上市以后做出双顶即进入长期连续反复的下跌周期于 2018 年 2 月 7 日触底并于当日收出一条长下影伪阴线，俗称锤子线，之后便展开一波拉升，经过 20 个交易日的运行于 2018 年 3 月 13 日结束第一波拉升，区间振幅为 32.46%，区间涨幅为 26.46%，区间振幅、涨幅不足 50% 就具有再关注价值，阶段振幅、涨幅超过 50% 无条件做放弃处理。如果非要给出合理的放弃理由，那么，放弃的理由只有一个，那就是区间振幅、涨幅超过了 50%。

自 2018 年 3 月 13 日起股价运行轨迹发生新的变化，进入宽幅的震荡调整区间，2018 年 4 月 24 日的涨停板出现在调整区间内属于调整区间内的涨停板，不是连续拉升的高位涨停板。

以上从市场结构与涨停位置综合来看，具备关注价值。

▲ 技术指标辅助研判

2018 年 4 月 27 日，5 日均线、10 日均线、20 日均线、60 日均线呈现缠绕状态，这是调整区间内常有的均线状态；也是一阳穿四线该有的雏形，MACD 指标呈现绿柱死叉的看空状态。仅就 MACD 指标而言，这是一个不祥之兆！

在这里我想借助本案例对于技术指标在图表交易中的作用做一点小说明：在图表交易的关键要素中，技术指标的参考价值微乎其微，绝不可以超越价格、成交量、周期及结构等对股价的参考意义。所以，如果在其他诸如价格、成交量、周期及结构等都满足要求的情况下，可以暂时不必理会技术指标的干扰。

永远牢记：价格交易的关键在于确认！

通过以上对该股票的技术形态、市场结构、涨停位置及技术指标的综合辅助分析、解读，认定市场在 2018 年 4 月 25～27 日给出的这三条中长阴线满足板后三阴恐吓的技术条件要求。

是否是主力故意制造的恐吓假摔需要隔日的确认。

既然满足板后三阴恐吓的技术条件要求，理应纳入自选股进行重点关注：市场能否给出入场指令？何时给出入场指令？给出哪一种入场指令？我们不需要知道，静心等待就好。市场在没有给出板后三阴恐吓交易系统中规定的入场指令之前绝不轻举妄动。这是一个合格的系统交易员必须具备的职业素养。

★ 入场规则

2018 年 5 月 2 日，该股早盘微幅高开后，不做任何停顿直接高走，高开高走是强势的运行特征，应做好及时入场的心理及物理准备。见高开高走就是首仓 50% 入场之时，长时期的交易练习会形成肌肉记忆，依靠直觉完成入场。如果你还是停留在需要勇气来完成入场动作，说明你的交易历练还不够，还有一段路要走。

★ 资金管理规则

资金计划：绝不满仓操作，只拿出总资金量的 20%～40% 作为狙击子弹使用。

★ 仓位管理规则

依据分时图运行实况采用五三二入场原则：见股价放量高开的当下，就果断首仓入场 50%。当首仓出现盈利 2%～3% 之后，再买入 30% 的仓位，如果 30% 的仓位再次盈利 2%～3%，最后再将 20% 剩余资金入场。从 2018 年 5 月 2 日分时图运行状况来看，满足首仓 50% 入场条件之后，股价窄幅震荡后快速运行，于 9：47 封住涨停，从封板时间、拉升力度及无量封板等特征来看，这是一只强势涨停板，应该预期隔日有新高。

从首仓入场到涨停板，接近 10% 的涨幅空间完全满足第二次加仓 30% 的涨幅空间要求，同时也满足了第三次加仓 20% 的涨幅空间要求。依据盘面的实际运行该怎样就怎样：该出手时就出手。这是一只长波拉升窄幅短时调整的个股，如果加仓动作够迅速，后面的两次分别为 30%、20% 的加仓动作应该是可以在从容中完成的。

能够完成加仓也好，因为时间仓促或者因为其他事情分神不能完成加仓也罢，都需要保持平静的心态，每一次交易都是对人性弱点的考验，每一次交易都是对人性弱点的克服，每一次交易都是一次难得的修行经历，每一次交易都是一次心灵成长契机。需要认真地对待每一次交易，做好交易后的反思与总结。抱着这样的心态从事交易，你的交易能力想不提高都难。

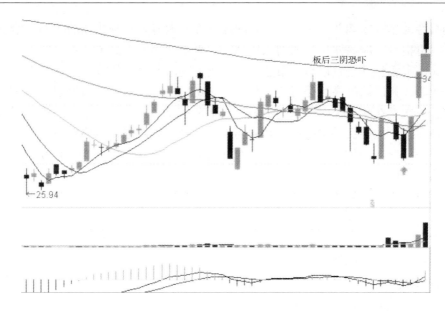

2018 年 5 月 2 日双一科技（300690）分时图运行实况（见下图）。

2018 年 5 月 2 日双一科技（300690）分时图狙击策略：

早盘微幅高开且高走，见高走就要首仓入场。窄幅短时调整是围绕着走平的分时均价线进行的。在调整正在进行的当下，我们无法知晓调整的周期到底会有多长，调整之后的运行方向如何选择，但是，窄幅是清晰可见的，而窄幅就是强势调整特征之一，如此，调整之后新的运行方向大概率会是快速的。如果给出向上的运行指令，应该做出快速的入场动作，否则就变成追高了。

突破窄幅整理平台以后，白色的股价线继续沿着上行的分时均价线做着长波拉升短时浅幅回调的高速运行，于9：47封住涨停，在涨停之前出现了两次变轨调整：一次是在9：41，采用短时浅幅回调的方式；另一次是在9：44采用曲线运行的方式。从两次调整的形态和周期来看都是强势调整，强势调整之后的攻击大概率是强攻击。你可以把后续的两次分别为30%、20%的加仓安排在每一次调整之后的突破处。

无论是首仓入场指令，还是后续的两次加仓指令，只要符合规则要求就要百分之百去执行。如同战场上军队首长向自己的士兵发出冲锋的命令一样。作为士兵，服从命令，坚决完成任务是他们的天职。不能如期完成相应交易指令，盘后应有反思，应该为此而感到羞耻。

★ 出场规则

对于入场当日能够涨停的股票，在以后的任何一个交易日，只要不再涨停就必须出局；2018年6月21日股票没有涨停，所以该日就是出场日。

分时出场要点：股票连续两个交易日给出涨停，当日的大幅高开属于正常的开盘，在集合竞价阶段见到股价大幅高开理应持股不动；开盘后股价迅速上攻并封住涨停，继续持股不动；9：44打开涨停，只要能够再封住涨停就可以继续持有；13：35再次封住涨停，可以继续持有，但是因为从开板到封板时间耗时过长，所以应多一份谨慎了；所谓事不过三，当14：14再次开板时可以一次性全仓出场了。

规则就是规则，一旦制定就不可以违背。不被执行的规则形同虚设，与情绪化交易无异。

★ 持股规则

对于入场当日能够涨停的股票，在以后的每一个交易日，只要能够涨停就必须无条件持股；2018年5月4日股票没有涨停，所以该股的持股周期只能到2018年5月4日。

持股规则的确定不需要主观地认定，而是需要依据市场的实际状况来制定。这样制定出来的规则才更贴近于市场的本来面目。

 每日一智

从交易小白到人生赢家的40个阶段

（1）通过购书和参加启蒙培训来获得交易入门知识。

（2）凭借刚学来的新知识开始交易。

（3）不断的亏损让自己意识到：自己还需要进一步的学习。

（4）开始进一步的深造。

（5）根据所学转变/升级自己的思路。

（6）运用新思路再度进入市场进行交易。

（7）再度遭受创击，开始丧失信心，恐惧也接踵而来。

（8）还不会死心，开始倾听小道消息和其他交易者的看法。

（9）返回市场，然后继续被打击，其中有一部分人绝望地离开了市场。

（10）剩下的那一部分人继续交易并再度否定原来的思路。

（11）他们进行更多的练习。

（12）返回市场，发现自己有了些进步。

（13）开始自负（自我膨胀），而市场毫不留情地教训了他们。

（14）他们开始意识到要想成功地进行交易需要花费比他们预期更多的时间和精力，以及获取更多的知识；认识到这活非常棘手时，又有一部分人开始放弃。

（15）他们开始变得严谨自律/严肃认真，开始倾力研究实用的交易方法。

（16）他们用自己的交易方法获得了些收益，但同时也发现仍旧存在一些缺陷/问题。

（17）他们开始想到需要给他们的交易方案制定规则。

（18）他们用一定的节奏/周期的交易来改造完善他们的交易规则。

（19）他们接下来发现成功了不少，但仍然发现由于他们执行时的拖延，错过交易或在交易时的犹豫不决。

（20）通过删减添加修正他们的规则，使其显得更有效率。

（21）他们感觉自己非常接近成功交易或离成功交易不远了。

（22）他们终于认识到：成功在于他们自身而不是交易系统，他们应该自己为交易结果负责。

（23）持续交易，进一步完善交易系统。

（24）在交易的同时，他们仍然存在违背原则的意图/倾向，从而令交易结果并不稳定。

（25）他们需要休息。

（26）他们返回来继续审视他们的规则。

（27）修正后，对于系统和规则，他们信心十足，返回市场。

（28）交易结果更棒了，但他们在临门一脚处理不好，仍然有些踌躇。

（29）当他们看到违反规则的糟糕交易时，他们就会意识到遵守规则的重要性。

（30）他们发现不成功是由于自己心灵智慧不足，于是开始着力开发自己的心灵智慧；能够走到这一步的交易者已经屈指可数了。

（31）他们继续交易，市场会教导他们愈来愈多关于自己自身的问题。在持续的交易中，市场让他们自身的问题——暴露无遗。

（32）他们已经精通和掌握自己的交易系统和规则。

（33）他们开始持续盈利。

（34）他们有了些自负/自我膨胀的时候，市场又给了他们当头一棒。

（35）他们继续吸取教训。

（36）心灵智慧足够成长后，开始超脱地按规则进行交易，虽然交易变得乏味，但交易很成功，账户的盈利不断增长。

（37）交易系统与心灵智慧完美融合。

（38）他们赚的钱超乎想象/预期。

（39）他们继续自己的交易生活，完成以往都不敢想象的目标。

（40）他们开始探寻生命的价值与意义。

从（1）到（40）是个过程，没有人能够跨越过程从（1）直接飞到（40），这个过程有长有短，有人能够从（1）最终来到（40），这是幸运的少数人；绝大多数人从（1）到（40）之前的某一个环节，因人而异；从如果不是真的喜欢交易，请不要贸然从事交易，看到上述过程，你会做何感想呢？还想继续从事交易吗？如果你是真心喜欢交易，那么上述反复的历练过程不会阻挡你前进的步伐，成功终将属于你。

案例五

★ 图形识别

★ 形态描述与市场情绪解读

保隆科技（603197）2018年5月15日市场给出涨停，涨停板之后第一天即2018年5月16日市场给出一条高开、放量、跌幅为0.19%的长上影阴线，涨停板之后第二天即2018年5月17日市场给出一条低开、缩量、跌幅为3.74%的带下影线的中阴线，涨停板之后的第三天即2018年5月18日市场给出一条低开、缩量、跌幅为3.24%的中阴线，三条K线的成交量呈现递减状态，满足板后三阴恐吓的技术形态要求。

涨停板之后莫名其妙地上冲杀跌，连续的低开下杀，主力意欲何为呢？是什么重大的利空导致主力不计成本地抛售呢？看F10，也没有见到有什么所谓的利空消息。如果不是主力为了出货的大力抛售，单凭不能形成合力的散户群体怎么可以做到连续的低开下杀？主力为什么要采取如此恶劣的手段对股价进行打压恐吓呢？是不是假摔洗盘也未可知啊！正确的怀疑不是否定一切而是存疑求证。静待市场给出正确的答案，可以怀疑但不可以否定也不必有必然的肯定！

单一的技术形态研判难以满足胜率要求，为了提高交易胜率，必须辅以市场结构、涨停位置及技术指标辅助研判才更有效。

▲ 市场结构及涨停位置研判

不是所有的涨停都具备关注价值，要提高涨停操盘的成功率，需要精通市场结构并能够对涨停板位置给出相应的研判。

采用缩略图查看：得知该股经过长期连续反复的下跌于2018年2月9日触底并于当日收出一条长下影小阴线，俗称单针探底，之后展开一波拉升，经过17个交易日的运行于2018年3月12日结束第一波筑底拉升，区间振幅为36.89%，区间涨幅为19.81%，区间振幅、涨幅均不足50%就具有再关注价值，阶段振幅、涨幅超过50%无条件做放弃处理。如果非要给出合理的放弃理由，那么，放弃的理由只有一个，那就是区间振幅、涨幅超过了50%。

自2018年3月12日起股价运行轨迹发生新的变化，进入新一轮的宽幅震荡调整区间，2018年5月15日的涨停板属于调整区间内的涨停，不是连续拉升的高位涨停板。

以上从市场结构与涨停位置综合来看，具备狙击价值。

▲ 技术指标辅助研判

2018年5月18日，5日均线、10日均线所对应的数值分别为30.54、30.15，说明5日均线、10日均线呈现多头排列状态，5日均线、10日均线、20日均线、60日均线四条均线缠绕粘合在一起，这是一阳穿四线该有的雏形，MACD指标呈现金叉红柱的看多状态。这些都是支持股价上涨的有利信号。

通过以上对该股票的技术形态、市场结构、涨停位置及技术指标的综合辅助分析、解读，认定市场在 2018 年 5 月 16 ~ 18 日给出的这三条上冲下杀、连续缩量跳空的中阴线满足板后三阴恐吓的技术条件要求。

是否是主力故意制造的恐吓假摔需要隔日的确认。

既然满足板后三阴恐吓的技术条件要求，理应纳入自选股进行重点关注：市场能否给出入场指令？何时给出入场指令？给出哪一种入场指令？我们不需要知道，静心等待就好。市场在没有给出板后三阴恐吓交易系统中规定的入场指令之前绝不轻举妄动。这是一个合格的系统交易员必须具备的职业素养。

★ 入场规则

2018 年 5 月 21 日，该股早盘微幅高开后，不做任何停顿直接高走，黄色的分时均价线位于白色的股价线之下，这是分时图中均线多头排列形态，是支持股价上涨的一种形态。明确黄白线的位置关系是利用分时图入场的重要参考指标。

见高开且黄白线呈现多头排列状态就是首仓 50% 入场之时，这是一个需要勇气的时刻，任何的犹豫和徘徊都有可能错过最佳的入场时机。

★ 资金管理规则

资金计划：绝不满仓操作，只拿出总资金量的 20% ~ 40% 作为狙击子弹使用。

★ 仓位管理规则

依据分时图运行实况采用五三二入场原则：见股价放量高开的当下，就果断首仓入场 50%。当首仓出现盈利 2% ~ 3% 之后，再买入 30% 的仓位，如果 30% 的仓位再次盈利 2% ~ 3%，最后再将 20% 剩余资金入场。从 2018 年 5 月 21 日分时图运行状况来看，满足首仓 50% 入场条件之后，股价沿着上升的分时均价线快速运行，于 9：40 封住涨停，从封板时间、拉升力度及无量涨停等特征来看，这是一只强势涨停板，应该预期隔日有新高。

从首仓入场到涨停板，接近 10% 的涨幅空间完全满足第二次加仓 30% 的涨幅空间要求，同时也满足了第三次加仓 20% 的涨幅空间要求。依据盘面的实际运行该怎样就怎样：该出手时就出手。这是一只长波拉升直封涨停的个股，如果加仓动作不够迅速，股价在高速运行时，后面的两次分别为 30%、20% 的加仓动作是不容易完成的。对于好多普通的交易者而言股价的高速运行给他们带来的是恐惧，而恐惧表现在行动上就是无法动弹，只能眼睁睁地看着股价快速攻击！

能够完成加仓也好，因为时间仓促不能完成加仓也罢，都需要保持平静的心态，每一次交易都是对人性弱点的考验，每一次交易都是对人性弱点的克服，每一次交易都是一次难得的修行经历，每一次交易都是一次心灵成长契机。需要认真地对待每一次交易，做好交易后的反思与总结。宁愿不做加仓，也不要随意破坏良好的交易心态，良好的交易心态是未来交易的根本保障。对于交易心态的呵护是任何一个交易赢家都十分重视的事情。

2018 年 5 月 21 日保隆科技（603197）分时图运行实况（见下图）。

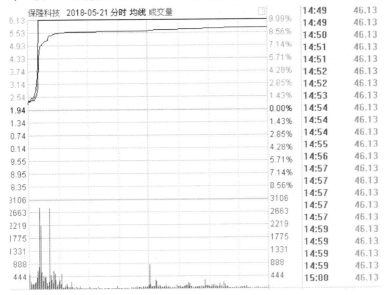

2018 年 5 月 21 日保隆科技（603197）分时图狙击策略：

早盘微幅高开后，无停留直接上攻，而且黄色的分时均价线位于白色的股价线之下，这是高开高走入场指令最完美的技术形态。高开低开与否不重要，开盘之后的运行方向才是核心关键！再配合以黄色的分时均价线与白色的股价线呈现多头排列状态，所有的入场顾虑都应该打消了，不应该再有不入场的任何理由了。

果断50%首仓入场以后，股价在黄色的分时均价线之上做了4分钟左右的高B高C式强势整理，随即进入一波式高速拉升也是情理之中的事情，强调之后若有攻击必是强攻，这是规律！9：40直封涨停。细心的交易者会发现股价拉升的速度越来越快，盘中大单连续不断，这是强势涨停板共有的特征。如果你交易时间足够长并经常做这方面的观察与练习，此时你本能的反应该是在涨停板位置提前对第三次20%的加仓进行预埋单操作：挂在涨停板价争取提前成交。无论是首仓入场指令还是后续的两次加仓指令，只要符合规则要求就要百分之百去执行，不要被分时盘面上高速运行的股价所吓倒。如同战场上军队首长向自己的士兵发出冲锋的命令一样。作为士兵，服从命令，坚决完成任务是他们的天职。前怕狼后怕虎，唯唯诺诺、迟疑不决交易的行为是不合格的，是可耻的行为。

★ 出场规则

对于入场当日能够涨停的股票，在以后的任何一个交易日，只要不再涨停就必须出局；2018年5月22日股票没有涨停，所以该日就是出场日。

分时出场要点：股票昨日涨停，当日的高开属于正常的开盘，在集合竞价时见到高开应继续持股不动；高开后直接低走，只要不破昨日收盘价就不必大惊小怪；9：31短时窄幅弱势反弹后继续快速下跌，在股价下破反弹低点之际就可以全仓出场了。为什么不先出场半仓呢？这是由股价的运行结构决定的，高开后迅速下打时无法做出强弱或出场的决定，问题的关键在于，9：31的短时窄幅反弹，这是弱势的反弹，弱反之后必有强杀！所以在你见到股价下破反弹低点时就可以全仓出场了。这就是交易技术在实战中的具体应用；不是技术无用，是你的技术无用；问题不是出在技术上而是出在个人身上！

规则就是规则，一旦制定就不可以违背。不被执行的规则形同虚设，与情绪化交易无异。

★ 持股规则

对于入场当日能够涨停的股票，在以后的每一个交易日，只要能够涨停就必须无条件持股；2018年5月22日股票没有涨停，所以该股的持股周期只能到2018年5月22日。

持股规则的确定不需要主观地认定，而是需要依据市场的实际状况来制定。这样制定山来的规则才更贴近于市场的本来面目。

! 每日一慧

分析师与图表交易者

分析师撰写报告，是分析师的工作，报告是分析师的产品。如果分析师出的报告没人看，没人信，那么他的这份报告就是不合格的；相反，如果分析师的这份报告有人看，有人信，那么他的这份报告就是合格的，这样的分析师就是一名合格的分析师。

图表交易者是负责选择和买卖股票的人。选股依据是市场本身给出的形态特征，买卖是依据市场此时此刻的表现来进行的。这是赢家的交易依据——市场；交易输家不信市场，他们更相信分析师的文字或语言，这是交易输家失败的原因之一。

好的分析师不能等同于好的交易员，这是两个岗位，两个工作，需要的能力是不同的，他们之间的相互转化是需要时间，而且未必都能转化为成功。业内的真实状况是：只有极少的一部分人能够从分析师成功转化成一名合格的系统交易者。

作为交易员，他们不会100%相信分析师撰写的文字，因为分析师的市场报告的文字里好多是分析师思维的产物，而思维里的东西与客观事实存在相悖的可能，一切都应以市场的本来面目为准！

所有的语音和文字都是思维的产物！都是主观的产物，都有可能与客观相悖！正确的做法是，可以参考分析师的文字，但应以市场的实际运行为准。

市场的实际运行由主力资金决定，不由分析师的文字决定。

案例六
★ 图形识别

★ 形态描述与市场情绪解读

华软科技（002453）2018年5月29日市场给出涨停，涨停板之后第一天即

2018 年 5 月 30 日市场给出一条高开、放量、涨幅为 0.61% 的长上影伪阴线，涨停板之后的第二天即 2018 年 5 月 31 日市场给出一条低开、缩量、跌幅为 1.97% 的伪阳线，涨停板之后的第三天即 2018 年 6 月 1 日给出一条低开、缩量、跌幅为 4.17% 带上下影线的中阴线，三天的成交量呈现递减状态，满足板后三阴恐吓的技术形态要求。

涨停板之后的第一天股价快速的上攻下洗，让追高者留在了高位站岗，之后连续的两个交易日出现跳空低开现象，让那些追高站岗的交易者产生绝望的恐惧情绪是可想而知的，莫名其妙地连续低开，股价在盘中上冲下洗，主力意欲何为呢？是什么重大的利空导致主力不计成本地抛售呢？看 F10，也没有见到有什么所谓的利空消息。如果不是主力为了出货的大力抛售，单凭不能形成合力的散户群体怎么可以做到连续低开，怎么可能做到上冲下洗呢？主力为什么要采取如此恶劣的手段对股价进行打压恐吓呢？是不是假摔洗盘也未可知啊！面对这样的盘面产生相应的思考和疑虑也是情理之中的事情。正确的怀疑不是否定一切而是存疑求证。静待市场给出正确的答案，可以怀疑但不可以想当然地否定也不必有必然的肯定！

单一的技术形态研判难以满足胜率要求，为了提高涨停操盘的交易胜率，必须辅以市场结构、涨停位置及技术指标辅助研判才更有效。

▲ 市场结构及涨停位置研判

不是所有的涨停都具备关注价值，要提高涨停操盘的成功率，需要精通市场结构并能够对涨停板位置给出相应的研判。

采用缩略图查看：得知该股经过长期连续反复的下跌于 2018 年 5 月 28 日触底，隔日即 2018 年 5 月 29 日收出一条高开涨停板，因为没有出现明显的筑底区间，所以无法给出股价反转的研判，只能以反弹来对待。就结构理论而言，反弹结构也是清晰的，是两个波次的攻击。所以从结构上来说可以预期还有一次攻击，如此，反弹结构才算完整。

涨停板之后的调整抹去了涨停板的全部涨幅，股价又回到了底部区间内，股价处于低位是毫无疑问的。

以上从市场结构与涨停位置综合来看，具备狙击价值。

▲ 技术指标辅助研判

2018 年 6 月 19 日，5 日均线、10 日均线所对应的数值分别为 6.36、6.40，说明 5 日均线、10 日均线呈现空头排列状态，因为前期股价下跌速度较快导致均线空头排列，而短期股价的快速攻击又没有给出均线的修复时间。但是 5 日均线、10 日均线两条短期均线已经趋于走平是客观的现实，MACD 指标呈现金叉红柱的看多状态。这些都是支持股价上涨的有利信号。

通过以上对该股票的技术形态、市场结构、涨停位置及技术指标的综合辅助分析、解读，认定市场在 2018 年 5 月 30～31 日及 6 月 1 日给出的这三条上冲下洗、跳空、缩量的中小阴线满足板后三阴恐吓的技术条件要求。

是否是主力故意制造的恐吓假摔需要隔日的确认。

既然满足板后三阴恐吓的技术条件要求，理应纳入自选股进行重点关注：市场能否给出入场指令？何时给出入场指令？给出哪一种入场指令？我们不需要知道，静心等待就好。市场在没有给出板后三阴恐吓交易系统中规定的入场指令之前绝不轻举妄动。这是一个合格的系统交易员必须具备的职业素养。

★ 入场规则

2018 年 6 月 4 日，该股早盘微幅高开后，不做任何停顿快速上攻，开盘价就是当日最低价，黄色的分时均价线位于白色的股价线之下，这是分时图中均线多头排列形态，是支持股价上涨的一种形态。明确黄白线的位置关系是利用分时图入场的重要参考指标。

见高开高走且黄白线呈现多头排列状态就是首仓 50% 入场之时，这是一个需要勇气的时刻，任何的犹豫和徘徊都有可能错过最佳的入场时机。

★ 资金管理规则

资金计划：绝不满仓操作，只拿出总资金量的 20%～40% 作为狙击子弹使用。

★ 仓位管理规则

依据分时图运行实况采用五三二入场原则：见股价放量高开高走的当下，就果断首仓入场 50%。当首仓出现盈利 2%～3% 之后，再买入 30% 的仓位，如果 30% 的仓位再次盈利 2%～3%，最后再将 20% 剩余资金入场。从 2018 年 6 月 4 日分时图运行状况看，满足首仓 50% 入场条件之后，股价沿着上升的分时均价线高速运行，一波次于 9：33 封住涨停，从封板时间、拉升力度及涨停无量等特征来看，这是一只强势涨停板，应该预期隔日有新高。

从首仓入场到涨停板，接近 10% 的涨幅空间完全满足第二次加仓 30% 的涨幅空间要求，同时也满足了第三次加仓 20% 的涨幅空间要求。依据盘面的实际运行该怎样就怎样：该出手时就出手。这是一只一波次高速拉升直奔涨停的个股，如果加仓动作够迅速，那么，股价在涨停之前完成后面的两次分别为 30%、20% 的加仓动作应该是可以的。但是，如果因为股价高速运行给自己带来的恐吓而延迟了加仓或错过加仓机会也是常有的事情。

能够完成加仓也好，因为时间仓促或恐惧心理导致的不能完成加仓也罢，都需要保持平静的心态，每一次交易都是对人性弱点的考验，每一次交易都是对人性弱点的克服，每一次交易都是一次难得的修行经历，每一次交易都是一次心灵成长契机。需要认真地对待每一次交易，做好交易后的反思与总结。

2018 年 6 月 4 日华软科技（002453）分时图运行实况（见下图）。

2018 年 6 月 4 日华软科技（002453）分时图狙击策略：

早盘微幅高开，无停留直接上攻，而且黄色的分时均价线位于白色的股价线之下，这是高开高走入场指令最完美的技术形态。因为高开后，股价的运行速度极快，所以还无法判断黄色的分时均价线的位置所在，此时，如果产生入场疑虑是可以理解的。但是，当你看到分时均价线与股价线呈现多头排列状态时，所有的顾虑都应该打消了，不应该再有不入场的任何理由了。

果断 50% 首仓入场以后，白色的股价线继续沿着上行黄色分时均价线做着长波拉升高速运行，股价于 9：33 就牢牢地封住涨停。主力拉板速度之快、用时之短令人咋舌。

无论是首仓入场指令还是后续的两次加仓指令，只要符合规则要求就要百分之百去执行，别被自己的思维所控制，如同战场上军队首长向自己的士兵发出冲锋的命令一样。作为士兵，无脑执行，服从命令，坚决完成任务是他们的天职。

★ 出场规则

对于入场当日能够涨停的股票，在以后的任何一个交易日，只要不再涨停就必须出局；2018 年 6 月 5 日股票没有涨停，所以该日就是出场日。对于这类早盘高开高走不能封住涨停的个股，一旦下破黄色的分时均价线就可以执行出场指令了。

规则就是规则，一旦制定就不可以违背。不被执行的规则形同虚设，与情绪化交易无异。

★ 持股规则

对于入场当日能够涨停的股票，在以后的每一个交易日，只要能够涨停就必须无条件持股；2018 年 6 月 5 日股票没有涨停，所以该股的持股周期只能到 2018 年 6 月 5 日。

持股规则的确定不需要主观地认定，而是需要依据市场的实际状况来制定。这样制定出来的规则才更贴近于市场的本来面目。

 每日一智

由爱比克泰德思想引发的交易哲学思考

爱比克泰德（约 55～135 年），古罗马最著名的斯多葛学派的哲学家之一，出生在罗马弗里吉亚的一个奴隶家庭，5 岁的时候被卖到罗马的一个权贵家里为奴。奴役期间，他的腿受伤留下了残疾，身体状况也不太好。所幸的是，他在哲学方面颇具天赋，他的主人器重他，便让他师从斯多葛学派的哲学家鲁佛斯。最终，爱比克泰德就在罗马教学，并建立了斯多葛学园。然而，平静的日子并没有就此继续，罗马皇帝图密善看到哲学家的影响力越来越大，担心自己的王位不保，就下令把爱比克泰德驱赶出罗马。离开罗马后，他去了希腊尼科波利斯，在那里建立了一所学校，向前来求学的人讲述哲学，直至80岁终老。

爱比克泰德是继苏格拉底后对西方伦理道德说的发展做出最大贡献的哲学家，是继希腊哲学思想之集大成者。他一生专注于对具体的生活伦理学的思考，并真正地践行着自己的伦理道德思想，可谓是知行合一。当时，他已在世界享有盛名，但他始终过着清贫的日子，除了一张床、一盏油灯之外，他几乎再无其他财产。

爱比克泰德对宇宙的本质、物质没什么兴趣，他说："这跟我有什么关系呢？光知道理解善与恶的本质还不够吗？"善与恶都是以人为出发点说的，因此在他的哲学思想里，没有宇宙的本原之类的东西，所有的核心都围绕着"人"来展开。爱比克泰德终生都在思考：我们如何才能过上充实而幸福的生活？我们如何才能够做一个好人？

在爱比克泰德看来，美好的人生并不是把各项规则罗列出来，机械地去遵守，而是要寻求心灵的自由和安宁，回归内在的心灵，遵从自然规律过一种自制的生活。爱比克泰德认为真正的自由是一种美德而非反抗或坚持己见，是一种朴实地为家庭和社会服务的生活而非操纵自然或控制人类。众人所仰慕追求的名望、财富、权力，全都是昙花一现的东西，与真正的幸福毫无关系。要收获美好的人生，当控制欲望，履行义务，认清自己及人际关系。

爱比克泰德知道，人们在生活中会遇到各种问题，为了给身处不同境况的人勾勒出一条通往幸福和宁静的道路，让人们懂得如何安顿自己的心灵，理性地面对生活中的一切问题，他付出毕生的心血。在他的著作中，时常会看到这样的话：如"让我平静地接受我无法改变的事情；让我勇敢地改变我可以改变的事情；请赐予我识别哪些事情我可以改变，哪些事情我无法改变的智慧"。

好的生活是内心平静的生活，幸福只能在内心找到，而自由才是生命中唯一值得追求的目标。对那些我们无法控制的事情不予理睬，才能获得自由；如果我们的头脑充满了可悲的恐惧、浮躁与野心，就不可能拥有一颗轻松自在的心。

时至今日，爱比克泰德的思想依然具有很强的启发性和指导意义，他帮助人们找到了一种面对人生困难的方法，引导人们去为思想的宁静、自由而努力。

"我可以知道什么？我应该做什么？我可以希望什么？"是交易哲学三个基本问题，这与爱比克泰德的基本思想又是多么的相近啊。

案例七

★ **图形识别**

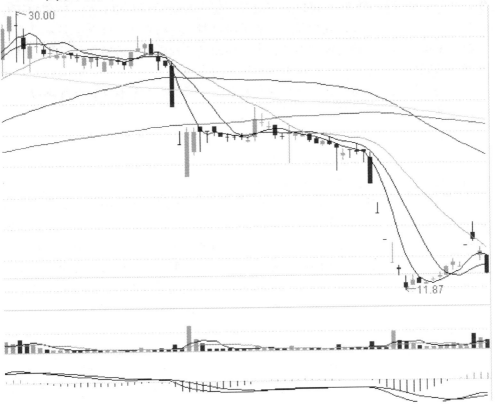

★ **形态描述与市场情绪解读**

环球印务（002799）2018年5月29日市场给出一字板涨停，涨停板之后的第一天即2018年5月30日市场给出一条高开、放量、涨幅为2.59%的长上影伪阴线，涨停板之后的第二天隔日即2018年5月31日市场给出一条低开、缩量、跌幅为5.19%的带上下影线的伪阳线，涨停板之后的第三天即2018年6月1日给出一条低开、缩量、跌幅为9.89%接近跌停板的长阴线，三天的成交量呈现不断递减的状态，满足板后三阴恐吓的技术形态要求。

涨停板之后的第一天股价高举高打，上冲下洗，让追高者当日就出现浮亏，第二天的低开下杀，让短线客达到自己的止损位割肉离场，第三天继续低开下杀让那些还抱有一丝幻想的股市贡献者们绝望离场。可以想象，如果你不幸身在其中，自己会有什么样的心理体验呢？煎熬、痛苦、绝望、后悔等负面情绪就是你形影不离的好友！

主力意欲何为呢？是什么重大的利空导致主力不计成本地抛售呢？看F10，也没有见到有什么所谓的利空消息。如果不是主力为了出货的大力抛售，单凭不能形成合力的散户群体怎么可以做到低开，怎么可能做到上冲下洗、连续的低开恐吓呢？主力为什么要采取如此恶劣的手段对股价进行打压恐吓呢？是不是假摔洗盘也未可知啊！正确的怀疑不是否定一切而是存疑求证。静待市场给出正确的答案，可以怀疑但不可以否定也不必有必然的肯定！

单一的技术形态研判难以满足胜率要求，为了提高交易胜率，必须辅以市场结构、涨停位置及技术指标辅助研判才更有效。

▲ 市场结构及涨停位置研判

不是所有的涨停都具备关注价值，要提高涨停操盘的成功率，需要精通市场结构并能够对涨停板位置给出相应的研判。

采用缩略图查看：得知该股经过长期连续反复的下跌于2018年2月9日触底，隔日即2018年2月12日给出一条高开涨幅为4.18%的中阳线是对2月9日触底预判的确认。之后展开一波拉升，经过11个交易日的运行于2018年5月30日结束第一波筑底拉升，区间振幅为35.89%，区间涨幅为14.20%，区间振幅、涨幅不足50%就具有再关注价值，阶段振幅、涨幅超过50%无条件做放弃处理。如果非要给出合理的放弃理由，那么，放弃的理由只有一个，那就是区间振幅、涨幅超过了50%。

自2018年5月30日起股价运行轨迹发生新的变化，进入新一轮的快速、深度调整，仅用三天时间就抹去了自2018年2月9日以来的绝大部分涨幅。所以仅就位置而言绝对不是在高位。任何从底部上来的攻击运行首先定义为反弹而不是反转，是合理的研判思维，因为所有的反转都是事后才能给出确切的结论。既然是反弹，那么从结构上来说，还需要有一次攻击才算完整。

以上从市场结构与涨停位置综合来看，具备狙击价值。

▲ 技术指标辅助研判

2018年6月1日，5日均线、10日均线所对应的数值分别为14.03、13.46，说明5日均线、10日均线呈现多头排列状态，MACD指标呈现金叉红柱的看多状态。这些都是支持股价上涨的有利信号。

通过以上对该股票的技术形态、市场结构、涨停位置及技术指标的综合辅助分析、解读，认定市场在2018年5月30~31日及6月1日给出的这三条上冲下洗、连续跳空、缩量的中长阴线满足板后三阴恐吓的技术条件要求。

是否是主力故意制造的恐吓假摔需要隔日的确认。

既然满足板后三阴恐吓的技术条件要求，理应纳入自选股进行重点关注：市场能否给出入场指令？何时给出入场指令？给出哪一种入场指令？我们不需要知道，静心等待就好。市场在没有给出板后三阴恐吓交易系统中规定的入场指令之前绝不轻举妄动。这是一个合格的系统交易员必须具备的职业素养。

★ 入场规则

2018 年 6 月 4 日，该股早盘微幅低开后，在昨日收盘价之下做了短暂的调整，于 9：38 放量突破昨日收盘价，突破之时黄色的分时均价线位于白色的股价线之下，这是分时图中均线多头排列形态，是支持股价上涨的一种形态。明确黄白线的位置关系是利用分时图入场的重要参考指标。

见股价放量突破昨日收盘价且黄白线呈现多头排列状态就是首仓 50% 入场之时，长时间的练习之后会形成肌肉记忆，产生入场直觉。如果你还需要勇气来完成你的入场，说明你距离一个独立的交易者还有很长的路要走。

★ 资金管理规则

资金计划：绝不满仓操作，只拿出总资金量的 20% ~40% 作为狙击子弹使用。

★ 仓位管理规则

依据分时图运行实况采用五三二入场原则：见股价放量高开的当下，就果断首仓入场 50%。当首仓出现盈利 2% ~3% 之后，再买入 30% 的仓位，如果 30% 的仓位再次盈利 2% ~3%，最后再将 20% 剩余资金入场。从 2018 年 6 月 4 日分时图运行状况来看，满足首仓 50% 入场条件之后，股价沿着上升的分时均价线中速运行，此时应该预期，股价未来会有回调，这都是长期看盘积累出来的经验。至于调整的模式及调整的时间是无须多虑的，因为没有人会知道股价会采取什么样的方式进行调整？调整时间又是多少？知其不可为而不为，智者从不自扰！

调整是在黄色的分时均价线之上完成的，属于强势调整。于 10：25 封住涨停，从封板时间、拉升力度及涨停无量等特征来看，这是一只强势涨停板，应该预期隔日有新高。

从首仓入场到涨停板，10% 的涨幅空间完全满足第二次加仓 30% 的涨幅空间要求，同时也满足了第三次加仓 20% 的涨幅空间要求。依据盘面的实际运行该怎样就怎样：该出手时就出手。这是一只多波次涨停的个股，这样的个股是友好的个股，因为它让我们后续的两次加仓分别为 30%、20% 更为从容。

能够完成加仓也好，其他事情分神不能完成加仓也罢，都需要保持平静的心态，因为每一次交易都是对人性弱点的考验，每一次交易都是对人性弱点的克服，每一次交易都是一次难得的修行经历，每一次交易都是一次心灵成长契机。需要认真地对待每一次交易，做好交易后的反思与总结。拥有健康的心态比赚钱更重要，因为职业交易者不是只赚一次交易的钱，交易是他们的终生职业。所谓赚钱重要，轻松与快乐更重要。

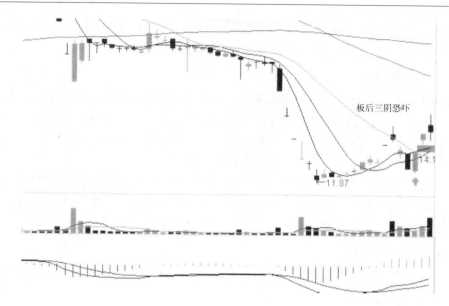

2018年6月4日环球印务（002799）分时图运行实况（见下图）。

2018年6月4日环球印务（002799）分时图狙击策略：

早盘微幅低开，快速下打，V型反转，动作流畅且连贯。9：38放量突破昨日收盘价而且黄色的分时均价线位于白色的股价线之下，市场给出低开翻红入场指令。低开上破加分时均线指标配合，此时已经没有不再入场的任何理由了。

果断 50% 首仓入场以后，股价短时短波拉升后进入调整区间，调整不破分时均价线就是强势调整，强势调整之后如有攻击则必是强势攻击，这是市场的因果定律在发挥作用。对于后面的股价的高速运行都是情理之中和预料之内的事情。如果在临盘时能有这样的心态，后续的两次分别为 30%、20% 的加仓动作一定是从容淡定的。涨停之前的垂直拉升是所有强势涨停的共有特征。主力所有的动作我们都尽收眼底，主力所有的伎俩无法逃过我们的法眼。

★ 出场规则

对于入场当日能够涨停的股票，在以后的任何一个交易日，只要不再涨停就必须出局；2018 年 6 月 6 日股票没有涨停，所以该日就是出场日。涨停板之后的早盘快速拉升而不涨停就要小心是多头陷阱（即所谓的开盘冲），一旦下破黄色的分时均价线就可以无脑出场了。

规则就是规则，一旦制定就不可以违背。不被执行的规则形同虚设，与情绪化交易无异。

★ 持股规则

对于入场当日能够涨停的股票，在以后的每一个交易日，只要能够涨停就必须无条件持股；2018 年 6 月 6 日股票没有涨停，所以该股的持股周期只能到 2018 年 6 月 6 日。

持股规则的确定不需要主观地认定，而是需要依据市场的实际状况来制定。这样制定出来的规则才更贴近于市场的本来面目。

！每日一笑

1.
去买包子，前面一哥们儿捏了一下包子问：老板，咋是凉的啊。
老板：大冷天的你脱光站这儿试试……

2.
根据我的喜好，婚介所安排了 1 个姑娘和我相亲。
没想到见面时，他还带了另外 3 个女孩过来。
我问老板："这怎么回事？"
哦，这几个是你可能感兴趣的人。

3.
"老板你这西瓜甜吗？"
"甜的我都舍不得卖！"
"那给我拿一个。"
回家切开一尝一点也不甜，我回去找老板理论。"你怎么骗人，一点都不甜啊!"

"我没骗人啊,甜的我确实舍不得卖啊!"

4.

阿基米德:给我一个杠杆我能撬动起地球。

金融人:喏,这个三倍杠杆借给你。

第二天开盘,阿基米德净亏两个地球。

5.

会计:你不生产,不加工,没有核心服务。你们靠什么赚钱?

金融:来,你看这筐烂苹果你要怎么卖?

会计:按照原价的一半抛售出去。

金融:我们把烂的切掉,做成果盘,按原价的十倍卖出去。

6.

A:天呐!我刚漏接了女朋友的两个电话!

B:那有什么大不了的?

A:伙计你不懂,这就像一天结束之前忘了对冲一样。

B:哦,那可太糟了。

7.

A:你最近约会的那个法国女孩怎么样?

B:她很好,既聪明又漂亮。可是她就像一个欧式期权,只有在到期日才能行权。

A:你下次还是找个美国女孩吧。

案例八

★ 图形识别

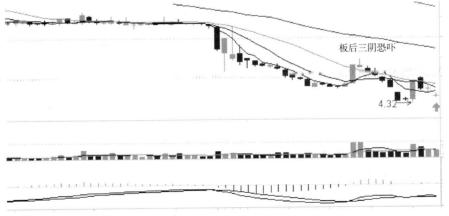

★ 形态描述与市场情绪解读

艾格拉斯（002619）2018 年 6 月 1 日市场给出涨停，涨停之后第一天即 2018 年 6 月 4 日市场给出一条高开、缩量、跌幅为 3.92% 的中小阴线，涨停板之后的第二天即 2018 年 6 月 5 日市场给出一条缩量、涨幅为 0.43% 的十字星线，涨停板之后的第三天即 2018 年 6 月 6 日市场给出一条低开、缩量、跌幅为 3.85% 的伪阳线，涨停板之后的三条 K 线所对应的成交量呈现递减状态，满足板后三阴恐吓的技术形态要求。

涨停板之后连续出现三条成交量递减的 K 线，而且第三条 K 线具有跳空缺口，向下的跳空总是具有恐吓的效力，莫名其妙地跳空低开，主力意欲何为呢？难道公司基本面有什么重大的利空？看 F10，也没有见到有什么所谓的利空消息。如果不是主力为了出货的大力抛售，单凭不能形成合力的散户群体怎么可以做到低开？如果不是主力出货留下盘面痕迹，主力为什么要采取低开跳空的手段对股价进行打压恐吓呢？是不是假摔洗盘也未可知啊！正确的怀疑不是否定一切而是存疑求证。静待市场给出正确的答案，可以怀疑但不可以否定也不必有必然的肯定！如果是假摔，市场一定会给出确认的。

单一的技术形态研判难以满足胜率要求，为了提高交易胜率，必须辅以市场结构、涨停位置及技术指标辅助研判才更有效。

▲ 市场结构及涨停位置研判

不是所有的涨停都具备关注价值，要提高涨停操盘的成功率，需要精通市场结构并能够对涨停板位置给出相应的研判。

采用缩略图查看：得知该股经过长期连续反复的下跌于 2018 年 6 月 1 日触底并于当日收出一条涨停板 K 线，因为没有经过筑底的过程，所以，主力只凭一条涨停板就此发动股价的反转是不现实的，只能以反弹来对待，完整的反弹结构还需要一波攻击才算完整，可以预期未来或有一波反弹攻击；涨停板之后的三天回调又将股价拉回到触底时的底部区域。

以上从市场结构与涨停位置综合来看，具备狙击价值。

▲ 技术指标辅助研判

2018 年 6 月 6 日，5 日均线已经走平上拐，5 日均线、10 日均线、20 日均线三根均线趋向粘合，这是一阳穿三线该有的雏形，MACD 指标呈现金叉红柱的看多状态。这些都是支持股价上涨的有利信号。

通过以上对该股票的技术形态、市场结构、涨停位置及技术指标的综合辅助分析、解读，认定市场在 2018 年 6 月 4～6 日给出的这三条具有跳空缩量的中小阴线满足板后三阴恐吓的技术条件要求。

是否是主力故意制造的恐吓假摔需要隔日的确认。

既然满足板后三阴恐吓的技术条件要求，理应纳入自选股进行重点关注：市场能否给出入场指令？何时给出入场指令？给出哪一种入场指令？我们不需要知道，静心等待就好。市场在没有给出板后三阴恐吓交易系统中规定的入场指令之前绝不轻举妄动。这是一个合格的系统交易员必须具备的职业素养。

★ 入场规则

　　2018 年 6 月 7 日，该股早盘微幅高开高走，黄色的分时均价线位于白色的股价线之下，这是分时图中均线多头排列形态，是支持股价上涨的一种形态。明确黄白线的位置关系是利用分时图入场的重要参考指标。

　　见股价高开高走且黄白线呈现多头排列状态就是首仓 50% 入场之时，长期的交易练习会形成肌肉记忆，产生交易直觉，入场是自然的反应，是不需要勇气支撑的，如果你还需要勇气来支撑自己的入场工作，只是在告诉自己，你历练的时间还不够，独立交易还在路上，还需要继续努力。

★ 资金管理规则

　　资金计划：绝不满仓操作，只拿出总资金量的 20% ~ 40% 作为狙击子弹使用。

★ 仓位管理规则

　　依据分时图运行实况采用五三二入场原则：见股价放量高开的当下，就果断首仓入场 50%。当首仓出现盈利 2% ~ 3% 之后，再买入 30% 的仓位，如果 30% 的仓位再次盈利 2% ~ 3%，最后再将 20% 剩余资金入场。从 2018 年 6 月 7 日分时图运行状况来看，满足首仓 50% 入场条件之后，股价沿着上升的分时均价线快速运行，于 9：37 封住涨停，从封板时间、拉升力度及涨停无量等特征来看，这是一只强势涨停板，应该预期隔日有新高。

　　从首仓入场到涨停板，接近 10% 的涨幅空间完全满足第二次加仓 30% 的涨幅空间要求，同时也满足了第三次加仓 20% 的涨幅空间要求。依据盘面的实际运行该怎样就怎样：该出手时就出手。这是一只高开高走、窄幅短时调整长波拉升直封涨停的个股，如果加仓动作够迅速，那么，顺利完成后面的两次分别为 30%、20% 的加仓动作应该是完全可能的事情；但是，因为股价的高速运行而带来的恐惧情绪影响会导致后面的两次加仓变得异常困难。相信有过多年交易经验的股市贡献者们会有深刻的体会。

　　能够完成加仓也好，因为股价运行速度过快所带来的恐惧影响而不能完成加仓也罢，都需要保持平静的心态，每一次交易都是对人性弱点的考验，每一次交易都是对人性弱点的克服，每一次交易都是一次难得的修行经历，每一次交易都是一次心灵成长契机。需要认真地对待每一次交易，做好交易后的反思与总结。保持好心态胜过一次盈利交易！

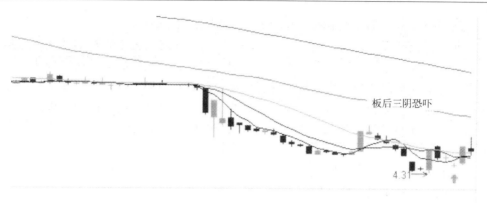

板后三阴恐吓

4.31

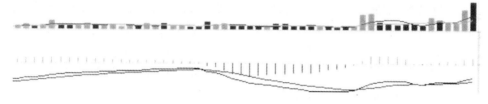

2018 年 6 月 7 日艾格拉斯（002619）分时图运行实况（见下图）。

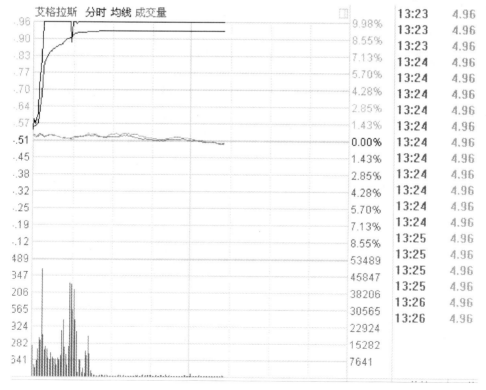

13:23	4.96
13:23	4.96
13:23	4.96
13:24	4.96
13:24	4.96
13:24	4.96
13:24	4.96
13:24	4.96
13:24	4.96
13:24	4.96
13:24	4.96
13:24	4.96
13:25	4.96
13:25	4.96
13:25	4.96
13:26	4.96
13:26	4.96

2018 年 6 月 7 日艾格拉斯（002619）分时图狙击策略：

早盘微幅高开，直接上攻，在黄色的分时均价线之上完成短暂的调整，这是高开高走入场指令较为完美的技术形态。因为高开后，股价的运行速度极快，所以还无法判断黄色的分时均价线的位置所在，此时，如果产生入场疑虑是可以理解的。但是，当你看到分时均价线与股价线呈现多头排列且股价回调不破分时均价线并再创新高之际，所有的顾虑都应该打消了，不应该再有不入场的任何理由了。

短暂调整再创新高之时就是果断 50% 首仓入场之际。调整时间短和调整幅度浅这两大特征都是强势调整固有的特征，强势调整之后的再度攻击必是强势攻击，这是可以预期的。短时窄幅回调之后白色的股价线继续沿着上行的分时均价线做着长波拉升高速运行，于 9：37 封住涨停，如果强势攻击是有预期的，那么后面的两次加仓也不应该会有障碍，不会被该股高速运行的节奏所吓倒。

无论是首仓入场指令还是后续的两次加仓指令，只要符合规则要求就要百分之百去执行。如同战场上军队首长向自己的士兵发出冲锋的命令一样。作为士兵，服从命令，坚决完成任务是他们的天职。因为无端的恐惧情绪干扰而无法完成入场或加仓，需要做出书面的反思与检讨。

★ 出场规则

对于入场当日能够涨停的股票，在以后的任何一个交易日，只要不再涨停就必须出局；2018 年 6 月 8 日股票没有涨停，所以该日就是出场日。

涨停板之后是忌讳低开的，涨停板之后见低开一般采取两种处理办法：一是在集合竞价阶段预埋单，争取早出场；二是等待市场开盘后观察股价运行节奏，如该股开盘在黄色的分时均价线之上，可以不必急于卖出，待股价无力冲高变软变弱时再果断卖出也不迟。

规则就是规则，一旦制定就不可以违背。不被执行的规则形同虚设，与情绪化交易无异。

★ 持股规则

对于入场当日能够涨停的股票，在以后的每一个交易日，只要能够涨停就必须无条件持股；2018 年 6 月 8 日股票没有涨停，所以该股的持股周期只能到 2018 年 6 月 8 日。

持股规则的确定不需要主观地认定，而是需要依据市场的实际状况来制定。这样制定出来的规则才更贴近于市场的本来面目。

!每日一戒

悬置判断，不作任何决定

被誉为怀疑主义鼻祖的古希腊哲学家皮浪有一句著名的口号："不作任何决定，悬置判断。"所谓"悬置"，就是中止的意思，既不肯定也不否定。

皮浪曾说过："最高的善就是不作任何判断，随着这种态度而来的就是灵魂的安宁，就像影子随着形体一样。"皮浪不是为了怀疑而怀疑，他对一切事物都秉持怀疑的态度，不作任何判断，是为了保持不动心的状态，带来灵魂的安宁。生活中，皮浪从不逃避任何事物，也不做任何预见，更不会凭感官武断地断定什么，而是直面一切状况。在任何时候，他都是镇定的，哪怕在他演说的时候人们陆续离开，一个也不剩，他依然会把自己要讲的话讲完。

曾经，皮浪与几个朋友在街上散步，朋友知道他是怀疑主义者，便故意出题刁难他。朋友说："皮浪，前面过来一辆马车，你说说，到底客观上有没有马车，人能不能认识到马车的存在？"皮浪说："这个问题是不能回答的，因为人不可能正确认识外界事物，甚至不能说事物究竟存不存在。"朋友反驳道："既然你不敢承认马车的存在，那你敢不敢躺在马车下，让它从你的身上轧过去？"皮浪说："敢！"说完之后，他就一个箭步冲到了马车前，躺在地上。车夫见此情景，连忙停了车，皮浪安然无恙。

有一次，一条恶狗扑向皮浪，着实把他吓了一跳。为此，有人批评他，他说："要完全摆脱人性的弱点并不容易，但我们应当竭力地与现实抗争。如果可能的话，用行为抗争；不可能的话，用言辞抗争。"还有一次，他的老师阿那克萨库掉进了泥坑，皮浪眼睁睁地看着，却不帮忙。别人都谴责他的冷漠，阿那克萨库却很欣慰，赞赏皮浪真正能够做到不动心。

皮浪没有写下什么著作，可他的生活处处都体现着他的思想，他的哲学就是他的人生，一个言行一致的人。

与其说皮浪是个怀疑主义者，不如说他也是一个不折不扣的现实主义者；皮浪的言行与一个合格的系统交易者所拥有的品质是一样的：在实战交易时，当市场发出相应交易信号时，一个合格的系统交易者不作任何主观的决定，他会悬置判断，只是依据交易系统规则要求机械地即时做出相应的交易动作，不仅仅是一笔交易，而是日复一日，年复一年每一笔交易都是如此……

然而，不得不说，从人性的角度来说，要想始终做到"中止判断，不做任何决定"绝不是一件容易的事情。

案例九

★ 图形识别

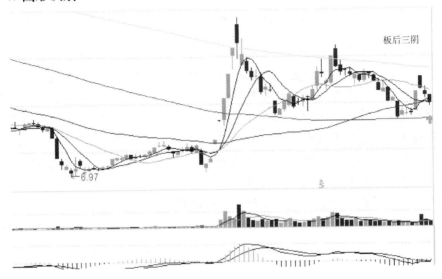

板后三阴

6.97

$

★ 形态描述与市场情绪解读

振华股份（603067）2018 年 6 月 5 日市场给出涨停，涨停板之后的第一天即 2018 年 6 月 6 日市场给出一条高开、放量、涨幅为 0.96% 中型伪阴线，涨停板之后的第二天即 2018 年 6 月 7 日市场给出一条低开、缩量、跌幅为 2.74% 的带上下影线的中小阴线，涨停板之后的第三天即 2018 年 6 月 8 日市场给出一条平开、缩量、跌幅为 3.02% 的带下影线的中小阴线，涨停板之后出现的三条 K 线所对应的成交量是递减的，满足板后三阴恐吓的技术形态要求。

涨停板之后连续的缩量下杀，主力意欲何为呢？是什么重大的利空导致主力不计成本地抛售呢？看 F10，也没有见到有什么所谓的利空消息。如果不是主力为了出货的大力抛售，单凭不能形成合力的散户群体怎么可以做到低开，成交量的不断缩量意味着什么呢？主力为什么要采取连续下跌这样恐吓的手段对股价进行打压呢？是不是假摔洗盘也未可知啊！正确的怀疑不是否定一切而是存疑求证。静待市场给出正确的答案，可以怀疑但不可以否定也不必有必然的肯定！图表交易中，合理的怀疑是不能缺少的思维。

单一的技术形态研判难以满足胜率要求，为了提高交易胜率，必须辅以市场结构、涨停位置及技术指标辅助研判才更有效。

▲ 市场结构及涨停位置研判

不是所有的涨停都具备关注价值，要提高涨停操盘的成功率，需要精通市场结构并能够对涨停板位置给出相应的研判。

市场结构确认依据：股价于 2018 年 3 月 26 日展开了一波快速攻击，于 2018 年 4 月 10 日结束，期间运行了 8 个交易日，这是一个日线级别的攻击，区间振幅为 94.03%，自 2018 年 4 月 10 日以后进入回调区间，至 2018 年 6 月 8 日止，共计运行了 42 个交易日，这是一个周线级别的调整，从周期配比来看已经超时，所以不必预期 3 浪主升的运行。2018 年 6 月 5 日的涨停属于调整区间内的涨停，不是连续拉升的高位涨停。

2018 年 6 月 5 日涨停之后给出的三条回调阴线将前期涨幅吞吃殆尽，完整的调整结构还需要有一次攻击，结构才算完整。

以上从市场结构与涨停位置综合来看，具备狙击价值。

▲ 技术指标辅助研判

2018 年 6 月 8 日，5 日均线、10 日均线所对应的数值分别为 10.16、9.96，说明 5 日均线、10 日均线呈现多头排列状态，5 日均线、10 日均线、20 日均线、60 日均线四条均线趋向粘合，这是一阳穿四线该有的雏形，MACD 指标绿柱线不断缩短并接近零轴。这些都是支持股价上涨的有利信号。

通过以上对该股票的技术形态、市场结构、涨停位置及技术指标的综合辅助分析、解读，认定市场在 2018 年 6 月 6 ~ 8 日给出的这三条具有跳空、缩量特征的中小阴线满足板后三阴恐吓的技术条件要求。

是否是主力故意制造的恐吓假摔需要隔日的确认。

既然满足板后三阴恐吓的技术条件要求，理应纳入自选股进行重点关注：市场能否给出入场指令？何时给出入场指令？给出哪一种入场指令？我们不需要知道，静心等待就好。市场在没有给出板后三阴恐吓交易系统中规定的入场指令之前绝不轻举妄动。这是一个合格的系统交易员必须具备的职业素养。

★ 入场规则

2018 年 6 月 11 日，该股早盘微幅高开后平走再下打，黄色的分时均价线位于白色的股价线之上，这是分时图中均线空头排列形态，是支持股价下跌的一种技术形态。明确黄白线的位置关系是利用分时图入场的重要参考指标。此时，自然的反应当是持币不动，不动如山。

短时窄幅下打后 V 型反转上破黄色的分时均价线，上破之际就是首仓 50% 入场之时，此时，该有的反应是动如脱兔，即时成交。

★ 资金管理规则

资金计划：绝不满仓操作，只拿出总资金量的 20% ~ 40% 作为狙击子弹使用。

★ 仓位管理规则

依据分时图运行实况采用五三二入场原则：见股价放量高开的当下，就果断首仓入场50%。当首仓出现盈利2%～3%之后，再买入30%的仓位，如果30%的仓位再次盈利2%～3%，最后再将20%剩余资金入场。从2018年6月11日分时图运行状况来看，满足首仓50%入场条件之后，股价沿着上升的分时均价线震荡盘升运行，股价的每一次回调都是在分时均价线之上完成的，这是强势的调整特征。强调之后如有攻击必是强势攻击，这是永恒不变的规律！于9：52封住涨停，从封板时间、拉升力度及无量封板等特征来看，这是一只强势涨停板，应该预期隔日有新高。10：16的开板行为让我们对涨停强度的认定产生了怀疑，但是，之后的V型反转而封板及封板之后的涨停无量之象，让我们对隔日的拉高又多了一些期待。这就是应变，只有市场给出相应的变化信号，我们的预期或判断就要做出相应的改变。灵活是一个合格的系统交易者不可或缺的重要品质。

从首仓入场股价震荡盘升再到涨停板，接近10%的涨幅空间完全满足第二次加仓30%的涨幅空间要求，同时也满足了第三次加仓20%的涨幅空间要求。当然震荡盘升的运行格局也给出了充足的加仓时间。

对于此类给出诸多加仓机会的个股，如果你还不能够完成后续的加仓，那么，你需要做书面的反思与检讨！因为分神不能完成加仓？还是因为恐惧的情绪导致的不能加仓呢？可以不必过于自责，但需要认真对待每一笔交易并找出不能按时加仓的根本原因，这样才能使自己取得确确实实的进步与提升。希望你们能够把每一次交易当成是对自己人性弱点的考验，当成是对自己人性弱点的挖掘，当成是一次难得的修行经历，当成是一次心灵成长的契机。

2018 年 6 月 11 日振华股份（603067）分时图运行实况（见下图）。

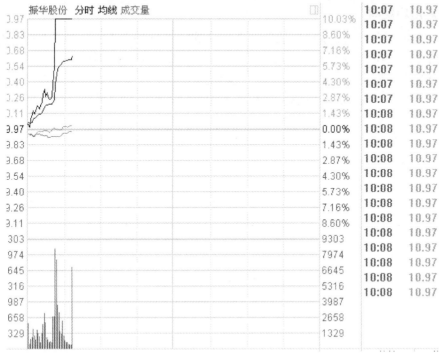

2018 年 6 月 11 日振华股份（603067）分时图狙击策略：

早盘微幅高开，没有上攻也没有下打，而是选择了平走，短时平走之后的下打让我们清楚地看到：黄色的分时均价线位于白色的股价线之上。理性冷静的交易者不会选择在此时入场，因为这是分时的空头排列状态，此状态是支持股价下跌的状态，是入场规则不允许的入场状态。盘面是怎样我们就应该怎样，这就是应对！

短时下打 V 型反转是强势的攻击结构，上破黄色的分时均价线就是股价多头排列的开始，此时，制约首仓 50% 入场的警报可以解除，再也找不出不入场的任何理由了。

果断 50% 首仓入场以后，白色的股价线继续沿着黄色的上行分时均价线做着震荡盘升运行，9：52 直线拉升直封涨停。不管其调整形态如何，只要调整是在上行的分时均价线之上完成的就可以定义为强势调整，因为涨停基因的规律在起作用，一旦拉升，涨停都是大概率事件。相比于一波式高速运行直封涨停的个股，此类震荡盘升运行的个股给予了更从容的加仓机会。所以，无论是首仓入场指令还是后续的两次加仓指令，只要符合加仓规则要求就要百分之百去执行。如同战场上军队首长向自己的士兵发出冲锋的命令一样。作为士兵，服从命令，坚决完成任务是他们的天职。

★ 出场规则

对于入场当日能够涨停的股票，在以后的任何一个交易日，只要不再涨停就必须出局；2018 年 6 月 12 日股票没有涨停，所以该日就是出场日。

分时出场要点：早盘高开高走，快速攻击不能封板就是高位出局点；如果在高位你还没有完成出局，那么，股价长期在分时均价线之上横盘震荡而超时时也要择机出场；如果见股价长期超时横盘仍未出场，那么在股价下破分时均价线之际就要无脑出场了；当然，最为懒惰的出场方式也可以放在尾盘：见股价当日涨停无望就可以依据出场规则出场了。

规则就是规则，一旦制定就不可以违背。不被执行的规则形同虚设，与情绪化交易无异。

★ 持股规则

对于入场当日能够涨停的股票，在以后的每一个交易日，只要能够涨停就必须无条件持股；2018 年 6 月 12 日股票没有涨停，所以该股的持股周期只能到2018 年 6 月 12 日。

持股规则的确定不需要主观地认定，而是需要依据市场的实际状况来制定。这样制定出来的规则才更贴近于市场的本来面目。

 每日一智

论理性与直观在交易中的应用

叔本华认为：理性是从直观引申出来的，理性认识是直观世界的复制，并非在什么地方都能替代直观。理性可能产生谬误，但直观最终能到达绝对的真理；理性不能认识世界的本质并认识真理。直观是超然的、幻觉式的、非功利的；直观也是"自失"的，所谓"自失"，就是审美主体或创作者在接触对象时的忘记境界，主体融入客体，客体融化主体，主客合一；直观是非理性的，是一种凝神静观，不是纯粹的理性认识。

笔者完全认可叔本华的观点，并惊叹一代哲学大家的深刻与细腻。佛家言：理可顿悟，事须渐修；事情的关键不在于知道与否，说准了定义不难，关键在于是否能够做到。

做到什么呢？

如何做到"自失"才是问题的关键！如果不能做到"自失"，那么"直观"就无从谈起；如果不能"直观"，就无法做到"理性"；如果不能"理性"，被情绪左右，怎么可能成为交易或人生赢家呢？

比较可惜的是，叔本华没有透露出如何做到"自失"的方法，否则笔者可以与之对照和借鉴。

其实叔本华的"自失"与笔者的心灵智慧成长是一回事儿，只是用词的不同；如果心灵智慧得到足够的开发与成长，其必然的结果就是能够做到"自失"，即达到主客消融、主客合一的境界。

对于一个合格的系统交易员而言，主客消融、主客合一的境界是一种什么样的境界呢？

一言以蔽之：与市场合一，成为市场的一部分。这是任何交易大师所共有的交易境界；活在这样的交易境界里，就会时时刻刻与市场融为一体，没有任何困扰，是"自失"的、无碍的、轻松的。

由此可以看出笔者专门针对交易实战研发出的心灵智慧开发课程的珍贵和稀有。

案例十

★ 图形识别

★ 形态描述与市场情绪解读

佳云科技（300242）2018年6月11日市场给出涨停，涨停板之后第二天即2018年6月12日市场给出一条高开、放量、涨幅为1.45%的长上影伪阴线，涨停板之后的第三天即2018年6月13日市场给出一条低开、缩量、跌幅为4.94%的中阴线，涨停板之后的第四天即2018年6月14日给出一条低开、缩量、跌幅为 3.02% 带长上影的中小阴线，涨停板之后的三条阴线所对应的成交量呈现递减状态，满足板后三阴恐吓的技术形态要求。

涨停板之后连续两天的缩量低开下杀，主力意欲何为呢？是什么重大的利空导致主力不计成本地抛售呢？看 F10，也没有见到有什么所谓的利空消息。如果不是主力为了出货的大力抛售，单凭不能形成合力的散户群体怎么可以做到低开？主力为什么要采取如此恶劣的手段对股价进行打压恐吓呢？是不是假摔洗盘也未可知啊！正确的怀疑不是否定一切而是存疑求证。静待市场给出正确的答案，可以怀疑但不可以否定也不必有必然的肯定！保持合理的怀疑思维是每一个图表交易者都应该有的思维模式。

单一的技术形态研判难以满足胜率要求，为了提高交易胜率，必须辅以市场结构、涨停位置及技术指标辅助研判才更有效。

▲ 市场结构及涨停位置研判

不是所有的涨停都具备关注价值，要提高涨停操盘的成功率，需要精通市场结构并能够对涨停板位置给出相应的研判。

采用缩略图查看：得知该股经过长期连续反复的下跌于 2018 年 6 月 11 日阶段性触底，并于当日收出一条涨停板阳线，没有经过筑底贸然给出一条涨停板，只能以反弹对待，既然是反弹就可以预期反弹结构的完整性，如此，涨停回调之后的此次攻击就是反弹结构中的最后一次攻击。

涨停板之后三天回调致使股价重新回到低位区间。这是用肉眼可以清晰看出的客观事实，所以 2018 年 6 月 11 日的涨停板就是低位涨停板，不是连续拉升的高位涨停板。

以上从市场结构与涨停位置综合来看，具备狙击价值。

▲ 技术指标辅助研判

2018 年 6 月 14 日，5 日均线、10 日均线所对应的数值分别为 6.66、6.57，说明 5 日均线、10 日均线呈现多头排列状态，5 日均线、10 日均线、20 日均线三条均线趋向粘合，这是一阳穿三线该有的雏形，MACD 指标呈现金叉红柱的看多状态。这些都是支持股价上涨的有利信号。

通过以上对该股票的技术形态、市场结构、涨停位置及技术指标的综合辅助分析、解读，认定市场在 2018 年 6 月 12~14 日给出的这三条跳空缩量的中小阴线满足板后三阴恐吓的技术条件要求。

是否是主力故意制造的恐吓假摔需要隔日的确认。

既然满足板后三阴恐吓的技术条件要求，理应纳入自选股进行重点关注：市场能否给出入场指令？何时给出入场指令？给出哪一种入场指令？我们不需要知道，静心等待就好。市场在没有给出板后三阴恐吓交易系统中规定的入场指令之前绝不轻举妄动。这是一个合格的系统交易员必须具备的职业素养。

★ 入场规则

2018 年 6 月 15 日，该股早盘微幅高开后，不做任何停顿直接高走，当日开盘价就是当日最低价，黄色的分时均价线位于白色的股价线之下，这是分时图中均线多头排列形态，是支持股价上涨的一种形态。盘中股价短时下破均价线也能快速拉回，这是强势的回调特征！强调之后如有攻击必是强攻。

见高开高走且黄色的分时均价线呈现多头排列状态就是首仓 50% 入场之时，多次的练习就会形成肌肉记忆，形成本能的直觉反应。依据盘面的变化，该入场时就入场，无须勇气，没有犹豫，只是执行。

★ 资金管理规则

资金计划：绝不满仓操作，只拿出总资金量的 20% ~ 40% 作为狙击子弹使用。

★ 仓位管理规则

依据分时图运行实况采用五三二入场原则：见股价放量高开的当下，就果断首仓入场 50%。当首仓出现盈利 2% ~ 3% 之后，再买入 30% 的仓位，如果 30% 的仓位再次盈利 2% ~ 3%，最后再将 20% 剩余资金入场。从 2018 年 6 月 15 日分时图运行状况看，满足首仓 50% 入场条件之后，股价沿着上升的分时均价线快速运行，于 9：41 封住涨停，从封板时间、拉升力度及涨停无量等特征来看，这是一只强势涨停板，应该预期隔日有新高。

从首仓入场到涨停板，接近 10% 的涨幅空间完全满足第二次加仓 30% 的涨幅空间要求，同时也满足了第三次加仓 20% 的涨幅空间要求。依据盘面的实际运行该怎样就怎样：该出手时就出手。这是一只长波拉升短时窄幅调整的个股，如果加仓动作够迅速，那么，在股价涨停之前完成两次分别为 30%、20% 的加仓动作是绝对可行和从容的。

对于此类短时窄幅调整高速运行的个股，如果没有完成该有的加仓是需要反思的。记住：只是反思而不是责备。希望所有有志于成为一名合格的系统交易员的投机者都能把每一次交易当成是对自己人性弱点的考验，当成是对自己人性弱点的挖掘，当成是一次难得的修行经历，当成是一次心灵成长契机。需要认真地对待每一次交易，做好交易后的反思与总结。良好的交易心态永远比单一交易是否赚钱更可贵。

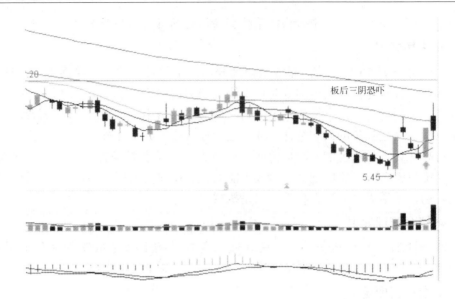

2018年6月15日佳云科技（300242）分时图运行实况（见下图）。

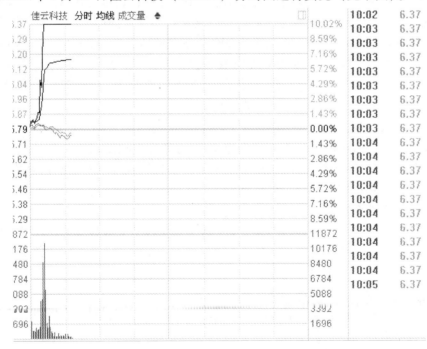

2018年6月15日佳云科技（300242）分时图狙击策略：

早盘微幅高开，没有停留直接上攻，开盘价就是当日最低价，就是直接攻击的最好见证。黄色的分时均价线位于白色的股价线之下，这是高开高走入场指令最完美的技术形态。短时窄幅的下打虽然下破了分时均价线，但是股价以 V 型反转模式迅速拉回到分时均价线之上，这是强调之后该有的强攻模式。股价自 9：33 进入主拉升区间，主力采用三波式直封涨停，主拉升运行途中的两次调整模式幅度小、时间短是强势调整。短时窄幅调整给出充裕的加仓时间。喜欢做突破的交易者可以把加仓时机安排在每一次回调之后的创新高之际；保守的交易者也可以把每一次的加仓时机安排在股价回调至分时均价线附近即将拐头之时。

果断 50% 首仓入场以后。股价短时下破分时均价线，随即进入三波式主拉升区间于 9：41 封住涨停。开盘之后 30 分钟之内能够封住涨停，当然属于强势涨停。

无论是首仓入场指令还是后续的两次加仓指令，只要符合规则要求就要百分之百去执行。如同战场上军队首长向自己的士兵发出冲锋的命令一样。作为士兵，服从命令，坚决完成任务是他们的天职。

★ 出场规则

对于入场当日能够涨停的股票，在以后的任何一个交易日，只要不再涨停就必须出局；2018 年 6 月 19 日股票没有涨停，所以该日就是出场日。

分时图出场要点：分时均价线之下高开低走，只要不破昨日收盘价就不必恐慌也不必有所动，毕竟依据入场指令，我们已经有浮盈在手。回调不破昨日收盘价做出双低之后再次出现长波拉升。长波拉升之后可以调整，但是，分时均价线是不能破的，一旦跌破必出场；还有回调的幅度与时间也是看盘的关键，从该股当日的表现来看，长波拉升之后，无论是回调幅度还是回调周期都已经无法支撑股价的再度强势上涨，所以，择机出局是情理之中的事情。

规则就是规则，一旦制定就不可以违背。不被执行的规则形同虚设，与情绪化交易无异。

★ 持股规则

对于入场当日能够涨停的股票，在以后的每一个交易日，只要能够涨停就必须无条件持股；2018 年 6 月 19 日股票没有涨停，所以该股的持股周期只能到 2018 年 6 月 19 日。

持股规则的确定不需要主观地认定，而是需要依据市场的实际状况来制定。这样制定出来的规则才更贴近于市场的本来面目。

 每日一智

天人合一是必须追求的交易境界

天人合一，或称天人合德、"天人相应"，天人合一并非中国文化所独有的观念，在世界很多高级宗教中都有这类观念，并且有详细系统的修行方法。儒、道、释三家均有阐述。其基本思想是人类的生理、伦理、政治等社会现象是自然的直接反映。最早起源于春秋战国时期，汉朝董仲舒引申为天人感应之说，程朱理学引申为天理之说。

在道家看来，天是自然，人是自然的一部分。因此庄子说："有人，天也；有天，亦天也。"天人本是合一的。但由于人制定了各种典章制度、道德规范，使人丧失了原来的自然本性，变得与自然不协调。人类行的目的，便是"绝圣弃智"，打碎这些加于人身的藩篱，将人性解放出来，重新复归于自然，达到一种"万物与我为一"的精神境界。

在儒家看来，天是道德观念和原则的本原，人心中天赋地具有道德原则，这种天人合一乃是一种自然的，但不自觉的合一。但由于人类后天受到各种名利、欲望的蒙蔽，不能发现自己心中的道德原则。人类修行的目的，便是去除外界欲望的蒙蔽，"求其放心"，达到一种自觉地履行道德原则的境界，这就是孔子所说的"七十从心所欲而不逾矩"。

就当代思想而言，所谓天人合一就是热爱生命，热爱大自然，能够领会所有生命的语言，时时处处感受到生命的存在，与大自然的旋律交融相和，能够取得对方生命的信任并和谐共存，与大自然和谐共存，人与物质、物质与物质极度巧妙完美地结合。

"天人合一"是中国哲学史上一个重要命题，解释纷纭，莫衷一是。季羡林说："我曾说天人合一论，是中国文化对人类最大的贡献。"我的补充明确地说，"天人合一"就是人与大自然要合一，要和平共处，不要讲征服与被征服。

其实，"天""人"的含义可以从两个方面来理解：一是从人与自然的关系看，就相当于主观与客观、精神与物质或意识与存在等之间的关系；二是从人与社会的关系而言，就类似于个体与群体、感性与理性或私欲与公德等之间的关系。进而言之，"天人合一"在这里就被界限在：人与自然、人与社会、主观与客观、感性与理性等的和谐统一关系，是人在社会实践中所获得的一种从必然王国走向自由王国过程中的特殊精神境界或状态。

在商言商，在交易就只谈交易，古人的"天人合一"的智慧在交易中也能发挥异常重要的作用。在这里，"天"和"人"的指向范围或许更小，"天"实指我们所交易的市场，"人"实指场内与场外交易员们，也可以指自己；即市场与交易者的合一，市场与自己的合一，两者和平共处，没有抗拒与被抗拒。

试想，如果自己能做到"天人合一"的交易境界会是怎样的一种效果呢？

涨停操盘之第四招

涨停基因之恐吓阴反转交易系统

※技术定义及其要点

一、涨停基因

能够涨停的股票就具备了涨停基因，股票具备了涨停基因之后，其未来的攻击运行模式也大概率地会采用涨停板的方式进行。这就是我们俗称的"股性"，有的股票就是喜欢涨停，而有的股票却很少见到涨停板。从交易效率的角度来说，在选股时我们就要侧重于选择那些具备涨停潜质的股票进行交易，具备涨停基因要素的股票未来往往具备涨停潜质。

如果股票在涨停之后的第四天仍未见反转攻击，而是采取了其他诸如横盘震荡的模式运行之后再进行攻击，我们通常把这类股票定义为具有涨停基因的股票。或者可以这样简单地认定：涨停板之后的第四天仍未见攻击的股票就是具备涨停基因的股票。

二、恐吓阴的技术要点

（一）明确恐吓阴位置

不是所有的阴线都具有关注价值，恐吓阴的位置决定着恐吓阴的灵魂。只有调整末端的恐吓阴和主升浪运行途中的恐吓阴才具备关注价值。

恐吓阴的位置研判是操盘恐吓阴反转交易系统的关键。恐吓阴的位置研判能力是操盘恐吓阴反转交易系统的不可或缺的核心能力之一。如果不能准确地研判出恐吓阴的位置，贸然出击就难以提高操盘恐吓阴交易系统的胜率。

（二）了解恐吓阴的其他要点

要点一：连续阴线的数量，不同的个股阴线的数量不一，但是最多不能连续超过三根，一旦在数量上连续超过三根就做放弃处理。所谓事不过三，因为过多的连续阴线数量容易破坏原有趋势，使原有趋势的性质发生根本性的转变，即由回调转为下跌趋势。

要点二：阴线的量能，成交量要求缩量或平量为最佳选择。

要点三：阴线的开盘，具有向下跳空缺口的个股为优选。因为向下跳空具有强大的恐吓效果，洗盘更彻底。

※ 形态解读

在笔者看来，个股的运行规律与大自然中万物的运行规律没有什么两样：鸟儿天生就是喜欢飞，鱼儿天生就是喜欢游，老鼠天生就是会打洞，水天生就是喜欢往低处流……有的股票天生就是喜欢连续涨停，有的股票天生就是喜欢拉大阳线但就是不喜欢涨停，有的股票涨停以后就是喜欢短期（这里所说的短期是指不超过 3 个交易日）恐吓假摔之后就迫不及待地开始了反转攻击，有的股票却喜欢以时间换空间的方式反复折腾（涨停以后超过 3 个交易日）以后再展开攻击之旅……我们要做的就是从中发现其运行规律为己所用。

无论是哪一种运行模式，股价在启动之前一定是有预兆的，对于这一点笔者确信无疑，那些用来恐吓韭菜（言韭菜并不是在蔑视谁，只是所有不成熟交易者的一个别称而已，请不必上纲上线）的招数在成熟的系统交易者眼里都是雕虫小技。我想这是主力资金最不愿意看到的事情吧。笔者常常这样想：主力也是很可怜的，因为他们用来恐吓假摔的手段着实有限。无论哪一种恐吓手段都不可能达到恐吓所有人的目的，总会被人识破的。

由于此类股票形态的结构数量庞大，难以统一给出明确的定义，所以需要大家具备一定的悟性才能更好地操盘此类股票。

这类股票在启动的前一天一定会出现异动，它们多会采用向下跳空假摔的方式进行最后的洗盘震仓，逼迫不明就里的韭菜们无奈地交出带血的筹码。更为具体的形态解读会在视觉刺激训练环节结合案例进行个性化阐述。

※ 选股规则

领悟形态的定义是选股成功的第一要素！首先你要知道哪一类股票属于具有涨停基因的股票，其次股价在启动之前的恐吓假摔时往往会把图表破坏的异常恐怖或难看，比如下穿均线，技术指标指向空头状态（如 MACD 指标呈现绿柱死叉状态）等，这一些表象都会成为选股时的严重干扰。这是选股时最为艰难的环节。因为当你面对这样的恐怖的图表时，你的思维一定会依据自己的偏好主观地做出选择，而实质是排除，这样，主力"画图"的目的就达到了。实战中我们经常会遇到这样一种现象：辛苦选中的股票不涨，而被自己弃选的股票反而大涨甚至涨停，原因就在于此，你中计了！

选股的悟性来自于勤奋练习，不是一蹴而就的，选股能力更是成为一名合格的系统交易员必须具备的交易能力，但也绝不是不可逾越的鸿沟。

※入场规则

涨停基因之恐吓阴反转交易系统的入场依然是简单的、一致的；难点在于启动时机的提前确认。如果不能在提前一天识别启动的征兆，要想通过在盘中随机观察获取入场指令，那么，错失最佳入场时机一定是大概率事件。所以，要想正确即时入场，提前识别是关键。

假如你已经能够提前识别出股价将要启动的先兆，那么，起涨时入场的时机或指令是这样的：一是大量比高开高走，可以市价入场；二是低开放量上攻突破昨日收盘价之际就是入场之时。要求放量突破的时间越短越好，最好是开盘之后15分钟之内能够实现放量突破为最佳。

※持股规则

对于入场当日能够涨停的股票，在以后的每一个交易日，只要能够涨停就必须无条件持股；对于入场当日不能够涨停的股票而收出大阳线的股票，在以后的每一个交易日，只要股价继续上涨就坚定持有。

※出场规则

（1）对于入场当日能够涨停的股票，在以后的任何一个交易日，只要不再涨停就必须出局。

（2）对于入场当日不能够涨停而收出大阳线的股票，只要哪一天不再上涨就必须出局。

（3）对于入场当日不能涨停而收出大阳线的股票，未来某个交易日出现涨停之后，一旦哪一天不再涨停就要出场。

※止损规则

入场当日没有出现涨停，反而造成浮亏被套，说明该笔交易就是一笔错误的交易。止损规则就是应对错误交易的一种必不可少的手段。止损的核心目的在于控制损失和减少损失。止损时不能有对与错的思考，一旦有对与错的顾虑就一定会影响到止损的即时开展，切忌。

止损环节最容易犯的错误是拖延，因为拖延导致由小亏变大亏，由大亏变股东。止损是不需要理由的，只要见到账户出现浮亏，就说明你的这一笔交易是一笔错误的交易，而改错的关键就是及时、不拖延。具体的止损策略因人而异，笔者仅列举几种止损策略供大家借鉴：

（1）百分比止损法。买入后不涨反跌被套，一旦被套达到3%或5%就必须无条件止损。

（2）K线止损法。买入后股价不涨反跌，一旦股价跌破买入当日K线低点之际就是果断止损之时。

（3）时间止损法。买入后，股价没有出现预期的攻击运行，为了提高资金使用效率而经常采用的一种止损办法。我采用的时间止损是三个交易日，即在买入后的第三个交易日不见上涨就出局，此类出局方式有时是微亏止损出局，有时是微赚出局。

※资金管理规则

绝不满仓操作，任何单一一笔交易只能拿出总资金量的20%～40%作为狙击子弹使用。

※仓位管理规则

依然执行金字塔形分批入场的规则。

如五三二模式：当市场给出入场指令时，先半仓入场，如果市场证明首仓入场是对的，即首仓出现盈利2%～3%，再做后续的入场动作，先30%后20%；30%的仓位盈利2%～3%，再做20%仓位的动作。从入场动作来看，这就是顺势而为，以趋势为友的真实写照。这里没有抗拒，只有顺遂。我们只在正确的交易上不断地做递减性加码。

如四三二一模式：当市场给出入场指令时，先40%仓位入场，入场后，如果市场证明首仓入场是对的，即首仓出现盈利2%～3%，再做30%仓位入场动作，30%的仓位出现盈利2%～3%，再做20%仓位的入场动作，不盈利就不能入场了，并以此类推。

※视觉刺激训练

案例一

★ 图形识别

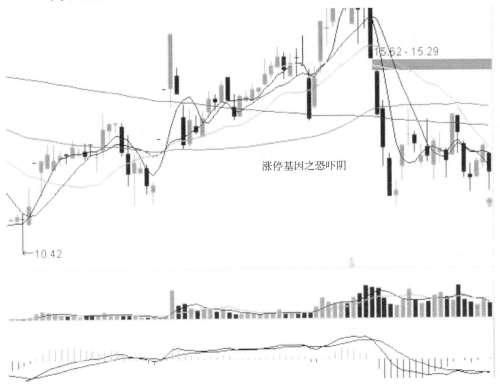

15.62 - 15.29

涨停基因之恐吓阴

←10.42

★ 形态描述与市场情绪解读

▲ 涨停基因确定

德艺文创（300640）在上图可视的范围内共计出现 7 次涨停板，涨停时间分别为 2018 年 3 月 23 日、4 月 24～26 日、6 月 21 日、7 月 3 日，所以，可以定义为该股票具备涨停基因。

同类形态的个股具备涨停基因的股票更具关注价值；同类形态的个股涨停数量越多越有效；同类形态的个股恐吓阴与涨停之间间隔的时间越短越好。

▲ 恐吓阴形态识别

2018 年 7 月 11 日市场给出一条向下跳空低开、缩量、跌幅为 5.58% 的带下影线的长阴线。不论是因为主力假摔洗盘留下的跳空缺口还是因为主力不计成本地出货而留下的跳空缺口，向下跳空总是具有强大的恐吓效果；如果跳空低开是主力刻意制造的恐吓手段之一，那么跳空低开之后主力在盘中"画出"的那一条延绵不绝的下跌曲线，就是主力刻意制造的二次恐吓。试想：面对这样的盘面，谁还能再保持镇静？缩量的特点容易让人产生主力洗盘假摔的联想，因为主力在不计成本大力抛售的时候总是伴随着成交量的急剧放大。

低开、缩量及超长的振幅是我们识别恐吓阴的三大外部特征。

▲ 恐吓阴的位置研判

恐吓阴的位置决定着恐吓阴的灵魂；不是所有低开、缩量的长阴线都具有关注价值，要想提高操盘恐吓阴反转交易系统的成功率，必须学会更好地研判出恐吓阴的位置。

自 2018 年 6 月 6 日股价开始进入下跌通道，2018 年 6 月 20 日触底，最低价为 11.60 元，连续三天的反弹最高价为 14.30 元，截至 2018 年 7 月 11 日，期间股价多次上冲下打均没有超过 11.60 ~ 14.30 元这个价格区间。依据形态理论，2018 年 7 月 11 日市场给出的这一条低开缩量的长阴线位于矩形的下轨，所以，我们给出该恐吓阴位于低位的研判。既然处于矩形区间的低位就具有继续关注的价值。

▲ 技术指标辅助研判

2018 年 6 月 20 日至 2018 年 7 月 11 日的整个矩形整理区间，由于股价的上下震荡导致 5 日均线和 10 日均线呈现走平的缠绕状态，这是股价处于盘整区间没有方向性选择时均线该有的形态；MACD 指标呈现绿柱缩短并接近零轴。以上信号无法给出支持股价上涨的暗示，但也无法给出支持股价要下跌的暗示。还记得在《强势股操盘赢利系统培训教程》中有专门的章节介绍"市场是什么"吗？如果你还记忆犹新，那么，对于该股票给出的技术指标的模糊信号，你就会轻松自如地处理好，内心不会再有纠结。

通过以上对该股票的涨停基因确定、阴线形态识别、阴线位置研判及技术指标的综合辅助分析、解读，认定市场在 2018 年 7 月 11 日给出的这一条跳空缩量的长阴线满足涨停基因之恐吓阴反转交易系统的技术条件要求。

是否是主力故意制造的恐吓假摔需要隔日的确认，确认是图表交易不可或缺的关键环节。

既然满足涨停基因之恐吓阴反转交易系统的技术条件要求，理应纳入自选股进行重点关注：市场能否给出入场指令？何时给出入场指令？给出哪一种入场指令？我们不需要知道，静心等待就好。市场在没有给出涨停基因之恐吓阴反转交易系统中规定的入场指令之前绝不轻举妄动。这是一个合格的系统交易员必须具备的职业素养。

★ 入场规则

2018 年 7 月 12 日，该股早盘微幅高开后，不做任何停顿直接高走，黄色的分时均价线位于白色的股价线之下，这是分时图中均线多头排列形态，是支持股价上涨的一种形态。盘中股价短时下破均价线没有创出新低也能快速拉回到分时均价线之上，这是强势的回调特征！强调之后如有攻击必是强攻，这是规律。

见股价高开高走且与黄白线呈现多头排列状态就是首仓 50% 入场之时，多次的练习就会形成肌肉记忆，形成本能的直觉反应。依据盘面的变化，该入场时就入场，无须勇气，没有犹豫，只是执行。

★ 资金管理规则

资金计划：绝不满仓操作，只拿出总资金量的 20% ～ 40% 作为狙击子弹使用。

★ 仓位管理规则

依据分时图运行实况采用五三二入场原则：见股价放量高开的当下，就果断首仓入场 50%。当首仓出现盈利 2% ～ 3% 之后，再买入 30% 的仓位，如果 30% 的仓位再次盈利 2% ～ 3%，最后再将 20% 剩余资金入场。从 2018 年 7 月 12 日分时图运行状况来看，满足首仓 50% 入场条件之后，股价沿着上升的分时均价线快速运行，于 9：48 封住涨停，从封板时间、拉升力度及涨停无量等特征来看，这是一只强势涨停板，应该预期隔日有新高。

从首仓入场到涨停板，接近 10% 的涨幅空间完全满足第二次加仓 30% 的涨幅空间要求，同时也满足了第三次加仓 20% 的涨幅空间要求。依据盘面的实际运行该怎样就怎样：该出手时就出手。这是一只长波拉升中途无调整的个股，如果加仓动作够迅速，那么，在股价涨停之前完成第二次 30% 的加仓任务是绝对可行的。

对于此类长波拉升中途无调整的高速运行的个股，如果没有完成该有的加仓是可以原谅自己的。我们追求完美，但绝不苛求完美。与是否完成相应的交易动作相比，持之以恒地保持良好的交易心态更为重要。

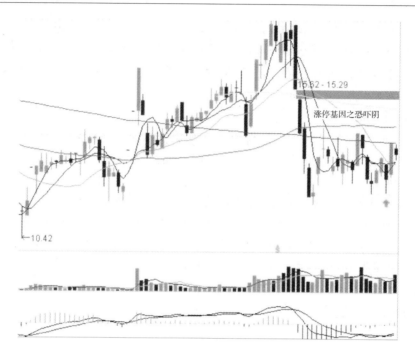

2018 年 7 月 12 日德艺文创（300640）分时图运行实况（见下图）。

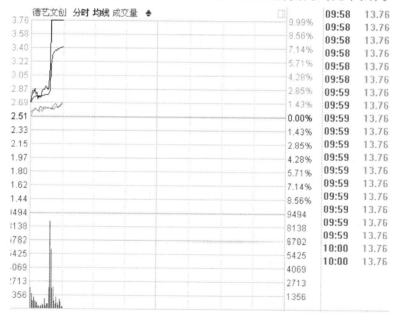

2018 年 7 月 12 日德艺文创（300640）分时图狙击策略：

早盘微幅高开，没有停留直接上攻，黄色的分时均价线位于白色的股价线之下。这是高开高走入场指令最完美的技术形态。短时窄幅的下打虽然下破了分时均价线，但是股价并没有创出新低，故不必看坏，能够迅速拉回到分时均价线之上，可以视为强调调整，强调之后必有强攻。股价自9：45进入主拉升区间，主力采用一波式直封涨停，攻击角度接近90度，垂直攻击预示着当日大概率涨停，临盘时，应该有这种本能的反应，如果能有这样的预期，那么，后续的加仓应该不会有拖延和迟疑。

不是所有的涨停都能够让你实现两次加仓，像此类一波式高速运行的个股在首仓入场之后，留给你的只有一次加仓机会。能够加仓也好，因为股价运行速度较快不能如期完成加仓也罢，都需要保持平和宁静的心态，对于一个合格的系统交易者来说，只要能够依据交易系统规则要求实施正确的交易动作，无论盈亏与否都是值得赞美和高兴的！

★ 出场规则

对于入场当日能够涨停的股票，在以后的任何一个交易日，只要不再涨停就必须出局；2018年7月13日股票没有涨停，所以该日就是出场日。

强势涨停的隔日就一定会有新高吗？

强势涨停的隔日大概率会有新高，但绝不是一定会有新高！德艺文创（300640）2018年7月12日市场给出的涨停无论从封板时间、拉升速度还是涨停无量等特征来研判，都可以认定为强势涨停，这是没有异议的。但是2018年7月13日股价低开收阴，着实让教条主义者大吃一惊，甚至不知所措。

在《强势股操盘赢利系统培训教程》一书中笔者曾带领大家做过"验证市场特性"的练习，如果你经过练习已经彻证了市场的特性，那么，对于这个问题的答案你会了然于胸的，在这里再一次浪费笔墨也纯属多余。

★ 持股规则

对于入场当日能够涨停的股票，在以后的每一个交易日，只要能够涨停就必须无条件持股；2018年7月13日股票没有涨停，所以该股的持股周期只能到2018年7月13日。

持股规则的确定不需要主观地认定，而是需要依据市场的实际运行状况来制定。这样制定出来的规则才更贴近于市场的本来面目。

每日一戒

经验仅是工具，别被工具左右

经验一词的含义比较宽泛，包括根据经验做出的规律性的总结、某种心理体验、生活阅历等。但是，作为认识论的概念，经验一词则只是指与理性认识相区别的一个认识阶段、认识形式，即感性认识。

有些哲学家认为，经验可分为两种：外部经验和内部经验；前者即是感觉，后者即是内省。一切知识都是从这两种经验得来的。有些哲学家则只承认感觉经验，否认内省经验，而且认为只有感觉经验才是知识的唯一来源。这种经验论又被称为感觉论。

就哲学的基本立场来说，经验论者分成唯物主义和唯心主义两个对立的派别。分歧的关键在于对经验的解释。唯物主义经验论承认经验是认识的最初的出发点，但同时认为经验来源于客观事实。感觉经验是外间事物作用于人的感官引起的，是对外间事物的反应。唯心主义经验论则否认经验的客观来源，认为经验是主观自生的或上帝赋予的。不可知论者则极力回避经验的来源问题，宣布经验究竟从何而来是不可知的。

经验论者在哲学基本立场上虽有唯物唯心之分，但在贯彻经验论的原则上却是一致的，并与唯理论或先验论相对立，在哲学史上曾反复进行过论争。对于经验笔者保持自己的观点不变：任何知识都是用来运用的，只是一味地争论不休，而不重视应用或不能应用于实践，这样的知识都是没有任何意义的，终将被历史遗弃。

唯心也是，唯物也罢，无论是感觉还是内省，获取经验的根本目的就是用来运用的。也就是说，经验只不过是人类用于实现自我目的的工具。

在应用的过程中尤其需要注意的是：千万不能把经验当成真理！不得不说，经验有时候与真理相合的，因为人类尽心尽力总结经验的目的就是为了与真理相合，为己所用，仅此而已；但是不能过分地期望经验就是真理，再往前多走半步，执着于经验就会被经验困扰，沦为经验的奴隶。

在证券交易界有这样一句话："老手赚新手的钱，有经验的赚没有经验的钱"似乎有一定的道理。但是，我想说的是："如果不会运用经验，也会死在经验里。"在《强势股操盘赢利系统培训教程》中，笔者曾经说过，笔者研究哲学的目的绝不是为了学习某一哲学家的所谓什么学问或知识，只是为了能够做好交易或指导自己的人生进而活出人生价值，所以不会把哲学当成一门学问来研究或学习。

2018 年是中国 A 股历史上少有的熊市，有不少投机经验丰富的老手都在 2018 年爆仓离场，自己多年的心血被经验毁于一旦。市场是活的，而经验是死的，用死的经验去应对变幻莫测的活的市场，哪有不爆仓的道理？

对于经验之类的东西，在笔者眼里也仅是用于交易或生活的工具而已，当然不会被这个工具所困。请大家不要误解的是：这并不是说笔者不重视反思与总结，不重视经验的获取与积累，相反，笔者非常重视每一笔交易的反思与总结，非常重视交易经验的获取与积累。这并不矛盾，其中的辩证关系请各位悉心分别。

案例二

★ 图形识别

涨停基因之恐吓阴

16.11

★ 形态描述与市场情绪解读

▲ 涨停基因确定

鼎信通讯（603421）在上图可视的范围内共计出现 3 次涨停板，涨停时间分别为 2018 年 4 月 20 日、7 月 2～3 日，所以，可以确定该股票具备涨停基因。

同类形态的个股具备涨停基因的股票更具关注价值；同类形态的个股涨停数量越多越有效；同类形态的个股恐吓阴与涨停之间间隔的时间越短越好。

▲ 恐吓阴形态识别

2018 年 7 月 11 日市场给出一条向下跳空低开、缩量、跌幅为 7.28% 的带下影线的长阴线。不论是因为主力假摔洗盘的目的而形成的跳空缺口还是因为主力不计成本的出货而形成的跳空缺口，向下跳空总是具有强大的恐吓效果；如果跳空低开是主力的恐吓手段之一，那么低开之后主力在盘中"画出"的那一条延绵不绝的下跌曲线，就是主力刻意制造的第二次恐吓。试想：面对这样的盘面，谁还能再保持镇静？缩量的特点容易让人产生主力洗盘假摔的联想，因为主力在不计成本大力抛售的时候总是伴随着成交量的急剧放大。

低开、缩量及超长的跌幅是我们识别恐吓阴的三大外部特征。

▲ 恐吓阴的位置研判

恐吓阴的位置决定着恐吓阴的灵魂；不是所有低开、缩量的长阴线都具有关注价值，要想提高操盘恐吓阴反转交易系统的成功率，必须能够更好地研判出恐吓阴的位置。

2016 年 11 月 11 日是该股票自上市以来创出的高点日，最高价为 61.78 元，之后股价开始进入下跌通道，于 2018 年 6 月 22 日来到阶段性底部，最低价为 16.11 元，一波持续了 9 个交易日的反弹最高价为 23.00 元，截至 2018 年 7 月 4 日结束，前波攻击的终点也是新一轮调整的起点，2018 年 7 月 11 日市场给出的这一条低开缩量的长阴线已经回落到前波反弹的区间之内但并没有创出新低，没有创出前波新低，说明前波的反弹趋势没有被破坏，之后会出现两种运行可能：一是进入日线级别的主升浪；二是完成反弹结构中的最后一波攻击浪。未来，不管是哪一种结构的运行乃至运行失败，都是存在继续攻击运行的可能。所以，从结构学的角度来看，该阴线处于回调的相对低位，具有继续关注的价值。

▲ 技术指标辅助研判

2018 年 7 月 11 日，5 日均线下拐，10 日均线完美保持上行趋势，5 日均线和 10 日均线分别代表的数值为 19.71 和 19.70，说明两条短期均线没有形成死叉，这是短期均线"老鸭头"形态的雏形；MACD 指标呈现红柱金叉的看多状态。这些都是支持股价短期上涨的有利信号。

通过以上对该股票的涨停基因确定、阴线形态识别、阴线位置研判及技术指标的综合辅助分析、解读，认定市场在 2018 年 7 月 11 日给出的这一条跳空缩量的长阴线满足涨停基因之恐吓阴反转交易系统的技术条件要求。

是否是主力故意制造的恐吓假摔需要隔日的确认，确认是图表交易不可或缺的关键环节。

既然满足涨停基因之恐吓阴反转交易系统的技术条件要求，理应纳入自选股进行重点关注：市场能否给出入场指令？何时给出入场指令？给出哪一种入场指令？我们不需要知道，静心等待就好。市场在没有给出涨停基因之恐吓阴反转交易系统中规定的入场指令之前绝不轻举妄动。这是一个合格的系统交易员必须具备的职业素养。

★ 入场规则

2018 年 7 月 12 日，该股早盘微幅高开后，不做任何停顿直接高走，当日开盘价就是当日最低价，黄色的分时均价线位于白色的股价线之下，这是分时图中均线多头排列形态，是支持股价上涨的一种形态。

见股价高开高走且与黄白线呈现多头排列状态就是首仓 50% 入场之时，多次的练习就会形成肌肉记忆，形成本能的直觉反应。依据盘面的变化，该入场时就入场，无须勇气，没有犹豫，只是执行。

★ 资金管理规则

资金计划：绝不满仓操作，只拿出总资金量的 20% ~40% 作为狙击子弹使用。

★ 仓位管理规则

依据分时图运行实况采用五三二入场原则：见股价放量高开的当下，就果断首仓入场 50%。当首仓出现盈利 2% ~3% 之后，再买入 30% 的仓位，如果 30% 的仓位再次盈利 2% ~3%，最后再将 20% 剩余资金入场。从 2018 年 7 月 12 日分时图运行状况来看，满足首仓 50% 入场条件之后，股价沿着上升的分时均价线快速运行，于 9：33 封住涨停，从封板时间、拉升力度及涨停无量等特征来看，这是一只强势涨停板，应该预期隔日有新高。

从首仓入场到涨停板，接近 10% 的涨幅空间完全满足第二次加仓 30% 的涨幅空间要求，同时也满足了第三次加仓 20% 的涨幅空间要求。依据盘面的实际运行该怎样就怎样，该出手时就出手。这是一只长波拉升短时曲线调整的个股，如果加仓动作够迅速，那么，在股价涨停之前完成两次分别为 30% 、20% 的加仓动作是有可能的。

因为股价运行速度过快，无法及时完成加仓是可以理解和原谅的，不必过于自责，但因为股价的运行速度过快而产生的恐惧心理造成迟疑或拖延没有完成加仓是需要反思和总结的，是需要改进的。操盘涨停的超高交易能力就是在实盘中通过一次次的历练和点滴的改进而得到和拥有的，没有人天生就具备操盘涨停的能力。

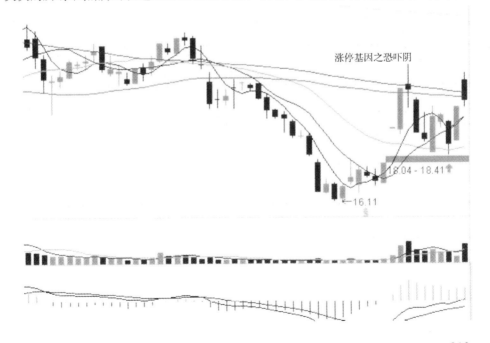

2018 年 7 月 12 日鼎信通讯（603421）分时图运行实况（见下图）。

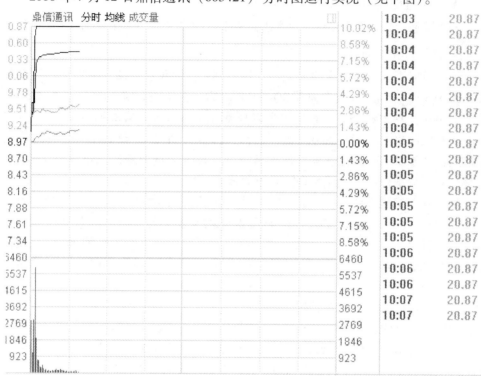

2018 年 7 月 12 日鼎信通讯（603421）分时图狙击策略：

早盘微幅高开，没有停留直接上攻，开盘价就是当日最低价，是直接攻击的最好见证。高开高走是完美的入场指令。因为股价运行速度过快，当看到黄色分时均价线出现的时候股价已经距离开盘价又高出不少，让我们的入场成本又增加了不少。对于稳健的交易者来说，这是他们该付出的成本，天下没有完美的交易，一个系统交易者需要捍卫的就是交易系统的一致性。

9：31 可以明显地看出黄色的分时均价线位于白色的股价线之下，至此市场已经给出了全部的入场信息，已经没有任何不再入场的理由了。立刻反应，马上行动（按下买入按钮）就是你此时此刻最应该做的交易动作。

果断 50% 首仓入场以后。股价即进入高速拉升之旅，从开盘到涨停，主力采取了一波次直封涨停，前后仅用了 3 分钟的时间，从封板时间，拉升速率及涨停无量等特征来看，该涨停属于强势涨停，应该预期隔日或有新高。

无论是首仓入场指令还是后续的两次加仓指令，只要符合规则要求就要百分之百去执行。如同战场上军队首长向自己的士兵发出冲锋的命令一样。作为士兵，服从命令，坚决完成任务是他们的天职。

★ 出场规则

对于入场当日能够涨停的股票，在以后的任何一个交易日，只要不再涨停就必须出局；2018 年 7 月 13 日股票没有涨停，所以该日就是出场日。

分时图出场要点：分时均价线之下高开低走，只要不破昨日收盘价就不必恐慌也不必有所动作。分时研判有两个要点需要注意：一是是否下破昨日收盘价，对于入场当日涨停的个股，隔日如果下破昨日收盘价就必须无脑出场；二是注重对时间周期的把握和研判，对于一只涨停板之后高开低走的个股来说，高开之后 30 分钟之内不见拉升就要做好当日出场的心理预期和物理准备，不必等到下破昨日收盘价再出场。

规则就是规则，一旦制定就不可违背。不被执行的规则形同虚设，与情绪化交易无异。

★ 持股规则

对于入场当日能够涨停的股票，在以后的每一个交易日，只要能够涨停就必须无条件持股；2018 年 7 月 13 股票没有涨停，所以该股的持股周期只能到 2018 年 7 月 13 日。

持股规则的确定不需要主观地认定，而是需要依据市场的实际运行状况来制定。这样制定出来的规则才更贴近于市场的本来面目。

每日一戒

让自己喜欢上挫折与困难！

拥抱挫折与困难，因为只有在你遭遇挫折和困难的时候，你才有机会亲身经历并感同身受，从中吸取经验和教训，这些用挫折和困难换来的经验和教训是你修正自己、改正自己、提高自己的最好资粮。

不同类型的人面对挫折与困难时，他们的心态是有所区别的。大致上可以分为三类：一是失败者或称平庸者，他们害怕挫折和困难，更有甚者在事情还没有做之前就已经把挫折和困难想象得无比巨大，让自己无法动弹，事情还没有开始就已经被自己想象出来的挫折和困难所吓倒而提前放弃。二是在事情进行的过程中遇到挫折和困难时，采取逃避的态度，选择放弃，半途而废。三是极少数的成功者，他们面对困难和挫折时，没有选择逃避，而是从中吸取经验和教训，改过自新，不断尝试，不成功绝不轻言放弃，最后他们成功了。

在执行交易系统过程中产生的自然且正常的亏损就是你在交易中所遇到的困难和挫折。这些小亏损是助你走上成功交易之路的唯一资粮，任何一个有志于从事交易事业的交易者都应该认真对待这是自然且正常的小亏损，当你遇到此类事情发生时，你应该做出书面的反思，找出导致亏损的原因所在，要求自己在以后的交易中减少类似错误的发生。

同时，更要知道：只要自己还在从事着交易这个职业，错误（亏损）就一定会存在，是无论如何也规避不了的。

多想一想挫折与困难的好，让自己才从心底里喜欢上它们。

案例三

★ 图形识别

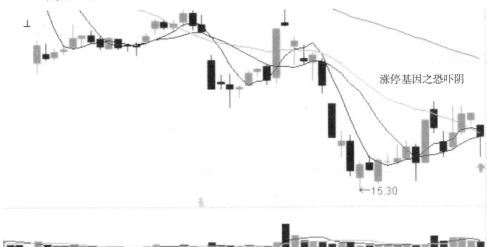

★ **形态描述与市场情绪解读**

▲ **涨停基因确定**

春秋电子（603890）在下图可视的范围之内共计出现 2 次涨停板，涨停时间分别为 2018 年 6 月 8 日、7 月 3 日，所以，可以确定该股票具备涨停基因。

同类形态的个股具备涨停基因的股票更具关注价值；同类形态的个股涨停数量越多越有效；同类形态的个股恐吓阴与涨停之间间隔的时间越短越好。

▲ **恐吓阴形态识别**

2018 年 7 月 11 日市场给出一条向下跳空低开、缩量、跌幅为 4.85% 的带下影线的高振幅阴线。不论是因为主力假摔洗盘的目的而形成的跳空缺口还是因为主力不计成本的出货而形成的跳空缺口，向下跳空总是具有强大的恐吓效果；如果跳空低开是主力的恐吓手段之一，那么低开之后主力在盘中"画出"的那一条横盘震荡之后再破位下杀的下跌曲线，就是主力刻意制造的第二次恐吓。试想：面对这样的盘面，谁还能再保持镇静？缩量的特点容易让人产生主力洗盘假摔的联想，因为主力在不计成本大力抛售的时候总是伴随着成交量的急剧放大。

低开、缩量及超长的振幅是我们识别恐吓阴的三大外部特征。

▲ 恐吓阴的位置研判

恐吓阴的位置决定着恐吓阴的灵魂；不是所有低开、缩量的长阴线都具有关注价值，要想提高操盘恐吓阴反转交易系统的成功率，必须能够更好地研判出恐吓阴的位置。

2017年12月28日是该股票自上市以来创出的高点日，最高价为33.33元，之后股价开始进入下跌通道，反复下跌后于2018年6月22日来到阶段性底部，最低价为15.30元，一波持续了9个交易日的反弹最高价为18.55元，截至2018年7月4日结束，前波攻击的终点也是新一轮调整的起点，2018年7月11日市场给出的这一条低开缩量的高振幅阴线已经回落到前波反弹的区间之内但并没有创出新低。没有创出前波新低，说明前波的反弹趋势没有被破坏，之后会出现两种运行可能：一是进入日线级别的主升浪；二是完成反弹结构中的最后一波攻击浪。未来，不管是哪一种结构的运行乃至运行失败（所谓运行失败是指再度攻击不能创出新高），都是存在继续攻击运行的可能。所以，从结构学的角度来看，该阴线处于回调的相对低位，具有继续关注的价值。

▲ 技术指标辅助研判

2018年7月11日，5日均线和10日均线呈现多头排列状态，5日均线、10日均线、20日均线粘合在一起，构成一阳穿三线的雏形；MACD指标位于零轴下方呈现红柱金叉的看多状态。这些都是支持股价短期上涨的有利信号。

通过以上对该股票的涨停基因确定、阴线形态识别、阴线位置研判及技术指标的综合辅助分析、解读，认定市场在2018年7月11日给出的这一条跳空缩量的长阴线满足涨停基因之恐吓阴反转交易系统的技术条件要求。

是否是主力故意制造的恐吓假摔需要隔日的确认，确认是图表交易不可或缺的关键环节。

既然满足涨停基因之恐吓阴反转交易系统的技术条件要求，理应纳入自选股进行重点关注：市场能否给出入场指令？何时给出入场指令？给出哪一种入场指令？我们不需要知道，静心等待就好。市场在没有给出涨停基因之恐吓阴反转交易系统中规定的入场指令之前绝不轻举妄动。这是一个合格的系统交易员必须具备的职业素养。

★ 入场规则

2018 年 7 月 12 日，该股早盘微幅高开后，不做任何停顿直接高走，黄色的分时均价线位于白色的股价线之下，这是分时图中均线多头排列形态，是支持股价上涨的一种形态。盘中股价短时下破均价线也能快速拉回，这是强势的回调特征！强调之后如有攻击必是强攻。

见高开高走且黄色的分时均价线呈现多头排列状态就是首仓 50% 入场之时，多次的练习就会形成肌肉记忆，形成本能的直觉反应。依据盘面的变化，该入场时就入场，无须勇气，没有犹豫，只是执行。

★ 资金管理规则

资金计划：绝不满仓操作，只拿出总资金量的 20% ~ 40% 作为狙击子弹使用。

★ 仓位管理规则

依据分时图运行实况采用五三二入场原则：见股价放量高开的当下，就果断首仓入场 50%。当首仓出现盈利 2% ~ 3% 之后，再买入 30% 的仓位，如果 30% 的仓位再次盈利 2% ~ 3%，最后再将 20% 剩余资金入场。从 2018 年 7 月 12 日分时图运行状况来看，满足首仓 50% 入场条件之后，股价沿着上升的分时均价线快速运行，于 9：40 封住涨停，从封板时间、拉升力度及涨停无量等特征来看，这是一只强势涨停板，应该预期隔日有新高。

从首仓入场到涨停板，接近 10% 的涨幅空间完全满足第二次加仓 30% 的涨幅空间要求，同时也满足了第三次加仓 20% 的涨幅空间要求。依据盘面的实际运行该怎样就怎样：该出手时就出手。这是一只长波拉升短时窄幅调整的个股，如果加仓动作够迅速，那么，在股价涨停之前完成两次分别为 30%、20% 的加仓动作是可行的。

对于此类短时窄幅调整高速运行的个股，如果没有完成该有的加仓是需要反思的。记住：只是反思而不是责备。希望所有有志于成为一名独立的交易员的投机者都能把每一次交易当成是对自己人性弱点的考验，当成是对自己人性弱点的挖掘，当成是一次难得的修行经历，当成是一次心灵成长契机。需要认真地对待每一次交易，做好交易后的反思与总结。保持良好的交易心态永远比单一交易是否赚钱更可贵。

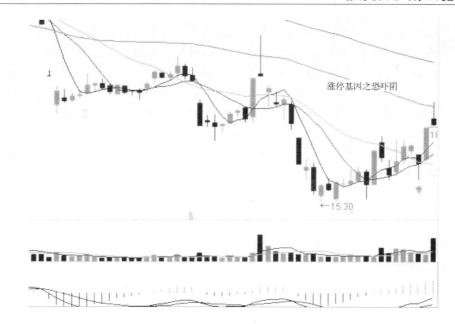

涨停基因之恐吓阴

←15.30

2018 年 7 月 12 日春秋电子（603890）分时图运行实况（见下图）。

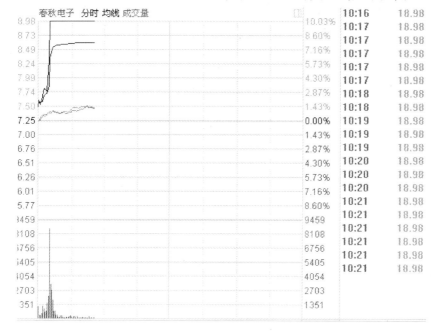

10:16	18.98
10:17	18.98
10:17	18.98
10:17	18.98
10:17	18.98
10:17	18.98
10:18	18.98
10:18	18.98
10:19	18.98
10:19	18.98
10:19	18.98
10:20	18.98
10:20	18.98
10:20	18.98
10:21	18.98
10:21	18.98
10:21	18.98
10:21	18.98
10:21	18.98

2018 年 7 月 12 日春秋电子（603890）分时图狙击策略：

早盘微幅高开，没有停留直接上攻。黄色的分时均价线位于白色的股价线之下。这是高开高走入场指令最完美的技术形态。短时窄幅的下打虽然下破了分时均价线但并没有创出新低，股价以 V 型反转模式迅速拉回到分时均价线之上，可以定义为强势调整，强调之后必有强攻。股价自 9：33 进入主拉升区间，主力采用两波式直封涨停，主拉升运行途中在上行的分时均价线之上只出现一次短时窄幅调整。短时窄幅调整给出充裕的加仓时间。喜欢做突破的交易者可以把加仓时机安排在这一次回调之后的再创新高之际；激进的交易者也可以把这一次的加仓时机安排在股价回调至分时均价线即将拐头之时。

果断 50% 首仓入场以后，股价短时下破分时均价线，随即进入两波式主拉升区间于 9：40 封住涨停。开盘之后 30 分钟之内能够封住涨停的都属于强势涨停。

无论是首仓入场指令，还是后续的两次加仓指令，只要符合规则要求就要百分之百去执行。如同战场上军队首长向自己的士兵发出冲锋的命令一样。作为士兵，服从命令，坚决完成任务是他们的天职。

★ 出场规则

对于入场当日能够涨停的股票，在以后的任何一个交易日，只要不再涨停就必须出局；2018 年 7 月 13 日股票没有涨停，所以该日就是出场日。

分时图出场要点：早盘高开高走，回落调整创出早盘新低，但没有下破昨日收盘价，只要不破昨日收盘价就不必恐慌也不必有所动，毕竟依据入场指令即时入场，我们已经有浮盈在手。回调不破昨日收盘价做出双低之后再次出现长波拉升。长波拉升之后的调整是正常的，回调之时我们主要观察两点：一是分时均价线的支撑，只要不下破就继续持有，下破即出场；二是回调时间，回调的时间大大超过了攻击时间仍不见攻击就可以果断出场了。

规则就是规则，一旦制定就不可以违背。不被执行的规则形同虚设，与情绪化交易无异。

★ 持股规则

对于入场当日能够涨停的股票，在以后的每一个交易日，只要能够涨停就必须无条件持股；2018 年 7 月 13 日股票没有涨停，所以该股的持股周期只能到 2018 年 7 月 13 日。

持股规则的确定不需要主观地认定，而是需要依据市场的实际状况来制定。这样制定出来的规则才更贴近于市场的本来面目。

⚠ 每日一戒

系统交易者的思维模式

把交易的命运交给了系统而不是自己的交易者才是真正的系统交易者。具体做法如下：

（1）选股：要点在于形态识别，即依据相关交易系统形态定义的要求进行选股，没有任何主观的干涉（排除），只要符合形态的定义就要无条件地选出。这是第一步。做好选股的难点在于自己主观思维的自我排除，好多时候会有被排除的个股出现了入场信号，而留在自选股里的个股却没有给出入场指令。放弃主观，只认规则。

（2）入场：入场需要右侧确认！当天选出的个股需要等待隔日的确认。只有发出入场指令的个股才是真正的狙击标的。每当市场给出入场指令之时就是即时入场之际。

（3）持股：入场之后就要按照提前拟定的持股规则为依据而安心持股。只要在持股规则内就无条件持股，没有任何思维的干涉。

（4）出场：分两种，一种是认错止损出场，另一种是止盈出场。止损出场的关键在于及时，拖延止损就是错，是错上加错；止盈出场的关键在于严守持股规则，一旦持股规则被破坏就是止盈出场之际。

任何一笔单一的交易都是独一无二的。所谓独一无二就是该笔交易无论盈亏与前一笔交易没有任何关联，无论盈亏与后一笔交易也没有任何关联。记住，要经常为自己的思维清零，不受任何一笔交易的影响。

每一笔交易都是新的。

案例四
★ 图形识别

★ 形态描述与市场情绪解读

▲ 涨停基因确定

快意电梯（002774）在上图可视的范围内共计出现4次涨停板，涨停时间分别为2018年6月11日、6月26~27日、7月5日，所以，可以确定该股票具备涨停基因。

同类形态的个股具备涨停基因的股票更具关注价值；同类形态的个股涨停数量越多越有效；同类形态的个股恐吓阴与涨停之间间隔的时间越短越好。

▲ 恐吓阴形态识别

2018年7月11日市场给出一条向下跳空低开、缩量、跌幅为10%的跌停板阴线。不论是因为主力假摔洗盘的目的而形成的跳空缺口还是因为主力不计成本的出货而形成的跳空缺口，向下跳空总是具有强大的恐吓效果；如果跳空低开是主力的恐吓手段之一，那么低开之后主力在盘中横盘下杀直至跌停具备同样的恐吓效果，这是主力刻意制造的第二次恐吓。试想：面对这样的盘面，谁还能再保持镇静？缩量的特点容易让人产生主力洗盘假摔的联想，因为主力在不计成本大力抛售的时候总是伴随着成交量的急剧放大。

低开、缩量及超长的跌幅是我们识别恐吓阴的三大外部特征。

▲ 恐吓阴的位置研判

恐吓阴的位置决定着恐吓阴的灵魂；不是所有低开、缩量的长阴线都具有关注价值，要想提高操盘恐吓阴反转交易系统的成功率，必须能够更好地研判出恐吓阴的位置。

经过长期的反复下跌后于2018年6月22日来到阶段性底部，最低价为7.33元，一波持续了11个交易日的反弹最高价为10.80元，截至2018年7月6日结束，前波攻击的终点也是新一轮调整的起点，2018年7月11日市场给出的这一条低开缩量的跌停板阴线已经回落到前波反弹的区间之内但并没有创出新低。没有创出前波新低，说明前波的反弹趋势没有被破坏，之后会出现两种运行可能：一是突破前高10.80元进入日线级别的主升浪；二是完成反弹结构中的最后一波攻击浪。未来，不管是哪一种结构的运行乃至运行失败（所谓运行失败是指再度攻击不能创出新高），都是存在继续攻击运行的可能。所以，从结构学的角度来看，该阴线处于回调的相对低位，具有继续关注的价值。

▲ 技术指标辅助研判

2018年7月11日，5日均线和10日均线由多头排列状态转向下拐却没有死叉，60日均线处于长期走平的状态；MACD指标位于零轴上方呈现红柱金叉状态但红柱逐渐缩短接近零轴。股价的调整必然带动均线及MACD等指标趋向空方，而不是因为技术指标趋向空方，所以导致股价回调；当股价向上攻击运行时，所有的技术指标必然趋向多头。就该股票的技术指标而言，难言多空，在图表交易中，技术指标永远只具有辅助的研判价值，最后的决定权只在价格。

通过以上对该股票的涨停基因确定、阴线形态识别、阴线位置研判及技术指标的综合辅助分析、解读，认定市场在 2018 年 7 月 11 日给出的这一条跳空缩量的跌停板阴线满足涨停基因之恐吓阴反转交易系统的技术条件要求。

是否是主力故意制造的恐吓假摔需要隔日的确认，确认是图表交易不可或缺的关键环节。

既然满足涨停基因之恐吓阴反转交易系统的技术条件要求，理应纳入自选股进行重点关注：市场能否给出入场指令？何时给出入场指令？给出哪一种入场指令？我们不需要知道，静心等待就好。市场在没有给出涨停基因之恐吓阴反转交易系统中规定的入场指令之前绝不轻举妄动。这是一个合格的系统交易员必须具备的职业素养。

★ 入场规则

2018 年 7 月 12 日该股早盘平开后，短时窄幅上冲随即回调破新低，同时也下破了黄色的分时均价线。V 型攻击连破分时均价线和昨日收盘价两道关卡并创出早盘新高。见新高之际就是首仓 50% 入场之时，多次的练习就会形成肌肉记忆，形成本能的直觉反应。依据盘面的变化，该入场时就入场，无须勇气，没有犹豫，只是执行。

★ 资金管理规则

资金计划：绝不满仓操作，只拿出总资金量的 20%～40% 作为狙击子弹使用。

★ 仓位管理规则

依据分时图运行实况采用五三二入场原则：见股价放量高开的当下，就果断首仓入场 50%。当首仓出现盈利 2%～3% 之后，再买入 30% 的仓位，如果 30% 的仓位再次盈利 2%～3%，最后再将 20% 剩余资金入场。从 2018 年 7 月 12 日分时图运行状况来看，满足首仓 50% 入场条件之后，股价沿着缓慢盘升的分时均价线震荡运行，每一次回落均在分时均价线上方得到支撑，首次封板时间在 11：19，之后出现三次开板现象，从封板时间、拉升力度及多次开板等特征来看，这是一只中等强度的涨停板，做好隔日逢高出局的心理和物理准备。

从首仓入场到涨停板，接近 10% 的涨幅空间完全满足第二次加仓 30% 的涨幅空间要求，同时也满足了第三次加仓 20% 的涨幅空间要求。依据盘面的实际运行该怎样就怎样，该出手时就出手。主拉升区间主力采用了三波次封住涨停，在股价涨停之前完成两次分别为 30%、20% 的加仓动作是绝对可行和从容的。

对于此类采取三波次封住涨停的个股，如果没有完成该有的加仓任务是需要反思的。记住：只是反思而不是责备。希望所有有志于成为一名合格的系统交易员的投机者都能把每一次交易当成是对自己人性弱点的考验，当成是对自己人性弱点的挖掘，当成是一次难得的修行经历，当成是一次心灵成长契机，认真地对待每一次交易，做到盘前有计划，盘后有总结。

2018 年 7 月 12 日快意电梯（002774）分时图运行实况（见下图）。

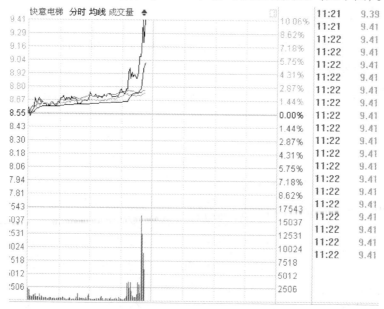

2018 年 7 月 12 日快意电梯（002774）分时图狙击策略：

早盘平开高走，快速下打，下破昨日收盘价和分时均价线两道支撑，此时的应对策略就是持币观望；V型反转连续上破分时均价线和昨日收盘价两道关卡，此时，该有的应对策略是做好入场的心理及物理准备。这就是"以变应变"在交易中的具体应用：两个"变"的指向和含义是不同的，前"变"是指市场的变化，后"变"是指交易员的交易动作的变化；两个变化是前因与后果的关系。

首仓的入场点可以安排在两个地方：一是在上破分时均价线和昨日收盘价之际；二是创出早盘新高之际。首仓入场之后股价并没有出现高速运行，而是沿着分时均价线做缓慢爬升，利用1分钟或5分钟图表可以很清晰地看出，股价的这种运行模式就是分时级别的曲线调整模式，是强势调整模式中的一种。强调之后必有强攻！

10：56股价进入主拉升区间，采取三波拉升两波调整模式封住涨停，第一次调整是从10：59开始到11：02结束，第二次调整是从11：07开始到11：14结束。第二次30%的加仓可以安排在第二次调整之后的创新高之际，第三次的20%的加仓可以安排在涨停板附近，因为最后一波的拉升属于封涨停前的垂直拉升，不高挂涨停板价难以成交。

无论是首仓入场指令还是后续的两次加仓指令，只要符合规则要求就要百分之百去执行。如同战场上军队首长向自己的士兵发出冲锋的命令一样。作为士兵，服从命令，坚决完成任务是他们的天职。

★ **出场规则**

对于入场当日能够涨停的股票，在以后的任何一个交易日，只要不再涨停就必须出局；2018年7月13日股票没有涨停，所以该日就是出场日。

分时图出场要点：2018年7月13日股价高开高走一直运行在缓慢上行的分时均价线之上，短时下破分时均价线也能迅速拉回，没有看坏出局的理由。10：42股价经过三波式上攻，最大涨幅为8.40%即开始出现快速回落，这是不好的征兆：三波攻击接近涨停却不能封至涨停，就要怀疑主力是不是要做上影线呢？回落的结构是清晰的：五波次驱动结构，10：50的反弹就是结构性出局点。当然，你也可以采取时间周期出局策略。

规则就是规则，一旦制定就不可以违背。不被执行的规则形同虚设，与情绪化交易无异。

★ **持股规则**

对于入场当日能够涨停的股票，在以后的每一个交易日，只要能够涨停就必须无条件持股；2018年7月13日股票没有涨停，所以该股的持股周期只能到2018年7月13日。

持股规则的确定不需要主观地认定，而是需要依据市场的实际状况来制定。这样制定出来的规则才更贴近于市场的本来面目。

每日一智

到底该听谁的？

听自己的？自己说了算？自己让市场涨，市场就涨？自己让市场跌，市场就跌？显然，自己说了不算，那为什么还要听自己的呢？

听大V的？大V说了算？大V说市场涨，市场就涨？大V说市场跌，市场就跌？显然他们说了不算，那为什么还要听他们的呢？

听专家的？专家说了算？专家说市场涨，市场就涨？专家说市场跌，市场就跌？显然，专家们说了不算，那为什么还要听他们的呢？

听教授的？教授说了算？教授说市场涨，市场就涨？教授说市场跌，市场就跌？显然，教授们说了不算，那为什么还要听他们的呢？

听某官员的？某官员说了算？官员说市场涨，市场就涨？就入牛市？官员说市场跌，市场就跌，就入熊市？显然，市场有其内在的运行规律，不以任何人的意志为转移。那为什么还要听他们的呢？

到底该听谁的？谁说了算就听谁说的！

谁说了算？

主力资金说了算，主力资金是谁？你能知道吗？事后即使能够知道又有何用？主力资金的意图通过市场表现出来。所以，只要看市场本身就可以了。是的，你没有听错：市场说了算！

要听，就听市场的！

而且只能听市场的！

案例五

★ 图形识别

涨停基因之恐吓阴

★ 形态描述与市场情绪解读

▲ 涨停基因确定

润和软件（300339）在上图可视的范围内共计出现 2 次涨停板，涨停时间分别为 2018 年 5 月 7 日、7 月 3 日，所以，可以确定该股票具备涨停基因。

同类形态的个股具备涨停基因的股票更具关注价值；同类形态的个股涨停数量越多越有效；同类形态的个股恐吓阴与涨停之间间隔的时间越短越好。

▲ 恐吓阴形态识别

2018 年 7 月 11 日市场给出一条向下跳空低开、缩量、跌幅为 6.26% 的带长下影线的长阴线。不论是因为主力假摔洗盘的目的而形成的跳空缺口还是因为主力不计成本的出货而形成的跳空缺口，向下跳空总是具有强大的恐吓效果；如果跳空低开是主力的恐吓手段之一，那么主力在分时图中"画出"的那一条在黄色的分时均价线的反压之下而不断下跌的股价线，具备同样的恐吓效果，这是主力刻意制造的第二次恐吓。试想：面对这样的盘面，谁还能再保持镇静？缩量的特点容易让人产生主力洗盘假摔的联想，因为主力在不计成本大力抛售的时候总是伴随着成交量的急剧放大。

低开、缩量及超长的跌幅是我们识别恐吓阴的三大外部特征。

▲ 恐吓阴的位置研判

恐吓阴的位置决定着恐吓阴的灵魂；不是所有低开、缩量的长阴线都具有关注价值，要想提高操盘恐吓阴反转交易系统的成功率，必须能够更好地研判出恐吓阴的位置。

经过长期的反复下跌后于 2018 年 2 月 7 日来到阶段性底部，最低价为 8.41 元，一波持续了 65 个交易日的曲线运行最高价为 13.86 元，截至 2018 年 6 月 4 日结束，前波攻击的终点也是新一轮调整的起点，此轮调整运行了 16 个交易日，没有创出新低，原有趋势没有被破坏，从结构上可以认定为 A 浪下跌，A 浪下跌的结束日是 2018 年 6 月 26 日，自 2018 年 6 月 26 日开始的反弹是 B 浪反弹区间，依据结构理论预判应有两个波次的攻击和一个波次的回调。2018 年 7 月 6 日市场至 2018 年 7 月 11 日历时 4 个交易日的回调可以认定为 B 反区间的第一次回调。2018 年 7 月 11 日市场给出的这一条低开缩量的跌停板阴线已经回落到 B 浪反弹的区间之内但并没有创出新低。没有创出 B 浪反弹低点，说明 B 浪反弹的趋势没有被破坏，可以预期 B 浪反弹结构中的最后一波攻击。所以，从结构学的角度来看，该阴线处于回调的相对低位，具有继续关注的价值。

▲ 技术指标辅助研判

2018 年 7 月 11 日，5 日均线由上行到下拐，10 日均线上行趋势保持完好，这是短期均线的"老鸭头"雏形,"老鸭头"雏形属于看多形态。MACD指标位于零轴下方呈现红柱金叉的看多状态。

通过以上对该股票的涨停基因确定、阴线形态识别、阴线位置研判及技术指标的综合辅助分析、解读,认定市场在2018年7月11日给出的这一条跳空缩量的长下影阴线满足涨停基因之恐吓阴反转交易系统的技术条件要求。

是否是主力故意制造的恐吓假摔需要隔日的确认,确认是图表交易不可或缺的关键环节。

既然满足涨停基因之恐吓阴反转交易系统的技术条件要求,理应纳入自选股进行重点关注:市场能否给出入场指令?何时给出入场指令?给出哪一种入场指令?我们不需要知道,静心等待就好。市场在没有给出涨停基因之恐吓阴反转交易系统中规定的入场指令之前绝不轻举妄动。这是一个合格的系统交易员必须具备的职业素养。

★ 入场规则

2018年7月12日,该股早盘微幅低开后,以秒计的超短时下打,因为速度过快在分时图中无法及时显示,从可显现的分时图特征来看:股价是低开后直接高走的。

见低开迅速突破昨日收盘价且黄色的分时均价线与白色的股价线呈现多头排列状态就是首仓50%入场之时,多次的练习就会形成肌肉记忆,形成本能的直觉反应。依据盘面的变化,该入场时就入场,无须勇气,没有犹豫,只是执行。

★ 资金管理规则

资金计划:绝不满仓操作,只拿出总资金量的20%~40%作为狙击子弹使用。

★ 仓位管理规则

依据分时图运行实况采用五三二入场原则:见股价放量高开的当下,就果断首仓入场50%。当首仓出现盈利2%~3%之后,再买入30%的仓位,如果30%的仓位再次盈利2%~3%,最后再将20%剩余资金入场。从2018年7月12日分时图运行状况来看,满足首仓50%入场条件之后,股价沿着上升的分时均价线震荡盘升运行,短时微幅下破均价线也能快速拉回,于11;22封住涨停,从封板时间、拉升力度及涨停尤量等特征来看,这是一只中等强度的涨停板,隔日可以拥有适度的新高预期,非强势涨停也要有低开失败的心理和物理准备。

从首仓入场到涨停板,接近10%的涨幅空间完全满足第二次加仓30%的涨幅空间要求,同时也满足了第三次加仓20%的涨幅空间要求。依据盘面的实际运行该怎样就怎样:该出手时就出手。这是一只震荡盘升运行的个股,没有明显的主拉升运行区间,加仓时机可以安排在回调之后的创新高之际。

对于此类震荡盘升运行的涨停个股，在股价涨停之前完成两次分别为30%、20%的加仓动作是绝对可行和从容的，如果没有完成该有的加仓是需要反思的。记住：只是反思而不是责备。希望所有有志于成为一名合格的系统交易员的投机者都能把每一次交易当成是对自己人性弱点的考验，当成是对自己人性弱点的挖掘，当成是一次难得的修行经历，当成是一次心灵成长契机。需要认真地对待每一次交易，做好交易后的反思与总结。认真地对待每一次交易，做到盘前有计划，盘后有准备，不想进步都难。

涨停基因之恐吓阴

　　2018年7月12日润和软件（300339）分时图狙击策略：

　　早盘微幅低开，以秒计的短时下打，迅速上破昨日收盘价，这是低开高走的强势运行模式。强势的开始预示着强势的当日运行。黄色的分时均价线位于白色的股价线之下，这是低开翻红入场指令最完美的技术形态。面对这样的盘面，一个合格的系统交易者唯一要做的就是即时入场，任何的犹豫和拖延都是不成熟的表现。犹豫和拖延的原因无非是在担心股价未来的不涨反跌被套，如果你能预知未来股价的具体运行方向，犹豫和拖延是没有必要的，而是绝不入场！

　　果断50%首仓入场以后。股价短时窄幅下破分时均价线，随即进入没有主拉升区间的震荡盘升之旅，于11：22封住涨停。开盘之后30分钟之内能够封住涨停的都属于强势涨停，显然该股票的封板时间已经远远超过了30分钟。所以，从封板时间来看，该涨停不属于强势涨停，非强势涨停就不必对未来股价是否创新高投入过多期待。

无论是首仓入场指令，还是后续的两次加仓指令，只要符合规则要求就要百分之百去执行。如同战场上军队首长向自己的士兵发出冲锋的命令一样。作为士兵，服从命令，坚决完成任务是他们的天职。

2018 年 7 月 12 日润和软件（300339）分时图运行实况（见下图）。

★ 出场规则

对于入场当日能够涨停的股票，在以后的任何一个交易日，只要不再涨停就必须出局；2018 年 7 月 13 日股票没有涨停，所以该日就是出场日。

分时图出场要点：早盘高开快速上攻，倒 V 反转创出早盘新低且下破黄色的分时均价线，此时的应对要点在于：高开是强势开盘，高走是强势的运行状态，没有出局的理由；高走后下打创早盘新低不看好也没有完全看坏，因为股价下打虽然创出早盘新低但是并没有下破昨日收盘价；创出新低后反弹受到下行的分时均价线的压制，没有创出反弹新高再次回落，说明股价的分时级别下行趋势并没有改变。此时，可以做出相应的出局动作了；最后一次出局动作可以安排在股价下破昨日收盘价之际。

规则就是规则，一旦制定就不可以违背。不被执行的规则形同虚设，与情绪化交易无异。

★ **持股规则**

对于入场当日能够涨停的股票，在以后的每一个交易日，只要能够涨停就必须无条件持股；2018 年 7 月 13 日股票没有涨停，所以该股的持股周期只能到 2018 年 7 月 13 日。

持股规则的确定不需要主观地认定，而是需要依据市场的实际状况来制定。这样制定出来的规则才更贴近于市场的本来面目。

！ 每日一戒

别让指数蒙住了双眼

仅以上证为例，市场自 2018 年 1 月 29 日以来一直处于下降通道中，持续时间长达 8 个多月，这就是被俗称为所谓的熊市吧。在这一波熊市中，如果你是亲历者，且是有心的亲历者，那么，你一定会发现这样一种现象：市场每天都会有很多涨停的股票。这里所说的很多，具体来讲可以理解为不少于 10 只涨停股。从本人每月的交易日记统计来看，连续两天没有给出交易信号的情况几乎是不存在的。也就是说，虽然指数处于下降通道之中，但是，市场依然给予超过你需求的交易机会。

面对如此多的交易机会，为什么好多人都不赚钱甚至亏损？

因为他们被指数蒙住了双眼：他们只看到了指数处于下降通道里，但忽视了他们所要真正交易的标的——个股的实际机会。在这样一段时期，那些所谓的一根筋似的指数化交易者被埋没了。其实埋没他们的不是市场本身，是他们自己，他们是标准的教条主义者，面对变化了的市场，自己没有变通，依然坚守自己过时的所谓指数化交易。实在是一种莫大的悲哀。

对于一个坚守了很多年的指数化交易者来说，让他们抛弃指数去专注于个股，绝对不是一件容易的事情。就如同分析师要转岗交易员一样，鲜有成功者。

能不能排除指数对你交易的干扰，任何外力是不会起作用的，转换和排除只能经由你自己来实现，只要拥有强大的转换和排除意愿，实现转换甚至可以在此时此刻。

当然，能否排除指数对自己交易的影响，还有一个非常重要的不可或缺的因素，那就是你要拥有多套与当下市场背景相匹配的交易系统。

当你拥有了适合市场背景的交易系统的时候，你会经常发现这样一种现象：某一个交易日指数下跌，甚至连续下跌，而自己的交易系统却接二连三地发出交易指令；某一交易日指数大涨，乃至连续上涨，而自己的交易系统却始终不见交易指令发出。

至少我们可以说，自 2018 年 1 月 29 日以来到 2018 年 9 月 6 日止，对于图表交易而言，你可以完全无视指数的具体运行，你要专注的是你真正所要交易的个股！在这样的历史时期，哪怕是你仅仅把大盘指数用于交易参考，都会对你的交易形成致命的干扰和破坏。

市场永远是变化的，这是亘古不变的真理。或许某一天市场的运行规律会发生转变，到时候会出现个股与大盘齐涨共跌的现象。如果真是这样，我们就要像变色龙一样，及时地转换自己的操作模式，来到先大盘后个股的指数化交易模式。

到底是先指数后个股，还是先个股后指数；这是一个仁者见仁，智者见智的问题，笔者无意与谁争辩，适合的就是最好的。

看一看本书中的诸多案例都是出现在这一历史时期，事实胜于雄辩。

案例六

★ 图形识别

涨停基因之恐吓阴

5.02 - 5.15

←4.50

★ 形态描述与市场情绪解读

▲ 涨停基因确定

圣阳股份（002580）在上图可视的范围内共计出现 4 次涨停板，涨停时间分别为 2018 年 6 月 22 日、6 月 25 日、6 月 28 日、7 月 5 日，所以，可以确定该股票具备涨停基因。

同类形态的个股具备涨停基因的股票更具关注价值；同类形态的个股涨停数量越多越有效；同类形态的个股恐吓阴与涨停之间间隔的时间越短越好。

▲ 恐吓阴形态识别

2018 年 7 月 18 日市场给出一条缩量、跌幅为 3.73% 的光脚中小阴线；2018 年 7 月 19 日市场又给出一条向下跳空、缩量、跌幅为 4.88% 的中阴线。连续两个交易日的下跌本身就具有恐吓的意味，称为双阴恐吓；第二条阴线又给出明显的向下跳空缺口，称为跳空恐吓；两只阴线均在尾盘出现快速的下杀，称为尾盘下杀恐吓；主力采用三种恐吓手段，假如你曾参与其中，面对这样的盘面，你还能保持镇静吗？其中的恐慌与煎熬只有身在其中的交易者才能有深刻的体会。连续两天的下跌所对应的成交量是缩减的，这容易让人产生主力洗盘假摔的联想，因为主力在不计成本大力抛售的时候往往伴随着成交量的急剧放大。

跳空、缩量、连续的下跌及尾盘下杀是我们识别本案恐吓阴的四大外部特征。

▲ 恐吓阴的位置研判

恐吓阴的位置决定着恐吓阴的灵魂；不是所有低开、缩量的中长阴线都具有关注价值，要想提高操盘恐吓阴反转交易系统的成功率，必须能够更好地研判出恐吓阴的位置。

股价经过长期的反复下跌后于 2018 年 6 月 20 日探出阶段性底部，最低价为 4.50 元，之后出现了一波持续了 8 个交易日的拉升最高价为 6.67 元，截至 2018 年 6 月 29 日结束，前波攻击的终点也是新一轮调整的起点，自 2018 年 6 月 29 日开始进入调整区间，至 2018 年 7 月 19 日止共计运行了 15 个交易日，基本符合日线级别的拉升与调整的周期配比要求。未来可以有两种预期：一是由此进入主拉升区间；二是完成自 2018 年 6 月 20 日以来的反弹结构。不论是哪一种情况，从结构学的角度来看，该恐吓阴均处于回调的相对低位，具有继续关注的价值。

▲ 技术指标辅助研判

2018 年 7 月 19 日，20 日均线保持完好的上行趋势，5 日均线、10 日均线、20 日均线、60 日均线趋向粘合状态，这是一阳穿四线的雏形，属于看多形态。MACD 指标快慢线数值均为 0.03，说明 MACD 指标的黄白两线处于完全粘合的状态，这是股价将要变盘的征兆。

通过以上对该股票的涨停基因确定、阴线形态识别、阴线位置研判及技术指标的综合辅助分析、解读，认定市场在 2018 年 7 月 18 日及 19 日给出的这两条跳空缩量的中阴线满足涨停基因之恐吓阴反转交易系统的技术条件要求。

是否是主力故意制造的恐吓假摔需要隔日的确认，确认是图表交易不可或缺的关键环节。

既然满足涨停基因之恐吓阴反转交易系统的技术条件要求，理应纳入自选股进行重点关注：市场能否给出入场指令？何时给出入场指令？给出哪一种入场指令？我们不需要知道，静心等待就好。市场在没有给出涨停基因之恐吓阴反转交易系统中规定的入场指令之前绝不轻举妄动。这是一个合格的系统交易员必须具备的职业素养。

★ 入场规则

2018年7月20日，该股早盘平开后，短时横盘向上选择了攻击方向。黄色的分时均价线位于白色的股价线之下，这是分时图中均线多头排列形态，是支持股价上涨的一种形态。见平开高走且黄色的分时均价线与白色的股价线呈现多头排列状态就是首仓50%入场之时，多次的练习就会形成肌肉记忆，形成本能的直觉反应。依据盘面的变化，该入场时就入场，无须勇气，没有犹豫，只是执行。

★ 资金管理规则

资金计划：绝不满仓操作，只拿出总资金量的20%~40%作为狙击子弹使用。

★ 仓位管理规则

依据分时图运行实况采用五三二入场原则：见股价放量高开的当下，就果断首仓入场50%。当首仓出现盈利2%~3%之后，再买入30%的仓位，如果30%的仓位再次盈利2%~3%，最后再将20%剩余资金入场。从2018年7月20日分时图运行状况来看，满足首仓50%入场条件之后，股价沿着上升的分时均价线快速运行，于9：48封住涨停，从封板时间、拉升力度及涨停无量等特征来看，这是一只强势涨停板，应该预期隔日有新高。

从首仓入场到涨停板，接近10%的涨幅空间完全满足第二次加仓30%的涨幅空间要求，同时也满足了第三次加仓20%的涨幅空间要求。依据盘面的实际运行该怎样就怎样：该出手时就出手。这是一只多波次长波拉升短时窄幅调整的个股，只要满足涨幅空间的加仓规则要求，调整之后的每一次创新高之际就是加仓之时。

对于此类多波次短时窄幅调整快速运行的个股，如果没有完成该有的加仓是需要反思和总结的。记住：只是反思而不是责备。希望所有有志于成为一名合格的系统交易员的投机者都能把每一次交易当成是对自己人性弱点的考验，当成是对自己人性弱点的挖掘，当成一次难得的修行经历，当成是一次心灵成长契机。需要认真地对待每一次交易，做好交易后的反思与总结。养成认真对待每一次交易的习惯，不想进步都难。

2018 年 7 月 20 日圣阳股份（002580）分时图运行实况（见下图）。

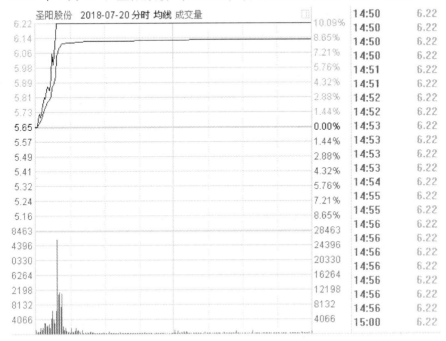

2018 年 7 月 20 日圣阳股份（002580）分时图狙击策略：

早盘平开横走，没有运行方向，只能选择持币不动；于9：31股价向上攻击运行且黄色的分时均价线位于白色的股价线之下，这是平开高走入场指令该有的技术形态，临盘时的应对策略就是首仓50%入场。还记得在《强势股操盘赢利系统培训教程》中向大家传授的临盘口诀吗？经过长期的不间断的练习，如果你已经把临盘口诀化为自己的第二习惯，那么，操盘涨停将会如鱼得水，容易得多。临盘口诀将会帮助你养成正确的临盘思维，及时应对盘面上出现的各种变化。

　　长波攻击窄幅短时调整是主拉升运行途中才有的运行结构，所以不必为每一次的回调而付出心力。每一次调整之后的再攻击，攻击的长度在加长，攻击的角度在变陡，这是主拉升运行途中该有的特征，这是当日能够封板涨停的股票该有的特征。熟悉主拉升运行特征，了解涨停股票的拉升特点，有助于你从容地完成后续两次分别为30%和20%的加仓动作。喜欢做突破的交易者可以把加仓时机安排在每一次回调之后的创新高之际；激进的交易者也可以把每一次的加仓时机安排在股价回调至分时均价线即将拐头之时。

　　无论是首仓入场指令，还是后续的两次加仓指令，只要符合规则要求就要百分之百去执行。如同战场上军队首长向自己的士兵发出冲锋的命令一样。作为士兵，服从命令，坚决完成任务是他们的天职。

★ 出场规则

　　对于入场当日能够涨停的股票，在以后的任何一个交易日，只要不再涨停就必须出局；2018年7月24日股票没有涨停，所以该日就是出场日。

　　分时图出场要点：分时均价线之下高开低走，只要不破昨日收盘价就不必恐慌也不必有所动，毕竟依据入场指令即时入场，我们已经有浮盈在手。回调不破昨日收盘价再次出现长波拉升并创出早盘新高。此时的应对策略依然是持有，没有卖出的理由。创早盘新高之后回调下破分时均价线，不看好当日走势，激进的交易者可以在下破分时均价线之际做出场动作；当股价下破昨日收盘价之时就是无脑出场之际。无论如何对于连续涨停的个股，前一日的收盘价都是最后的防线，不能被下破，一旦见到下破就必须无脑出局。

　　规则就是规则，一旦制定就不可以违背。不被执行的规则形同虚设，与情绪化交易无异。

★ 持股规则

　　对于入场当日能够涨停的股票，在以后的每一个交易日，只要能够涨停就必须无条件持股；2018年7月24日股票没有涨停，所以该股的持股周期只能到2018年7月24日。

　　持股规则的确定不需要主观地认定，而是需要依据市场的实际状况来制定。这样制定出来的规则才更贴近于市场的本来面目。

每日一智

意识就是财富

马克思主义哲学关于意识本质的论断是这样的：意识从其本质上看是物质世界的主观映象，是客观内容和主观形式的统一。

一、意识的概念

人类的意识是物质世界长期发展的必然产物，既是自然的产物，也是社会的产物。首先，意识是自然界长期发展的产物。作为一种反应形式，意识的形成经历了三次有决定意义的转变，即由一切物质都具有的反应特性到低等生物的刺激感应性，再到高等动物的感觉和心理，最后发展为人类的意识。其次，意识是社会历史的产物。在人类意识产生的过程中，社会实践特别是劳动起了决定性的作用。人们在劳动中发明了语言，劳动和语言共同推动了人类意识的发展。

二、意识的本质

意识从其本质上看是物质世界的主观映象，是客观内容和主观形式的统一。首先，意识是人脑的机能和属性。其次，意识是客观世界的主观映象。虽然意识的形式是主观的，但其内容却是客观的。

三、意识能动作用的表现

人类意识的能动作用的表现主要有：

首先，目的性、计划性。人类的意识具有目的性和计划性，人类的实践活动也正是在这种目的性和计划性指导下才具有了自觉能动性。其次，创造性。人类意识不仅能够认识事物的现象，更能反映事物的本质，创造性地抽象出事物的内在必然性或者本质规律性。再次，通过指导实践实现对世界的改造作用，不断从原始的自然转变为人化的自然。最后，指导、控制人的行为和生理活动的作用。

四、物质和意识的辩证关系

物质和意识既有区别，又有联系。

首先，物质和意识之间存在质的区别：物质是客观实在，意识是主观存在；物质第一性，意识第二性。

其次，物质和意识也存在密切的联系：物质决定意识，意识对物质有能动的反作用；意识与物质具有同一性，意识能够达到对物质的正确反映；通过实践，物质可以变成精神，精神可以变成物，即二者可以相互转化。

正确发挥意识的能动性的条件。第一，从实际出发，努力认识和把握事物的发展规律，这是发挥主观能动性的前提。第二，实践是发挥人的主观能动性的基本途径。意识通过实践反作用于物质的过程，也就是意识自身的"物化"过程，

·237·

把观念的东西化为物质的感性活动，使主观的东西见之于客观，使客观世界发生合乎目的的改变。第三，主观能动性的发挥还依赖于一定的物质条件和物质手段。

笔者对于意识的见解曾在《强势股操盘赢利系统培训教程》的上篇"赢在思维"中有过阐述，借用本篇算是对笔者意识论的一个小小的延伸和补充吧。既然意识可以"物化"，那么，对于证券交易者而言，用好个人意识就可以转化成财富。对于这一点，从马克思主义哲学对意识的论断中当然可以通过。

比如，当你拥有100%的意识时，你就是一个能够控制自己情绪的开悟者，这是成为一个合格的系统交易赢家必备的条件，没有之一。所以，如何拥有100%的意识就成了问题的关键，如何获取100%意识？具体的方法笔者已经毫无保留地在《强势操盘赢利系统培训教程》中公开了。

案例七

★ 图形识别

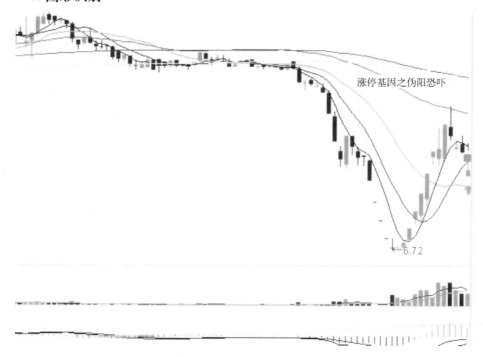

涨停基因之伪阳恐吓

★ 形态描述与市场情绪解读

▲ 涨停基因确定

赫美集团（002356）在下图可视的范围内共计出现7次涨停板，涨停时间分别为2018年6月14日、7月2~6日、7月10日，所以，可以确定该股票具备涨停基因。

同类形态的个股具备涨停基因的股票更具关注价值；同类形态的个股涨停数量越多越有效；同类形态的个股恐吓阴与涨停之间间隔的时间越短越好。

▲ 恐吓阴形态识别

2018 年 7 月 16 日市场给出一条跳空低开、缩量、跌幅为 7.40% 的光脚伪阳线；大幅的跳空低开所产生的恐吓效果是极佳的！主力的操盘手法凶悍老辣，想不就范都很难。假如你曾参与其中，面对这样的盘面，你还能保持镇静吗？你还能坐视不理而无动于衷吗？除非你能预知未来，明确地知道股价必会产生二次攻击。缩减的成交量，让人生疑：量能衰竭也是变盘的征兆之一。

能够被恐吓的都是无知的！被收割的永远是韭菜！这个世界中的万事万物都是矛盾的统一体，如果股市不是宇宙之外的某一物种，那么，股市当然可以例外，不受矛盾规则的影响。既然股市要受矛盾规则的影响，那么，主力人为制造的任何恐吓手段对个别的交易赢家而言都是徒劳的，不但起不了任何恐吓作用，而且还会起反作用，有矛必有盾。这里所说的反作用是指主力人为制造的所有恐吓不但没有恐吓到个别的交易赢家，而且还会被他们利用成为赚钱的工具。对于这一点主力当然是心知肚明、清清楚楚的，但是，它一点办法也没有。只要能够恐吓到大量的忠实的股市贡献者们，主力的目的也就达到了。

大幅的缩量跳空和具备止跌意味的伪阳线是识别本案恐吓阴的主要外部特征。

▲ 恐吓阴的位置研判

恐吓阴的位置决定着恐吓阴的灵魂；不是所有低开、缩量的中长阴线都具有关注价值，要想提高操盘恐吓阴反转交易系统的成功率，必须能够更好地研判出恐吓阴的位置。

股价经过一轮快速的下杀之后于 2018 年 6 月 27 日探出阶段性底部，最低价为 6.72 元，之后出现了一波持续了 11 个交易日的拉升最高价为 13.59 元，股价翻倍，截至 2018 年 7 月 11 日结束，前波攻击的终点也是新一轮调整的起点，自 2018 年 7 月 11 日开始进入回调区间，至 2018 年 7 月 16 日止共计运行了 4 个交易日，距离 2018 年 7 月 10 日的涨停为 4 个交易日，这是恐吓阴与涨停板之间最短的间隔距离，当然值得关注！

从结构学的角度来看，自 2018 年 6 月 27 日开始的攻击只能定义为反弹而不是反转，为了满足反弹结构的完整性，以 2018 年 7 月 16 日的伪阳线为起点再起攻击是完全合理的预期。

如此，该恐吓伪阳线位于回调的相对低位，具有继续关注的价值。

▲ 技术指标辅助研判

2018 年 7 月 19 日，10 日均线保持完好的上行趋势，5 日均线开始向下拐头，但与 10 日均线没有形成死叉，这是短期均线"老鸭头"形态雏形，属于看多信号。MACD 指标位于零轴下方呈现红柱金叉的看多状态。技术指标配合，支持股价看涨。

通过以上对该股票的涨停基因确定、阴线形态识别、阴线位置研判及技术指标的综合辅助分析、解读，认定市场在 2018 年 7 月 16 日给出的这一条跳空缩量的伪阳线满足涨停基因之恐吓阴反转交易系统的技术条件要求。

是否是主力故意制造的恐吓假摔需要隔日的确认，确认是图表交易不可或缺的关键环节。

既然满足涨停基因之恐吓阴反转交易系统的技术条件要求，理应纳入自选股进行重点关注：市场能否给出入场指令？何时给出入场指令？给出哪一种入场指令？我们不需要知道，静心等待就好。市场在没有给出涨停基因之恐吓阴反转交易系统中规定的入场指令之前绝不轻举妄动。这是一个合格的系统交易员必须具备的职业素养。

★ 入场规则

2018 年 7 月 17 日，该股早盘微幅高开后，不做任何停顿直接高走，见高开高走且黄色的分时均价线呈现多头排列状态就是首仓 50% 入场之时，多次的练习就会形成肌肉记忆，形成本能的直觉反应。依据盘面的变化，该入场时就入场，无须勇气，没有犹豫，只是执行。

★ 资金管理规则

资金计划：绝不满仓操作，只拿出总资金量的 20% ~ 40% 作为狙击子弹使用。

★ 仓位管理规则

依据分时图运行实况采用五三二入场原则：见股价放量高开的当下，就果断首仓入场 50%。当首仓出现盈利 2% ~ 3% 之后，再买入 30% 的仓位，如果 30% 的仓位再次盈利 2% ~ 3%，最后再将 20% 剩余资金入场。从 2018 年 7 月 17 日分时图运行状况来看，满足首仓 50% 入场条件之后，接近 10% 的涨幅空间完全满足第二次加仓 30% 的涨幅空间要求，同时也满足了第三次加仓 20% 的涨幅空间要求。依据盘面的实际运行该怎样就怎样：该出手时就出手。这是一只运行结构异常复杂的个股，如果你想依据加仓规则要求做出相应的加仓动作是完全可行的事情；如果你因为股价的分时运行结构不够清晰而取消后续的两次加仓动作也是可以支持和理解的。做好自己该做的事情，放弃看不懂的交易，宁愿不做也不做错。

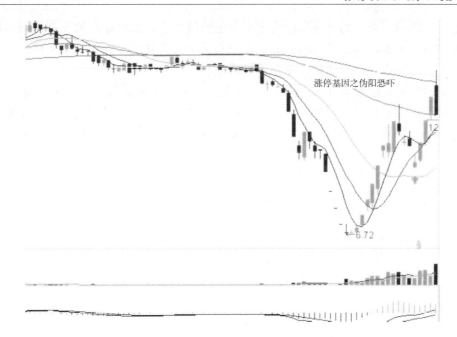

2018 年 7 月 17 日赫美集团（002356）分时图运行实况（见下图）。

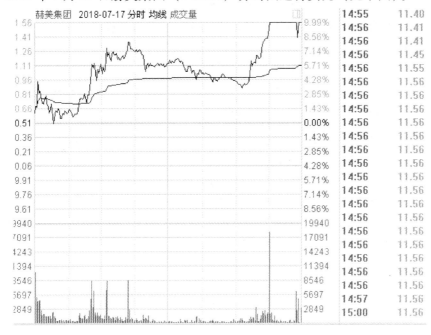

2018 年 7 月 17 日赫美集团（002356）分时图狙击策略：

早盘微幅高开，没有停留直接上攻，此时该有的应对策略是即时入场，短时横盘后可以看到黄色的分时均价线上穿白色的股价线，如果你因为没有见到黄白双线的位置关系而延迟了入场，那么在你确认了黄白双线的位置关系之后，再也没有迟疑的理由了，入场是你唯一该有的选择。

股价的运行路径就是交易者的心动曲线！依据交易系统入场规则实施入场后，股价短时上攻后就开始大幅回落并创出早盘新低。随着股价创新低，你的心动曲线也会创新低，这是韭菜们真实的心理反应。面对不如预期的走势，股价不涨反跌，没有赢反而亏，这就是交易之苦！世界上不存在一劳永逸的职业，只要你还在从事股票交易，这种现象就一定会发生，这个苦你就一定要去"吃"。但是，作为一个职业交易者，如果不能解除此类交易之苦，笔者认为交易是不值得让人从事的一份职业。为了赚钱，周而复始地"吃"这样的苦值得吗？要想从事职业交易你必须千方百计去除苦，而去苦的微妙之法正是心灵成长会所（SGC）中的心灵智慧开发课程中的核心内容。

依据A股的交易规则，当日入场的股票是不可以在当日出场的，所以，你的任何心动都是自寻烦恼！

对于波形复杂的个股，可以不必理会波形本身，只需要看好分时均价线与股价线之间的位置关系，因为两者的位置关系是多空双方交战结果的最直接反映：多方胜，则白上黄下；空方胜，在黄上白下。无论股价运动波形如何复杂、难以识别，即使中途下破分时均价线，只要能够及时拉升到均价线之上就是多方胜利的最直接见证。从该股的分时图可以看到，股价在运行途中曾经三次下破均价线并及时拉回，请平稳你的心动曲线，少安勿躁。

尾盘14：30封住涨停，从封板时间来看，该涨停属于弱势涨停。需提前做好隔日低开的心理准备，凡事有备才能无患。

★ 出场规则

对于入场当日能够涨停的股票，在以后的任何一个交易日，只要不再涨停就必须出局；2018年7月20日股票没有涨停，所以该日就是出场日。

分时图出场要点：早盘高开后快速攻击，两波攻击后最高涨幅达到9.36%，细心的交易者可以发现，第二波攻击量能和攻击长度远不及第一波，这是股价背离变软变弱的征兆。股价接近涨停而不涨停、量价背离、攻击力变软变弱三大特征合成了高位出货的绝佳信号，这是交易高手的出场点；股价快速下打，下破分时均价线是第二出局点；下破昨日收盘价是无脑出局点。

规则就是规则，一旦制定就不可以违背。不被执行的规则形同虚设，与情绪化交易无异。

★ 持股规则

对于入场当日能够涨停的股票，在以后的每一个交易日，只要能够涨停就必须无条件持股；2018 年 7 月 20 日股票没有涨停，所以该股的持股周期只能到 2018 年 7 月 20 日。

持股规则的确定不需要主观地认定，而是需要依据市场的实际状况来制定。这样制定出来的规则才更贴近于市场的本来面目。

 每日一智

论变化

舍斯托夫的《以头撞墙》中对于变化曾有这样的论述：

人们不是不喜欢变化，而是不喜欢向坏方向的变化。

比如小的时候人都希望快点长大，希望变得越来越有能力；但到了年纪渐大之后，就会越来越害怕变化，害怕变得越来越老，越来越接近死亡。所以，这时候，那些活得好的人就祈求永恒，祈求永远不变老。长生不老，万寿无疆。同样的道理，人们也并非追求"永恒"，而是追求那好状态的永恒。

比如爱情。在两情相悦，如胶似漆时，无不企愿：天长地久，天荒地老，海枯石烂，绵绵不绝，爱河永浴。

然而，幸亏"永恒"是一个虚妄的追求，从没有人求得到！因为，如果"永恒"真的来到，一切都不再"变化"，不知道有没有人真的可以忍受。

"死亡"本身不就是一种永恒吗？或者，"不变化"不就等于"死亡"吗？

生命在于运动。这句话的意思其实应该是"生命在于变化"。似乎一切美好的事物，本质上都是因为富于变化而显得有活力。生活的美好，在于可以不停地见识、接触新鲜的世界；爱情的美好，在于坠入其中的人彼此无尽的打扮修饰与创造惊喜。一旦变化枯竭，美好也会随之枯竭！

或许，只有一种值得追求的"永恒"，那就是永恒的变化！

对于变化，绝大多数人直到离开人世之前，他都是害怕的；只有小部分解脱者在人生的中途实现了由害怕变化到不怕变化的转变，他们都是生活中的强者或事业上的成功者，他们不但不害怕变化而且还适应变化、喜欢变化，因为随变化而来的不仅仅是风险还有无限的机遇。

任何一个交易员的成长历程中都会经历由害怕变化、讨厌变化到喜欢变化、适应变化的转变过程，转变所需要耗费的时间有长有短，因人而异，因造化而异；绝大多数交易者都没有等到这个转换的来临就退场了。好像他们逃到别的地方或领域就不会再面临变化，其实，根本逃不掉，因为变化无处不在。

在交易的成长道路上本人就曾有过对变化非常讨厌的时期，那时交易业绩并不理想，对于证券市场的无常变化异常厌恶，甚至一度怀疑自己能否走到成功的尽头……

在以后的不懈坚持中，笔者有幸进入了稀有人介入的领域，即心灵智慧开发领域；说稀有是因为把实战交易与心灵智慧开发紧密结合来成就自己，帮助自己进入赢家之列的方法是稀有的，可以说是绝无仅有。事后想来真是幸运至极……

有人说，如果你恨他，那么你就让他来到股市，因为那里是地狱；如果你爱他，那么你就让他来到股市，因为那里是天堂。其实，任何过来人都很清楚，这里所说的天堂是指个人在交易技术和心灵智慧高度融合后所拥有的那种交易境界，对于这种交易境界的无碍和美好用天堂来形容，在天堂里，他的交易是轻松的，快乐的，不忧不惧，其实这一切都是心灵智慧成长后的必然结果。

心灵智慧的开发是每一个有志于长期从事证券交易的交易者都必须面临的课题，缺少这一课，不尽快补上这一课，整天提心吊胆，交易当然就是如同下地狱，交易对他们来说是非常的辛苦，但还不赚钱。

对于交易而言，只有两类人：一类是辛苦不赚钱者；另一类是轻松赚钱者。交易这个职业靠辛苦是赚不到钱的，而真正赚钱的赢家都是轻松的赚钱者；所谓的"勤劳致富"在证券交易这个行业中并不适用。

案例八

★ 图形识别

涨停基因之恐吓阴

★ **形态描述与市场情绪解读**

▲ **涨停基因确定**

东方嘉盛（002889）在上图可视的范围内共计出现 3 次涨停板，涨停时间分别为 2018 年 5 月 3～4 日、5 月 8 日，所以，可以确定该股票具备涨停基因。

同类形态的个股具备涨停基因的股票更具关注价值；同类形态的个股涨停数量越多越有效；同类形态的个股恐吓阴与涨停之间间隔的时间越短越好。

▲ **恐吓阴形态识别**

这是一只三阴恐吓的个股。2018 年 5 月 28 日市场给出一条跳空高开、放量、涨幅为 1.88% 的长上影伪阴线；2018 年 5 月 29 日市场给出一条大幅跳空低开，缩量，跌幅为 10.01% 的跌停板阴线；2018 年 5 月 30 日市场给出一条大幅跳空低开，缩量，跌幅为 8.34% 的近乎光脚的长阴线；三条阴线的累计振幅为 31.70%，这也就意味着，如果你是在 2018 年 5 月 28 日的高点入场，那么，至 2018 年 5 月 30 日你的账面浮亏将达到 31.70%。想一想，你的心动曲线是怎样的？也许你会说：我不会选择在高点入场。记住这句话：凡是 K 线所到的位置就是资金所到的位置！也许不是你，但一定有人在高位站岗！这是确定无疑的事情。

看看操盘主力利用这三根 K 线都采用了哪些恐吓手段？2018 年 5 月 28 日的长上影就是主力制造恐吓的开始，没有长上影哪有高振幅？没有高振幅哪有绝望版恐吓？连续两个交易日的大幅跳空还能稳坐钓鱼台，除了能够预知未来的神仙，凡人谁还能做到？有人说：我能……笔者很清楚，凡是说能的都是关电脑装死的自我欺骗者。的确，市场内这类人不在少数。2018 年 5 月 29～30 日连续两个交易日都出现尾盘下杀现象，真是赶尽杀绝的操盘手法！

高振幅、连续大幅缩量跳空、连续的尾盘下杀是识别本案恐吓三阴的主要外部特征。

▲ **恐吓阴的位置研判**

恐吓阴的位置决定着恐吓阴的灵魂；不是所有低开、缩量的中长阴线都具有关注价值，要想提高操盘恐吓阴反转交易系统的成功率，必须能够更好地研判出恐吓阴的位置。

股价自 2018 年 4 月 23 日开始进入一波拉升，期间运行了 10 个交易日，于 2018 年 5 月 8 日结束，区间涨幅为 49.40%，三升二降的驱动结构，是一浪拉升。前波攻击的终点也是新一轮调整的起点，自 2018 年 5 月 8 日开始进入回调区间，至 2018 年 5 月 30 日止共计运行了 17 个交易日，是罕见的高 B 低 C 模式。

从结构学的角度来看，无论回调幅度有多大，只要不创新低都是允许的，都是在 2 浪区间内。三阴下杀之后，2018 年 5 月 30 日的那一条 K 线已经回到了 1

浪涨幅的 61.8% 位，属于深度回调。位于回调的相对低位，当然具有关注价值。

▲ 技术指标辅助研判

面对这样的短期快杀，中短期均线已经被破坏得面目全非是理所当然的事情，60 日均线保持上升趋势完好是支撑股价上涨的有利信号之一，难道股价会止步于 60 日均线？MACD 指标位于零轴上方呈现绿柱死叉的看空状态，仅就 MACD 指标而言，该股票连纳入自选的资格都没有。记住：在市场结构面前，技术指标的参考价值有限，甚至可以忽视。主力"画线"的目的除了让持股者交出筹码，还有另外一层目的，那就是让持币者放弃选股。主力真是坏透了……

通过以上对该股票的涨停基因确定、阴线形态识别、阴线位置研判及技术指标的综合辅助分析、解读，认定市场在 2018 年 5 月 28 ~ 30 日给出的这三条跳空缩量的绝望级阴线满足涨停基因之恐吓三阴反转交易系统的技术条件要求。

是否是主力故意制造的恐吓假摔需要隔日的确认，确认是图表交易不可或缺的关键环节。

既然满足涨停基因之恐吓阴反转交易系统的技术条件要求，理应纳入自选股进行重点关注：市场能否给出入场指令？何时给出入场指令？给出哪一种入场指令？我们不需要知道，静心等待就好。市场在没有给出涨停基因之恐吓阴反转交易系统中规定的入场指令之前绝不轻举妄动。这是一个合格的系统交易员必须具备的职业素养。

★ 入场规则

2018 年 5 月 31 日，该股早盘大幅高开一波封板，见大幅高开高走，挂涨停板价首仓 50% 入场，多次的练习就会形成肌肉记忆，形成本能的直觉反应。依据盘面的变化，该入场时就入场，无须勇气，没有犹豫，只是执行。不能入场成交的理由只有一个：被主力刻意制造的攻击气势吓坏了，真是跌也怕，涨也怕。

★ 资金管理规则

资金计划：绝不满仓操作，只拿出总资金量的 20% ~ 40% 作为狙击子弹使用。

★ 仓位管理规则

依据分时图运行实况采用五三二入场原则：见股价放量高开的当下，就果断首仓入场 50%，当首仓出现盈利 2% ~ 3% 之后，再买入 30% 的仓位，如果 30% 的仓位再次盈利 2% ~ 3%，最后再将 20% 剩余资金入场。从 2018 年 5 月 31 日分时图运行状况来看，满足首仓 50% 入场条件之后，股价一波封板，没有任何加仓的可能。

对于此类大幅高开一波封板的个股，如果不经过刻意的训练，要想完成加仓任务是不容易的一件事情。如果因为股价运行速度过快而没有完成入场或加仓，请务必保持平和的心态，别让一次的交易结果影响了未来的交易，别让一次的交易结果影响了自己该有的平静生活。认真对待每一次交易，善待自己，交易的目的是为了更好地生活，绝不仅仅是为了赚钱！本末不可倒置。

涨停基因之恐吓阴

2018 年 5 月 31 日东方嘉盛（002889）分时图运行实况（见下图）。

2018 年 5 月 31 日东方嘉盛（002889）分时图狙击策略：

早盘大幅高开，没有任何停留直接上攻封板，用时不足一秒！这是主力刻意制造的让人望股兴叹的攻击模式。如果你因为恐惧而没有完成入场任务，主力的目的就达到了。好不容易等来的入场机会就这样白白流失了。此时，后悔、难过、痛苦的负面情绪再一次与你为伴。所以，要想长久地做好交易一定要想方设法解除情绪对自己的困扰，否则，从事职业交易真是一件难以持续的可怕事情。

★ 出场规则

对于入场当日能够涨停的股票，在以后的任何一个交易日，只要不再涨停就必须出局；2018 年 6 月 4 日股票没有涨停，所以该日就是出场日。

分时图出场要点：封板后开板不破昨日收盘价可以不必理会，涨停开板需要注意的是，开板时间过长才能封板就要做好出场的心理预期，尾盘不能封住涨停，就应该顺理成章地执行出场规则。

规则就是规则，一旦制定就不可以违背。不被执行的规则形同虚设，与情绪化交易无异。

为什么不在 2018 年 6 月 7 日出场？

依据涨停基因之恐吓阴反转交易系统的出场规则完成出场任务之后，市场又给出了两个涨停板，加上 2018 年 6 月 7 日的大幅高开高走接近 30% 的涨幅就这样白白跌掉了，是多么可惜，多么后悔啊。为什么要把这个问题单独列出阐述？如果没有人在意，当然不必多费笔墨。

一个合格的系统交易者是不会有这样幼稚的疑问的，因为执行交易系统规则早已成了他们的第二天性，系统规则的要求就是他们出场的理由，是唯一的理由。

当然，如果你采用的是结构交易系统或者是趋势交易系统，那么，你的出场只能在 2018 年 6 月 7 日。但是，问题是你采用的是涨停基因之恐吓阴反转交易系统的出场规则。

天下没有完美的交易系统，只有适合于自己的交易系统。

★ 持股规则

对于入场当日能够涨停的股票，在以后的每一个交易日，只要能够涨停就必须无条件持股；2018 年 6 月 4 日股票没有涨停，所以该股的持股周期只能到 2018 年 6 月 4 日。

持股规则的确定不需要主观地认定，而是需要依据市场的实际状况来制定。这样制定出来的规则才更贴近于市场的本来面目。

！每日一笑

1.

甲：你年薪多少？

乙：1000 万元。

甲：那一个月有 80 万元多哦！

乙：是的，这是基本工资。

甲：不错嘛，做什么的？

乙：做梦的……

2.

a. "幸福"就是猫吃鱼，狗吃肉，奥特曼打小怪兽。

b. "代沟"就是我问老爸觉得"菊花台"怎么样，他说没喝过。

c. "自恋"就是下辈子我一定要投胎做女人，然后嫁个像我这样的男人。

d. "无语"就是法官问：你为什么印假钞？罪犯说：真钞我不会印。

e. "绝望"就是饭馆吃饭点了两菜，吃第一个："世上还有比这更难吃的吗?!"吃第二个"靠！还真有！"

f. "崩溃"就是，一位老太太走进 KFC，对服务员说：我要一个肯德基，一个麦当劳，还要一个汉堡。

3.

啥叫白领？

今天发了薪水，还了贷款，交了房租、水电煤气费，买了油、米和泡面，摸摸口袋剩下的钱，感叹一声：这月工资又白领了。

啥叫蓝领？

工头说快到发工资的时间了，一算自己的住宿费、伙食费、误工费、医药费，还欠老板 100 多元，也就懒得去领了，叫蓝领……

4.

一天地理老师问同学们，河水向哪里流呀？

一学生猛地站起来唱道：大河向东流啊。

老师没理会他，接着说，天上有多少条星星啊？

那位同学又唱道：天上的星星参北斗啊。

老师气急：你给我滚出去！

学生：说走咱就走啊。

老师无奈说：你有病吧？

学生：你有我有全都有啊！

老师：你再唱一句试试……

学生：路见不平一声吼啊！

老师：你信不信我揍你？

学生：该出手时就出手……

老师怒：我让你退学！

学生：风风火火闯九州！

5.

MM 从的士下来，把照相机落在了后座上。

司机见状急忙把头伸出窗外，

冲着 MM 大声喊道："小妹，你相机！"

MM 脸一红，扭过头来骂道："你 TMD 像鸭！"

然后的士走了……

然后 MM 追着车喊：师傅，我相机！我相机……

6.

小王在 10 楼人事部门工作，一个月前，被调到 9 楼行政部门去了……

今天，小王同学打电话到人事部门找他："小王在吗？"

接电话的同事说："小王已不在人事了。"

小王同学："啊啊！？，什么时候的事啊，我怎么不知道啊，还没来得及送他呢？"

"没关系，你可以去下面找他啊。"

案例九

★ 图形识别

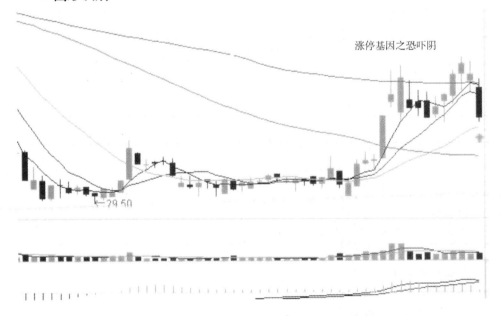

涨停基因之恐吓阴

★ 形态描述与市场情绪解读

▲ 涨停基因确定

平治信息（300571）在下图可视的范围内共计出现 1 次涨停板，涨停时间为 2018 年 1 月 22 日，所以，可以确定该股票具备涨停基因。

同类形态的个股具备涨停基因的股票更具关注价值；同类形态的个股涨停数量越多越有效；同类形态的个股恐吓阴与涨停之间间隔的时间越短越好。

▲ 恐吓阴形态识别

这是一只单阴恐吓的个股。2018 年 2 月 6 日市场给出一条跳空低开、缩量、跌幅为 8.48% 的长阴线；看看操盘主力在这一根 K 线中都采用了哪些恐吓手段？低开对于短线筹码的杀伤力是巨大的，这是主力采用的第一种恐吓手段；如果跳空低开不能对部分短线筹码起作用，那么，盘中的大幅下杀将进一步制造恐惧，这是主力采用的第二种恐吓手段；尾盘下杀会逼迫短线筹码中的后知后觉者在绝望中交出筹码，这是主力采用的第三种恐吓手段。大幅的下跌为什么没有出现成交量的有效放大呢？如果是因为主力不计成本地出货而留下的这一条阴线，理应成交量出现放大更合理。对于成交量的合理怀疑让我们产生主力因为洗盘的需要而留下的恐吓假摔痕迹。

跳空低开、缩量、尾盘下杀、接近跌停的超大跌幅是识别本案恐吓阴的主要外部特征。

▲ 恐吓阴的位置研判

恐吓阴的位置决定着恐吓阴的灵魂；不是所有低开、缩量的中长阴线都具有关注价值，要想提高操盘恐吓阴反转交易系统的成功率，必须能够更好地研判出恐吓阴的位置。

股价经过反复的下跌之后于 2017 年 12 月 5 日触底，之后运行在筑底区间里于 2018 年 1 月 16 日结束，期间运行了 27 个交易日。自 2018 年 4 月 23 日开始至 2018 年 1 月 24 日结束展开了一波 7 个交易日的拉升，区间涨幅为 26.36%，是 1 浪拉升。前波攻击的终点也是新一轮调整的起点，自 2018 年 1 月 24 日开始进入回调区间，至 2018 年 2 月 6 日止共计运行了 10 个交易日，从周期配比来看，满足日线级别周期配比要求。

从结构学的角度来看，无论回调幅度有多大，只要不创新低都是允许的，都是在 2 浪区间内。单阴下杀之后，2018 年 2 月 6 日的那一条 K 线已经回到了 1 浪涨幅的 50%，属于中等深度的回调。股价位于回调的相对低位，当然具有关注价值。

▲ 技术指标辅助研判

单根阴线的短期快杀对于均线和指标的破坏都是有限的；在 2018 年 2 月 6

日，5 日均线、10 日均线、20 日均线所代表的数值分别为 38.34、37.63、35.19，说明三根中短期均线呈现多头排列的看多状态；MACD 指标位于零轴上方呈现红柱金叉的看多状态；以上都是技术指标支持股价上涨的有利因素。

通过以上对该股票的涨停基因确定、阴线形态识别、阴线位置研判及技术指标的综合辅助分析、解读，认定市场在 2018 年 2 月 6 日给出的这一条跳空缩量的长阴线满足涨停基因之恐吓阴反转交易系统的技术条件要求。

是否是主力故意制造的恐吓假摔需要隔日的确认，确认是图表交易不可或缺的关键环节。

既然满足涨停基因之恐吓阴反转交易系统的技术条件要求，理应纳入自选股进行重点关注：市场能否给出入场指令？何时给出入场指令？给出哪一种入场指令？我们不需要知道，静心等待就好。市场在没有给出涨停基因之恐吓阴反转交易系统中规定的入场指令之前绝不轻举妄动。这是一个合格的系统交易员必须具备的职业素养。

★ 入场规则

2018 年 2 月 7 日该股早盘微幅高开后高走，见高开高走且黄色的分时均价线呈现多头排列状态就是首仓 50% 入场之时，多次的练习就会形成肌肉记忆，形成本能的直觉反应。依据盘面的变化，该入场时就入场，无须勇气，没有犹豫，只是执行。

★ 资金管理规则

资金计划：绝不满仓操作，只拿出总资金量的 20% ~40% 作为狙击子弹使用。

★ 仓位管理规则

依据分时图运行实况采用五三二入场原则：见股价放量高开的当下，就果断首仓入场 50%。当首仓出现盈利 2% ~3% 之后，再买入 30% 的仓位，如果 30% 的仓位再次盈利 2% ~3%，最后再将 20% 剩余资金入场。从 2018 年 2 月 7 日分时图运行状况看，满足首仓 50% 入场条件之后，股价下行没有给出加仓指令；二仓和三仓的入场指令是在 13：30 以后给出的。该股票的主拉升区间采用的是多波式涨停，在股价涨停之前完成两次分别为 30%、20% 的加仓动作是绝对可行和从容的。

对于此类多波式涨停的个股，如果没有完成该有的加仓是需要反思的。记住：只是反思而不是责备。希望所有有志于成为一名合格的系统交易员的投机者都能把每一次交易当成是对自己人性弱点的考验，当成是对自己人性弱点的挖掘，当成是一次难得的修行经历，当成是一次心灵成长契机。需要认真地对待每一次交易，做好交易后的反思与总结。认真地对待每一次交易，每一笔交易的书面总结与反思都会给你带来意想不到的收获，长久的坚持，不想进步都难。

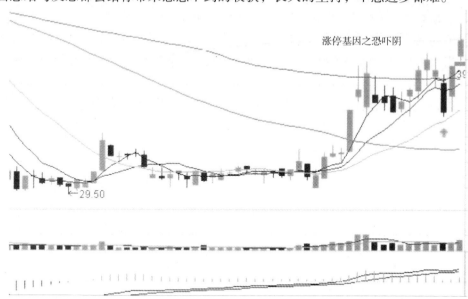

2018 年 2 月 7 日平治信息（300571）分时图运行实况（见下图）。

2018 年 2 月 7 日平治信息（300571）分时图狙击策略：

早盘微幅高开，短时横盘，快速上攻，此时已经可见黄色的分时均价线位于白色的股价线之下。这是高开高走入场指令最完美的技术形态。果断入场是理所当然的事情。首仓50％入场以后股价快速下打，导致首仓入场资金出现浮亏。

费点笔墨让我们回顾一下此时你的交易心理是怎样的：假如你是一位持续盈利的交易赢家，那么这点儿浮亏在你眼里根本不算什么，可以说由此造成的浮亏对你的交易心理的破坏几乎为零；假如你是一位经常亏损的股市贡献者，那么这里所产生的亏损将会破坏你的交易心理，让你对是否能以交易为生的目标产生怀疑，让你对自己使用的交易系统产生怀疑，对交易系统产生怀疑导致你在未来的交易中产生该入场时不能即时入场的交易错误。借助本案例，笔者想说的是：依据交易系统能否做到即时入场是一回事儿，依据交易系统入场指令入场之后账户到底是赢是亏又是另外一回事儿，这是完全不同的两回事儿，绝不可以混为一谈。你不要想当然地认为：只要依据交易系统入场规则要求即时入场就一定会盈利，这是不能有的思维模式。关于图表交易的盈利本质问题笔者已经在《强势股操盘赢利系统培训教程》中有过明确的阐述，这里不再重复说明。

股价下打虽然下破了分时均价线，但是始终没有跌破昨日收盘价，说明股价依然处于向上跳空的看多状态，只要不破昨日收盘价就不必看坏股价当日的运行。因为股价一旦下破昨日收盘价，主力要想拉回将会耗费更多的真金白银才能将股价拉升。下跌可以，但是下跌到哪里为止，主力一定是提前计划好的事情。作为一个合格的系统交易者所要做的事情是很简单的：一切依据系统的安排来展开自己的交易！不要耍过多的小聪明，你的小聪明是导致你不断亏损的主要原因。

13：22 股价进入主拉升区间，主力采用多波式封住涨停。涨停以后出现两次开板；从涨停时间，主拉升运行特征及封板后反复开板等特征来看，该涨停不属于强势涨停，提前做好逢高出局的心理准备。

无论是首仓入场指令还是后续的两次加仓指令，只要符合规则要求就要百分之百去执行。如同战场上军队首长向自己的士兵发出冲锋的命令一样。作为士兵，服从命令，坚决完成任务是他们的天职。

★ 出场规则

对于入场当日能够涨停的股票，在以后的任何一个交易日，只要不再涨停就必须出局；2018 年 2 月 8 日股票没有涨停，所以该日就是出场日。

分时图出场要点：早盘高开高走，不必理会；短时上攻快速下打破新低，要小心，此时可以将昨日收盘价作为最后的退出防线，只要不破昨日收盘就可以暂时持有。股价经过多波式拉升最高拉至8.01%，接近封板时不能封板，这是操盘涨停高手们的出局点；下跌不破分时均价线，但超常的横盘周期已经严重破坏了周期配比定律，这也是二流操盘涨停高手的出局时机；至尾盘见封板无望，依据交易系统出场规则即时出场，是一个合格的系统交易者。

规则就是规则，一旦制定就不可以违背。不被执行的规则形同虚设，与情绪化交易无异。

★ 持股规则

对于入场当日能够涨停的股票，在以后的每一个交易日，只要能够涨停就必须无条件持股；2018年2月8日股票没有涨停，所以该股的持股周期只能到2018年2月8日。

持股规则的确定不需要主观地认定，而是需要依据市场的实际状况来制定。这样制定出来的规则才更贴近于市场的本来面目。

每日一笑

1.

有个小孩的头很像砖头，同学们都笑话他！他回去问妈妈："我的头像砖头吗？"妈妈说你去水井旁边照一下就知道了！于是小孩就来到水井旁边往里伸头照，就听见下面有人在喊："上面的人不要扔砖头啊!"

2.

一个学生去看医生，医生检查后说："没关系，注射一针就好了。"

医生拿药棉在学生手臂上擦擦，如此反复三四次。

学生以为病重，担心地问："医生，问题严重吗？"

医生认真地说："同学，你该洗澡了。"

3.

军长命令所有人去对面的山报道。

第一个人迟到了，他说：报告队长！我骑自行车，自行车坏了，我换汽车，汽车坏了，我骑马，马死了，我走来的！

第二个人也迟到了，他说：报告队长！我骑自行车，自行车坏了，我换汽车，汽车坏了，我骑马，马死了，我走来的！

第三个人也迟到了，又说：报告队长！我骑自行车，自行车坏了，我换汽车，汽车坏了，我骑马，马死了，我走来的！

第四个人来了，他说：报告队长！我骑自行车，自行车坏了，我换汽车……

还没说完，军长大声咆哮："你不要告诉我，汽车坏了你骑马，马死了你走过来!"

第四个迟到的说：报告队长！不是，是路上的死马太多，车子开不过来……

4.

深圳大学某寝室，同学 A 正玩星际，某公司招聘人员 B 走进寝室。

B：同学，你好，我是深圳某公司的，这是我们公司的介绍，你可以抽出点时间看看吗？

A：没看我正忙着吗！

（B 在旁等了一会儿……）

B：同学，你还是看看吧，我们公司待遇不错的……

A：我学习不怎么样啊，挂了好几科！

B：没事儿，我们相信你肯定会都通过补考拿到毕业证的……

A：我四级也没过！

B：没事儿，我们相信你一定能通过并顺利毕业的……

同学 A 为不影响打游戏，无奈签约……

5.

公司组织去黄山旅游，路过一个厕所时同事想进去小解一下，碰巧几个老外也跟着他一起进去了。我在外面还没等上半分钟，就见同事慌慌张张地跑出来。

"这么快就搞定？"

同事一脸哭丧相回答："唉，实在是拿不出手啊！先避一避，先避一避……"

6.

一个新手去收高利贷，他把借条拿出来，笑着说：白纸黑字明明白白地写着你欠我老板 100 万元！难道你想赖账？！

人家表示确实没有那么多钱，他威胁道：哼！别怪我没提醒你！明天再交不出钱，你的房子就像它一样——他掏出打火机就把借条烧了……

7.

一名大学研究生为了证明蜘蛛的听觉在脚上，于是做了如下的对比实验：

a：大学生把一只蜘蛛放在实验台上，然后冲蜘蛛大吼了一声，蜘蛛吓跑了！

b：之后该大学生把这只可怜的蜘蛛又抓了回来，放在实验台上，把蜘蛛的脚全部割掉！

他再冲蜘蛛大吼了一声，蜘蛛不动了！

由此证明蜘蛛的听觉在脚上！

案例十

★ 图形识别

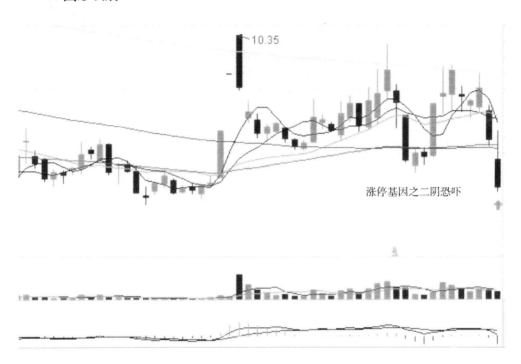

涨停基因之二阴恐吓

★ **形态描述与市场情绪解读**

▲ **涨停基因确定**

永创智能（603901）在上图可视的范围内共计出现 3 次涨停板，涨停时间分别为 2018 年 5 月 7~8 日、6 月 7 日，所以，可以确定该股票具备涨停基因。

同类形态的个股具备涨停基因的股票更具关注价值；同类形态的个股涨停数量越多越有效；同类形态的个股恐吓阴与涨停之间间隔的时间越短越好。

▲ **恐吓阴形态识别**

这是一只双阴恐吓的个股。2018 年 6 月 15 日市场给出一条跳空低开、缩量、跌幅为 8.52% 的长阴线，2018 年 6 月 19 日市场给出一条跳空低开、缩量、跌幅为 8.62% 的长阴线；让我们一起看一看操盘主力是如何利用上述两条 K 线一步步地让短线筹码缴械投降的：

2018 年 6 月 15 日早盘低开绝对造成了对短线筹码的恐吓效应，部分短线交易快手见低开就会在集合竞价阶段埋单出局；低开后快速下杀让部分短线观望者交出筹码；尾盘的震荡回落让部分短线绝望盘再次流出。没有人提前知道主力会采用几根 K 线洗盘假摔，但是有一点是确定的，那就是"不达目的誓不罢休"，主力的凶残本性通过两根 K 线显露无遗。2018 年 6 月 19 日继续低开并在尾盘大幅下杀，两天的跌幅达到 16.40%，又有部分筹码见大亏绝望割肉离场。试想，假如你身在其中，你还能继续持有吗？

连续的大幅下跌为什么没有出现成交量的有效放大呢？这是让人引起关注的重要看点；如果是因为主力不计成本地出货而留下的这一条阴线，理应成交量出现放大更合理。对于成交量的合理怀疑让我们产生主力因为洗盘的需要而留下的恐吓假摔痕迹。

连续的跳空低开、缩量、尾盘下杀、超大的跌幅是识别本案恐吓阴的主要外部特征。

▲ 恐吓阴的位置研判

恐吓阴的位置决定着恐吓阴的灵魂；不是所有低开、缩量的中长阴线都具有关注价值，要想提高操盘恐吓阴反转交易系统的成功率，必须能够更好地研判出恐吓阴的位置。

股价经过反复的下跌之后于 2018 年 2 月 9 日触底，之后展开一波 12 个交易日的拉升至 2018 年 3 月 5 日结束，区间涨幅为 22.15%，视为 1 浪运行。前波攻击的终点也是新一轮调整的起点，自 2018 年 3 月 5 日开始进入回调区间，至 2018 年 6 月 19 日止共计运行了 72 个交易日，从周期配比来看，已经严重破坏了日线级别周期配比要求。所以前波历时 12 个交易日的拉升不能认定为 1 浪，只能定义为宽幅震荡筑底区间。

从结构学的角度来看，既然是宽幅震荡筑底区间，当然不是连续上涨的高位，不在高位就具有关注价值。

▲ 技术指标辅助研判

一根 K 线对技术指标的破坏往往是有限的，但是两根 K 线的破坏力度就会明显加大，对于此类个股，如果你还是一根筋似地参照技术指标来选股，那么，大概率会让你与牛股失之交臂。而这也正是主力"画图"的目的。

在 2018 年 6 月 19 日，5 日均线、10 日均线、20 日均线下拐死叉，60 日均线处于走平的状态；MACD 指标位于零轴上方呈现绿柱死叉的看空状态；完全依赖技术指标选股的交易小白看到这样的图形，放弃是他们的首选。为了避免这种现象在我们身上发生，笔者已经在《强势股操盘赢利系统培训教程》中利用单独的章节予以阐述并带领大家反复做过练习。有兴趣的读者可以翻阅相关章节，希望不要被主力刻意"画出"的图形所吓坏。

通过以上对该股票的涨停基因确定、阴线形态识别、阴线位置研判及技术指标的综合辅助分析、解读，认定市场在 2018 年 6 月 15 日、6 月 19 日给出的这两条连续跳空缩量的长阴线满足涨停基因之恐吓阴反转交易系统的技术条件要求。

是否是主力故意制造的恐吓假摔需要隔日的确认，确认是图表交易不可或缺的关键环节。

既然满足涨停基因之恐吓阴反转交易系统的技术条件要求，理应纳入自选股进行重点关注：市场能否给出入场指令？何时给出入场指令？给出哪一种入场指令？我们不需要知道，静心等待就好。市场在没有给出涨停基因之恐吓阴反转交易系统中规定的入场指令之前绝不轻举妄动。这是一个合格的系统交易员必须具备的职业素养。

★ 入场规则

2018 年 6 月 20 日，该股早盘微幅高开后下打、观望；V 型反转突破早盘高点之际就是首仓 50% 入场之时，多次的练习就会形成肌肉记忆，形成本能的直觉反应。依据盘面的变化，该入场时就入场，无须勇气，没有犹豫，只是执行。

★ 资金管理规则

资金计划：绝不满仓操作，只拿出总资金量的 20% ~ 40% 作为狙击子弹使用。

★ 仓位管理规则

依据分时图运行实况采用五三二入场原则：见股价放量高开的当下，就果断首仓入场 50%。当首仓出现盈利 2% ~ 3% 之后，再买入 30% 的仓位，如果 30% 的仓位再次盈利 2% ~ 3%，最后再将 20% 剩余资金入场。从 2018 年 6 月 20 日分时图运行状况来看，满足首仓 50% 入场条件之后，股价沿着上升的分时均价线快速运行，于 9：32 满足第二次加仓 30% 的涨幅空间要求，之后的回落调整都是在分时均价线之上完成的，属于强势调整。所谓强调之后必有强攻。

第三仓的加仓指令是在涨停之前的垂直拉升段给出的，对于此类垂直拉升的个股，建议采用涨停板价实施加仓。

对于此类分段运行、结构明显的个股，如果没有完成该有的加仓是需要反思的。记住：只是反思而不是责备。希望所有有志于成为一名合格的系统交易员的投机者都能把每一次交易当成是对自己人性弱点的考验，当成是对自己人性弱点的挖掘，当成是一次难得的修行经历，当成是一次心灵成长契机。需要认真地对待每一次交易，做好交易后的反思与总结。认真地对待每一次交易，做到盘前有计划，盘后有总结，争取早日成为持续盈利的独立交易者。

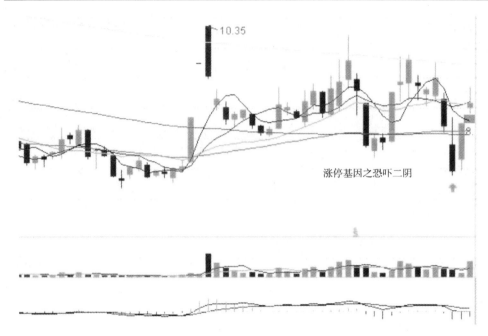

涨停基因之恐吓二阴

2018 年 6 月 20 日永创智能（603901）分时图运行实况（见下图）。

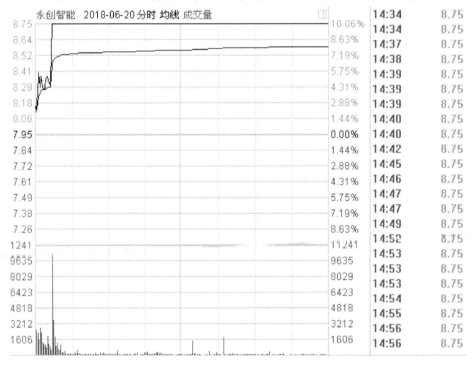

2018 年 6 月 20 日永创智能（603901）分时图狙击策略：

早盘微幅高开，高开不是入场理由，万一低走呢？所以高开后见下打必须持币不动。短时下打快速上攻并一举突破早盘高点，此时已经清晰可见黄色的分时均价线位于白色的股价线之下，这是高开入场指令最完美的技术形态。

创早盘新高之际就是首仓 50% 入场之时，入场以后股价快速上攻，在快攻的运行过程中做好加仓 30% 的物理准备，一旦涨停空间满足要求，就及时按下入场按钮。临盘时需要保持聚精会神的振奋状态，这样才能更好地操盘涨停，提高操盘涨停的正确率。

二仓入场后即进入调整，使二仓出现浮亏，让人可以安心的是，所有的调整都是在分时均价线之上完成的，这样的调整就可以认定为强势调整。既然是强势调整，就要提前做好暴拉的心理和物理准备。当你见到垂直拉升的时候，挂涨停板价争取提前三仓入场是最佳的选择。

无论是首仓入场指令，还是后续的两次加仓指令，只要符合规则要求就要百分之百去执行。如同战场上军队首长向自己的士兵发出冲锋的命令一样。作为士兵，服从命令，坚决完成任务是他们的天职。

★ 出场规则

对于入场当日能够涨停的股票，在以后的任何一个交易日，只要不再涨停就必须出局；2018 年 6 月 21 日股票没有涨停，所以该日就是出场日。

分时图出场要点：早盘高开高走，持股不动；回落短时下破分时均价线又能快速拉回并创出新高，还是持股不动；短时回调再次攻击出现疲态，即拉升角度不如前波的拉升角度且速率明显变慢，量能也没有跟上，这是分时背离的征兆。见分时背离，是操盘涨停高手的出局点；回落下破分时均价线之际也是重要的出局点；临近尾盘不见涨停，依据交易系统规则，即时出场。

规则就是规则，一旦制定就不可以违背。不被执行的规则形同虚设，与情绪化交易无异。

★ 持股规则

对于入场当日能够涨停的股票，在以后的每一个交易日，只要能够涨停就必须无条件持股；2018 年 6 月 21 日股票没有涨停，所以该股的持股周期只能到 2018 年 6 月 21 日。

持股规则的确定不需要主观地认定，而是需要依据市场的实际状况来制定。这样制定出来的规则才更贴近于市场的本来面目。

! 每日一戒

散户的贪婪与恐惧

一、散户贪婪的具体表现与结局

（1）出局时的贪婪：赚一元还想赚一百，该出场时不出场；结局：由赚变亏，由大赚变小赚，由小赚便小亏，由小亏变大亏，由大亏变股东。

（2）入场时的贪婪：为了贪图那几分钱，低挂单导致不能成交。结局：踏空牛股，赚钱与你无缘。

（3）止损时的贪婪：为了贪图股价反抽带来的更小亏损，放眼股价快速杀跌而无动于衷。结局：小亏变大亏，破坏平静的交易心理。交易心态一旦被破坏，修复所需的时间成本乃至由此引发的财务成本不容易复原。

二、散户恐惧的具体表现与结局

（1）涨时，担心回测。结局：及时落袋，失去牛股。本应大赚却只有小赚，长此以往带来的要么是保本，要么是亏损。

（2）跌时，面对长长的大阴线，心生恐惧，自我欺骗，放弃选择。结局：一路绝尘，与牛股失之交臂。

（3）涨也恐惧、跌也恐惧，恐惧无处不在，这是散户的软肋。所以主力看中了软肋并大加利用，反复获利。

打破关卡　操盘涨停

"天天抓涨停"是所有 A 股交易者梦寐以求的愿望，但这是不可能实现的梦想。抛除人类情绪因素的影响，市场也不可能每天都会给出属于你的交易系统中约定的入场指令。但是，这并不妨碍我们朝着"天天抓涨停"的目标去努力！

读到这里，相信你已经对操盘涨停的十二种招法有所了解，而且已经有了想积极去交易的强烈愿望，这是非常正常的想法和举动，无可厚非。本套书中介绍的十二种招法的确简单易懂，距离涨停如此之近，距离金钱如此之近，怎会有不去操作的冲动呢？但是，笔者要强调的是：操盘涨停是赢家的游戏，能够熟练操盘涨停成为高效交易赢家的数量是极少的。

相同的市场，相同的招数，为什么有人能够赚得盆满钵满？而有人却不断地亏损呢？关于其中的原因，笔者已经在《强势股操盘赢利系统培训教程》中给出了答案，其实归根结底只有两种原因：一种是因为技术掌握不全，不精；另一种是因为心智不够健全，心灵智慧开发不足引起。

一、人不同，关卡不同

每一个交易者都是独一无二的，这是上帝在造人的时候所赋予的特性，如同世界上永远没有两片相同的树叶一样。所以，在交易的道路上，不同的交易者制约自己晋升的关卡就会有所不同。找到制约自己晋升的那些关卡，一一去打破！是每一个有志于以交易为生的交易者必须要做的功课。

能找到制约自己晋升的关卡是不易的。能够找到制约自己晋升关卡的交易者是幸运的交易者，因为他们离成功只有一步之遥。寻找关卡的过程就是重新认识自我的过程。然而，认识自己从来就不是一件容易的事情。

很幸运，你敢于去找寻制约自己的晋升关卡。

很幸运，我们拥有能够应对不同市场背景的交易系统。在执行交易系统的过程中，你就会找到制约自己晋入交易赢家的那些关卡。如果没有交易系统的参照，要想找到制约自己晋升的关卡是很艰难的一件事情！但是，有了交易系统相关规则的参照，找到制约自己晋升的关卡所在就变得异常容易。这也是为什么很多交易者没有入门且晋升缓慢的根本原因。

研发交易系统的过程是漫长且辛苦的！研发成功后的交易系统中的相关规则又是非常简单易懂的。但是，对于交易系统的执行，不同的人，面对相同的交易系统，其短板确是不同的。

一个完整的交易系统中包括的规则大致有选股规则、入场规则、持股规则、出场规则、加仓规则、减仓规则、止损规则及资金管理规则等。如果你已经是一个成熟的系统交易者，相信你在晋级的过程中一定会有所体会，交易系统中所包括的相关规则都先后在不同的时期成为制约你晋升的那一块短板。如果你正走在成为一个系统交易者的求索之路上，那么，请你按照交易系统中所提及的规则去一一对照自己，找出制约你晋升的那一块短板。通常情况下，你的资历越浅，制约你的短板就会越多；资历越深，制约你的短板就会越少。要想成为交易赢家，你的最终目的是消除所有短板。

在执行交易系统的过程中，通常都会遇到哪些关卡（困难）呢？

二、选股的关卡

总有人说："上涨的总是别人的股票"。上涨的为什么不是自己持有的那一只股票呢？这才是自己应该认真思考的问题。如果选股方面出现问题，那么，很容易出现上述问题："上涨的总是别人的股票"。

假如你已经是一位正在努力成为一名合格的系统交易者，相信你会有这样的体会：为什么拥有相同交易系统的两个人，其最后的交易绩效却不能完全一致，甚至可能出现一个盈利，而另一个亏损的现象。交易实战中，这样的现象比比皆是。

依据常理，有了交易系统，选股的问题其实已经得到解决了。因为任何一个完整的交易系统中必然包括相应的选股规则。作为一个系统交易者只要完全依照交易系统中约定的选股规则进行选股就可以了。怎么会有选股的问题呢？

如果你已经阅读过笔者的《强势股操盘赢利系统培训教程》，那么，你应该会很容易找到答案。即问题出在你的思维上。是你的交易思维出现了问题，你被自己的思维所欺骗却不自知。之所以会被自己的思维欺骗而不自知，是因为心智不全、心灵智慧不够导致。

在交易培训的过程中，笔者发现了一个有趣的现象：即初学者似乎很少出现不能依据交易系统中约定的选股规则选股的问题；恰恰是一些已经具备一定的交易经验的交易者却经常出现不能依据交易系统中约定的选股规则进行选股的问题，即他们遇到了选股的关卡。

到底是什么原因呢？

经过多方探究发现，问题的关键在于：因为任何单一一次交易都不可能百分百的正确，世界上不存在一个百分百正确的交易系统，在依据交易系统交易的过程中，总会出现犯错的时候。比如，前几天你依据交易系统在选股时，你选出的那一只股票在隔日并没有给出预期的表现，于是，你开始怀疑交易系统的选股规则。在以后的选股过程中，你的思维记忆里仍然有上一次选股失败的情景存在。于是，在以后的选股中，你有意地排除了类似规则的股票。可是，被你排除的那只股票却依然不如你的预期，它表现出了异常强劲的表现。

只要你的交易时间足够长，你就一定会遇到上述所提及的问题。于是，有人迷惑不解而选择了放弃，当然，他也选择了失败；有人或经过名师指点，由迷转悟，解决了横亘在自己选股之路上重要关卡。

解决了选股问题的交易者，通常会是这样的：即在他们的自选股里几乎每天或者说经常会出现涨停的股票。

上涨的并不总是别人的股票，也有自己的股票。能够选出符合规则要求的股票只是系统交易的第一步，选出符合交易系统中约定的选股规则的股票之后接下来就是入场的问题了。只要交易时间足够长，你一定会遇到入场的关卡，有人甚至会出现严重的入场障碍。

三、入场的关卡

交易系统中约定的入场规则是清晰的、明确的，小学生都可以轻松操作的，依常理，不应该存在任何障碍。可是，在实战交易中，即时入场是不容易一件事情；或者可以这样说，持之以恒、不折不扣地做到即时入场是不容易做到的一件事情，能够做到的都是交易赢家。

在入场环节通常会出现如下问题：见到入场指令时迟疑不决，错过最佳入场时机；不等市场发出入场指令时，提前入场，期待更多的利润储备，却往往事与愿违。当然，非系统交易者，不知入场指令为何物的韭菜级别的交易者不在思辨范围之内。我们只针对系统交易者在交易过程中出现的相关问题作出探讨。

在《强势股操盘赢利系统培训教程》一书中，笔者专门用了一个章节阐述了智能机器人小慧的交易智慧。如果你还没有忘记的话，那么只要勤加练习，做到像小慧一样的执行水平只是时间早晚的问题，你大可不必焦虑。

四、持股的关卡

正确入场以后，接下来考验系统交易者交易能力的环节就是持股环节了。"截断亏损，让利润奔跑"已经成为耳熟能详的股市谚语了。任何一个成熟的系统交易者都会深刻地体会到这句谚语的珍贵和不易。说不易是在说，要做到让利润奔跑不是一件容易做到的事情。绝大多数人的做法是落袋为安而不是让利润奔跑。

为了克服自己主观的落袋为安的悲剧不再重演，你只能老老实实地去忠实履行交易系统中约定的相关持股规则。不同的交易系统，其持股规则是不同的，这一点需要初学系统交易的学员们注意。但是有一点是确定的，那就是一旦持股规则被确定就必须得到百分百的执行。

如果你不能做到百分百执行持股规则，让利润奔跑起来，那么，你的盈利很难覆盖住你的亏损，你最终的结局一定还是亏损。

每一个关卡都具有生与死的意义。也就是说，交易系统中的任何一个环节如果不能被打通，都有被市场扫地出门的危险，这不是危言耸听而是客观事实。

持股不仅需要耐心，更需要勇气。一个自然合理的回撤都有可能把你震出来，让你与牛股失之交臂。

五、出场的关卡

没有只跌不涨的股票，同样，也没有只涨不跌的股票。任何股票运行的大规律都是永恒不变的，那就是涨跌的轮回：即久跌必涨和久涨必跌。所以，该出场的时候，我们一定要即时出场，否则就有坐过山车的风险。巴菲特的所谓价值投资理论依然要满足这个涨跌运行规律，没有例外。

任何一个完整的合格的交易系统都能很好地解决交易中所遇到的所有交易环节的问题。设计合理的出场规则是必不或缺的一环。交易系统中出场规则的设计很好地解决了任凭自己主观情绪出场的弊端，杜绝或减少了主观出场的风险。

不能正确出场通常会发生两种情况：一种是提前出场，一种是滞后出场。无论哪一种出场，最后的结局都是盈利的减少，甚至会带来不必要的亏损。

对于一个系统交易者来说，或提前出场或滞后出场都属于交易错误。工作错误就要受到该有的惩罚，市场的惩罚机制就是让利润减少或亏损。对于这样的错误，除了市场给予的惩罚之外，作为一个有心要成为一名合格的系统交易者来说，你还要单独制定额外处罚措施。比如，某笔交易你没有执行交易系统中约定的出场规则，或提前出场或滞后出场，就惩罚自己做俯卧撑100下或跑步1000米或抄写出场规则100遍等。

六、止损的关卡

止损的关卡不同于出场的关卡。止损是针对错误交易的处理办法，出场涵盖着止损出场的内容，但是，因为止损对于交易的重要性，所以把止损单独列出，显示出止损在交易过程的重要程度。可以这样说，不会止损就不会交易。止损能力是交易员的核心能力。

高级的止损能力是怎样的呢？

如果你还对智能机器人小慧在止损时的表现记忆犹新的话，问题的答案仿佛已经很明确了。是的，不能因为前一笔交易的止损而影响了下一笔交易的开展，这本身就是一种能力，确切地说是高级的止损能力。

在证券交易中，出现交易错误而纠错，我们称之为止损。这是证券交易这个行业的特殊用语。在传统行业里，我们通常叫认错或改错。知错改错是反人性的，掩盖错误、拖延改错、抗拒本然是人的天性。既然是天性，那么我们就可以认定任何人如果不经过一番历练，要想做到知错能改都是不可能完成的任务。

　　知错能改既然如此之难，覆盖面如此之广，所以止损必是每一个证券交易员的关卡。即止损的关卡不是个体的行为，它具有普遍性。没有人天生就会止损、善止损，所有的止损能力都是后天磨炼得来的。这里所说的磨炼其实指的是赔钱。通俗地说止损能力都是亏钱亏出来的能力。

七、资金管理的关卡

　　任何一个交易者，在他还没有意识到资金管理的重要性和必要性之前，他还都属于交易领域的门外汉！全仓进退，期待一夜暴富，账户资金大起大落是这类韭菜级交易者的共同特征。当他们意识到资金管理的重要性和必要性的时候，几乎所有的交易者都经历过累累的亏损。

　　其实就资金管理规则本身而言，是不复杂的。但是，能够心甘情愿持之以恒地做好资金管理工作确是需要对市场的运行特征有着深刻的理解和感悟，并建立在对市场产生深深的敬畏的基础之上。

　　对于资金管理的重要性怎么强调都不为过，对于这方面的解析已经在《强势股操盘赢利系统培训教程》有过全面详尽的阐述，在这里就不必再重复了。

　　在长期的实战及培训过程中，笔者深知制约交易者晋级的关卡何止上述几种。任何一个在晋升过后看来都是那么不起眼、不引起注意的地方都有可能成为一个个体交易者致命的关卡，这里所说的致命是指不能成为交易赢家。

　　在文字和语言上再怎么用力，也不如亲身实战所带来的真实体验。在本书即将收尾之际，借机向所有有志于以交易为生的交易者表达我最诚挚的祝福，希望你们能够早日找到并打破属于自己的那一道关卡，及早地晋入交易赢家之列。

※心灵成长会所（SGC）课程类别说明

　　心灵成长会所（SGC）是一站式交易实训平台，课程内容始终保持"人无我有"，"人有我优"，"人优我全"三大原则，为了满足不同读者的个性化需要和回报广大读者厚爱，常年开设四大类别共计 24 种课程，四大类别课程分别为：交易技术类、心灵智慧成长、交易综合类、公益类；学员可以随时报名，集中开课，具体课程内容如下：

一、操盘手"启蒙"课程

（一）目标人群

此课程针对如下四类群体开设：

（1）计划开户还没有开户的非交易者；

（2）已经开户还没有开始实盘交易的准交易者；

（3）已经开户但还没有做过几笔交易的交易新手；

（4）已经做过多年交易但还没有"入门"的交易老手。

（二）培训目的及内容

（1）利用自身优势推荐券商低成本开户，节省交易成本；

（2）几乎所有的初级交易者（刚入市的交易新手和没"入门"的交易老手）都会面临这样的问题：面对浩瀚的书海不知道从哪里开始学习？学些什么？他们通常的做法是：仅凭自己的主观偏好随意买几本书就开始阅读，没有顺序，陷在学习混乱的状态之中，这样的学习自然不会有任何效果。而实际上交易学习之路是有方法，有次第的，有了"启蒙"课程大可不必走此弯路。

（3）抱着"要么不做，要做就要做好"处事原则，在入市前或入市之初帮助初级交易者们建立正确的交易知识结构认知，明确各交易理论的使用边际，大大缩短个人成长周期。

（4）全面介绍全时空背景下所对应的交易系统，帮助学员建立正确的交易系统使用认知，以此提高交易绩效。

（三）课程特别说明

做了经年交易而不得要领，仍不知交易为何物者，不乏其人；此课程名为"启蒙"课程，很容易被人误解，会被想当然地认为此课程是可有可无的极其基础的无价值课程；而实质上此课程的价值是不可估量的；对于个别基础功底扎实的交易者来说实现"一课开悟"是完全有可能的事情，此课程是操盘手职业之路完整课程体系中的必修起点课程，也是成功晋升后的终点课程；是藏宝图，也是寻宝路线图；还原交易的本来面目，深度揭秘交易实质，犹如站在迷宫之上俯视出宫路线，学后会有"站高峰之巅，窥全貌之感"；所以笔者强烈建议，如果你属于上述四类群体之一，可以暂时放弃其他课程的学习计划，这个课程实在不可或缺。

二、操盘手心灵智慧成长（Spiritual Wisdom Growth，SWG）特训

（一）目标群体

针对有一定的实盘交易经验，该学习的交易理论也都学过了，但还是不能做到"知行合一"，在实战时还是需要依赖别人的帮助才能完成交易，交易过程始终瞻前顾后，心惊胆战甚至寝食难安，在交易结果上自然也处于亏损或盈亏平衡状态的群体而设立。

（二）课程要点说明

（1）结合实战交易，笔者经过多年潜心研究和充分实证，独创性地将心灵智慧开发提高到理论与应用的高度，并形成完整的课程体系。

（2）鉴于该课程的特殊性，为了保证课程效果，授课形式采用"公开课"和"一对一指导"相结合的方式。

（3）操盘手 SWG 特训课程坚守"所外别传"原则，只做"口口相传"，不做任何其他形式的公开。

（4）该课程具有课时短，见效快的特点，是迄今为止被实践证明唯一对心灵智慧成长有帮助的课程，属笔者独创、业内首创；是"道"层面的特别训练课程。

三、操盘手综合训练课程

（一）目标人群

此课程针对那些酷爱交易，梦想成为具有职业性质的系统交易者而设立。

（二）培训目的及内容

以培养具备全面独立交易能力的交易员为主要目的。课程内容主要包括：一是与交易相关的技术类课程；二是结合交易实战的操盘手 SWG 特训，帮助会员全面提高交易能力，摆脱情绪困扰，实现交易开悟；三是依据会员自身特点帮助其建立适合于各自性格特点和资金规模要求的交易系统；是"道与术合一"的综合实训课程。

（三）培养周期

三年。

（四）授课模式

采用亦生亦师学徒模式，力求最佳的训练效果。

四、涨停操盘实战训练课程

（一）目标人群

此课程针对那些追求高效交易，喜欢操盘涨停，有固定且充足看盘时间的交易者而设立。

（二）培训目的及内容

帮助学员吸收消化《涨停操盘教程》中的全部内容，结合笔者多年交易心得和实盘交易经验综合提炼精讲《涨停操盘教程》中介绍的所有多种操盘涨停的交易系统，着力解决学员疑惑，达到学而后能用的目的。

五、强势股操盘赢利系统实战训练课程

（一）目标人群

此课程针对那些追求高效交易，喜欢操盘波段，无固定看盘时间的交易者而设立。

（二）培训目的及内容

帮助学员吸收消化《强势股操盘赢利系统培训教程》中的全部课程内容，

结合笔者多年交易心得和实盘交易经验综合提炼讲解《强势股操盘赢利系统培训教程》中介绍的所有强势股操盘赢利系统精髓,解决学员学习中的疑惑,尽快达到熟练应用的目的。

六、交易技术单项精讲课程

（一）课程设立宗旨

在实战交易中,一种技术只能解决有限的交易问题,没有任何一种技术能够解决实战交易中遇到的所有问题,实战交易要想获胜必须讲究技术融合。

本着"学为用,用为赢"的实训理念,任何一项精讲课程都不是陈旧知识的照本宣科,只着眼于交易实战,只讲技术精华。

（二）目标群体

此种课程针对两类群体开设:一类是对交易技术掌握不够全面,需要补齐技术短板的群体;另一类是对交易技术有一定的了解,但还没有落实到应用的群体。

（三）培训目的及内容

相关课程内容包括五维 K 线精讲、交易结构及其在实战中的应用、生命均线及其在实战中的应用、交易形态及其在实战中的应用、交易筹码及其在实战中的应用、交易共振及其在实战中的应用、分时图实战应用技巧、交易周期及其在实战中的应用、MACD、RSI 等交易指标及其在实战中的应用、涨停操盘系统、生命均线交易系统、N 字拉升交易系统、趋势跟踪交易系统、超强势股 A 浪超跌交易系统、强势股反抽交易系统、主升浪反抽点交易系统、背离超跌交易系统、缓底超跌交易系统、超强势股复合 B 浪交易系统、底部反转形态突破交易系统、中继形态奇点交易系统等精讲课程;是"术"层面的实训课程。

（四）其他事项

（1）所谓真传一句话,假传万卷书,精讲课程力求用最短课程解决技术在交易中的应用问题,不是知识点学习,能用一堂课讲会不用两堂课消磨时间。

（2）所有精讲课程的核心内容系独自研创,在目前已经面世的公开资料中无法见到,在交易实战时却离不开它们;对于核心内容采用"真传一句话"的方式传授。

（3）不同课程,不同课时,以实际课程为准,学员可依据个人需要单选或多选。

七、读友会:

（一）目标群体

所有购书读者和培训学员

（二）读友会说明:

（1）对于所有购书读者,搜索关注笔者微博（微博名:"游戏翁"),均有机会参加笔者不定期组织的答疑解惑福利课程；在阅读学习笔者书籍遇到不解事宜时，可以在笔者微博（游戏翁）发起咨询与交流。

（2）对于培训学员，相关课程结束后，在实战应用过程中遇到问题，可在微博采用私信方式一对一答疑解惑（因保密需要，学员咨询课程相关问题仅限微博私信方式）。

（3）微博读友会免费向所有读者和学员开放咨询学习业务。

我为什么要把操盘手综合训练课程的培养周期定为3年？

2018年11月末，笔者在微博上看到这样一则消息，内容大致是这样的：发微博者自称在某实盘交易大赛中拿过第二名并多次拿过好名次，感到自己交易水平不错，于是在2018年7月辞职下海专职于股票交易。4个月不到的时间宣布自己彻底破产，因为是举债交易，所以还欠下了很多外债。

能够在微博自媒体上公开承认自己彻底破产是有勇气的行为，不是所有人都能够做到的；其实在2018年，已经有无数的所谓伪价值投资者由"富翁"变"负翁"。要知道，他们中的绝大多数人都是拥有多年的交易经历，难道是经验失灵了吗？难道在交易中，实战经验真的不堪一击？为什么会有那么多的所谓经验丰富的交易者纷纷破产呢？

股票市场千变万化，既有机会又有风险，这是市场的特点；任何一个职业交易者都需要面对，无法回避。道理都懂，甚至连述说都是多余。

笔者始终认为：交易技术容易学到，但是，心灵智慧的开发却是任重而道远。上述提及的那些不计其数的破产者不是他们的技术不够精湛，可以这样说，他们中的任何人的技术水平都堪称专家。但是，拥有专家级的技术水平又能怎样呢？还是要归于"负翁"一途。

笔者也经历过这样的阶段，天真地以为，交易技术可以解决交易中的一切难题，于是长年累月痴迷于技术的钻研之中，后来慢慢地知道：原来技术真的不万能的，如果没有心灵智慧的支撑，任何技术在市场面前都不堪一击。

于是，开始专注于心灵智慧的研究与自我开发，断断续续一路走来，可谓感受颇深。为什么说是"断断续续"呢？在心灵智慧的开发过程中也会遇到瓶颈，准确地说，在当时还不知道那是瓶颈，以为自己心灵智慧足够高，所以就中途停止了。通过交易发现，原来自己的心灵智慧远没有自己想象得那么高，于是，就又重新专注于自我心灵智慧的开发和巩固。这样的过程，到底反复了多少次已经无法记清了，如果用时间计算大概有5~6年的全天候时间（所谓全天候是指除了睡觉之外的所有时间）。

是不是5~6年之后就停止了对自己心灵智慧的开发呢？如果你真能有此恒心与毅力坚持5~6年的时间，你会拥有这样的心得与习惯：心灵智慧的开发是没有止境的，当你的心灵智慧足够高的时候，你是在享受着交易、享受着生命的过程，心灵智慧的开发与维护已经成了你的自然习惯，你在自动地自我开发与维护，你享受这个开发与维护过程并愿意分享成果。

自我探索、自我开发必然会走很多弯路，无谓地浪费掉很多宝贵的时光，但是，这是没有办法的事情。因为没有人给予指点，也不知道谁有这个水平和资质能给予指导。

在非全天候的情况下，在有老师指导的情况下，笔者认为，从一个自然人到一个合格的系统交易者的转变，从一个心灵荒芜者到一个心灵智慧者的蜕变，3年时间是比较合理的时间了。无端地压缩时间无异于不负责任般地拔苗助长，无端延长，说明学员的资质是否适合交易这个职业开始存疑；所谓一年基础、二年实践、三年巩固；直至基础、实践、巩固三者合一固化，达到以自我为师，以市场为师，以生存为师的境界，就可以离开老师了。

为什么说心灵成长全套智慧课程是稀有的，珍贵的而且能够得到训练都是幸运儿？

现代教育缺乏为我们提供关于心灵智慧成长方面课程的能力，在以往的所有教育中，我们对心灵智慧成长的了解实在太少，而且掌握的相关知识大多不正确。只有两类人有可能具备授课能力：一类是要么犯了罪而真正悔悟的人，要么是那些曾经陷入精神上的偏差深受其害而最终自救的人，要么是那些曾经差点儿陷入精神偏差感受到了冲击却能及时抽身的人；另一类是极个别的诸如六祖慧能具有高度认同能力、移情能力（佛家称为慧根极高）的人。如果能够提供用于交易的心灵智慧成长课程，除了需要具备上述两类人的独特人生经历或极高慧根之外，还需要精通全套交易技术；所以具备这种授课能力的导师自然不会太多。

因为具备全面训练能力的人本就很少，有些人了解交易技术，但却不懂得操盘手 SWG 特训；即便有能够开发操盘手 SWG 特训的能力但不懂交易技术也无法做到与证券交易完美融合；既精通交易技术又能把操盘手 SWG 特训与交易完美融合的训练大师其存在的数量就可想而知了；即使存在又愿意拿出与人分享者就只能用绝无仅有来形容了；能够得到这样的训练不是幸运儿是什么？

笔者绝不仅仅是想把心灵成长会所（SGC）办成一个只是为了交易的目的而设立的一所思想圣殿，更是为了成就所有参与者人生价值的使命。希望借助心灵成长会所（SGC）这个平台，借助交易这个实用工具，帮助有缘人宽展生命的长度与宽度。

如果你想成为一名具备独立交易能力的投机者，请你来到心灵成长会所（SGC）！

如果你想让自己的自我意识觉醒，让事事无碍，请你来到心灵成长会所

（SGC）！

3. 心灵成长会所（SGC）课程目录

SGC 基础理论课程目录

课目	课程内容	备注
1	操盘手"启蒙"课程	随时报名，集中开课
2	操盘手 SWG 特训	随时报名，集中开课，注册制
3	五维 K 线操盘教程精讲	随时报名，集中开课，注册制
4	结构交易操盘精讲	随时报名，集中开课，注册制
5	形态交易实战应用精讲	随时报名，集中开课，注册制
6	交易筹码实战应用精讲	随时报名，集中开课，注册制
7	交易周期实战应用精讲	暂不公开
8	生命均线操盘教程精讲	随时报名，集中开课，注册制
9	成交量实战应用精讲	随时报名，集中开课，注册制
10	分时图实战应用精讲	随时报名，集中开课，注册制
11	MACD、RSI、CCI 指标的实战应用精讲	随时报名，集中开课，注册制
12	读友会	集中整理，微博公布

SGC 全时空交易系统课程目录

类别	数目	课程内容	备注
综合类	1	操盘手综合训练课程	随时报名，集中开课，注册制
情绪类	1	恐吓交易系统（涨停）精讲	随时报名，集中开课，注册制
超跌类	1	超强势股 A 浪超跌交易系统精讲	随时报名，集中开课，注册制
	2	背离超跌交易系统精讲	随时报名，集中开课，注册制
	3	缓底超跌交易系统精讲	随时报名，集中开课，注册制
攻击类	1	底部反转形态攻击交易系统精讲	随时报名，集中开课，注册制
	2	曲线变轨攻击交易系统精讲	随时报名，集中开课，注册制
反抽类	1	超强势股复合 B 浪交易系统精讲	随时报名，集中开课，注册制
	2	主升浪反抽点交易系统精讲	随时报名，集中开课，注册制
	3	强势股反抽交易系统精讲	随时报名，集中开课，注册制
波段类	1	N 字拉升交易系统精讲	随时报名，集中开课，注册制
	2	中继形态奇点交易系统精讲	随时报名，集中开课，注册制
	3	三浪主升加速点交易系统精讲	随时报名，集中开课，注册制

注：（1）上述课程内容包含了图表交易全部课程，是一套完整的实战培训体系，系笔者多年心血结晶，版权所有，违者必究；为保护笔者版权权益，部分课程采取注册入学制度。

（2）因为不同的交易系统只能应用于不同的市场背景，有的适用于牛市背景，有的适用于熊市背景，有的能够跨越牛熊市背景，应"学其所需"，对于上述课程的学习建议，大家若想了解可以通过以下方式咨询。

4. 授课方式

因为不便公开的需要，所有课程采用线上 QQ 直播为主和线下集中面授为辅的方式；线下集中面授只在学员有需要的情况下开展。

其他未尽事宜可以采用以下任意一种方式联系：

咨询热线：13608966420

咨询 QQ：704803367 （昵称：无思维）

互动邮箱：704803367@ qq. com

新浪微博：游戏翁